ŒUVRES COMPLÈTES

D'ALEXANDRE DUMAS

LE BATARD
DE MAULÉON.

---•⊙•---

OU L'ON VERRA QUE MESSIRE DUGUESCLIN ÉTAIT NON MOINS BON ARITHMÉTICIEN QUE GRAND GÉNÉRAL.

Pendant que le prince Henri de Transtamare et son compagnon Agénor se dirigeaient vers Bordeaux, où les attendaient les événemens que nous venons de raconter, Duguesclin, muni des pleins pouvoirs du roi Charles V, avait réuni les principaux chefs des compagnies, et leur expliquait son plan de campagne.

Il y avait plus de tactique et d'art militaire qu'on ne pense dans ces hommes de proie, assujettis comme les oiseaux rapaces, leurs semblables, ou comme les loups leurs frères, à ces pratiques journalières de vigilance, d'industrie et de résolution, qui donnent la supériorité aux gens vulgaires et le génie aux hommes supérieurs.

Ils comprirent donc admirablement les dispositions générables que le héros breton leur soumit, et qui formaient cet ensemble d'opérations qu'on peut toujours arrêter d'avance, et d'où ressortent ces opérations particulières que commandent les circonstances. Mais à tout ce belliqueux projet, ils objectèrent un seul argument auquel il n'y avait point de réplique : De l'argent.

Il est juste de dire qu'il y eût unanimité dans l'objection et que l'argument fut lancé d'une seule voix.

— C'est vrai, répondit Duguesclin, et j'y avais bien pensé.

Les chefs firent un signe de tête qui voulait dire qu'ils lui savaient gré de cette prévision.

— Mais, ajouta Duguesclin, vous en aurez après la première bataille.

— Encore faut-il vivre jusque-là, reprit le Vert-Chevalier, et donner une paie quelconque à nos soldats.

— A moins, dit Caverley, que nous ne continuions à vivre sur le paysan français. Mais ces cris, ces diables de paysans crient toujours ! ces cris écorcheraient les oreilles de notre illustre connétable. D'ailleurs, à quoi bon devenir capitaine honnête, si l'on pille comme lorsque l'on était aventurier ?

— Excessivement juste, dit Duguesclin.

— J'ajouterai, dit Claude l'Ecorcheur, autre drôle tout à fait digne de hurler avec de pareils loups, et qui passait pour moins féroce que Caverley, mais pour cent fois plus traître et plus pillard ; j'ajouterai, dis-je, que nous voilà les alliés de monseigneur le roi de France, puisque nous allons venger la mort de sa belle-sœur, et que nous serions indignes de cet honneur, honneur inappréciable pour de simples aventuriers comme nous, si nous ne cessions pas, momentanément du moins, de ruiner le peuple de notre royal allié.

— Judicieux et profond, répondit Duguesclin ; mais proposez-moi un moyen d'avoir de l'argent.

— Ce n'est pas notre affaire d'avoir de l'argent, dit Hugues de Caverley, notre affaire est de le recevoir.

— Il n'y a rien à répondre à cela, dit Duguesclin, et le docteur ne serait pas meilleur logicien que vous, sir Hugues ; mais voyons, que demandez-vous ?

Les chefs s'entre-regardèrent et parurent se parler des yeux, puis chacun remit sans doute à Caverley le soin de l'intérêt général, car Caverley reprit :

— Nous serons raisonnables, messire connétable, foi de capitaine !...

A cette promesse et à cette adjuration, Duguesclin sentit un frisson qui lui parcourut tout le corps.

— J'attends, dit-il, parlez.

— Eh bien ! reprit Caverley, que monseigneur Charles V nous paie seulement un écu d'or par homme jusqu'à ce que nous soyons en pays ennemi. Ce n'est pas beaucoup, certainement, mais nous prenons en considération que nous avons l'honneur d'être ses alliés, et nous serons modestes par égard pour ce digne prince. Nous avons comme qui dirait cinquante mille soldats.

— A peu près, dit Duguesclin.

— Un peu plus, un peu moins.

— Un peu moins, je crois.

— N'importe ! dit Caverley, nous nous engageons à faire avec ce que nous avons ce que d'autres feraient avec cinquante mille. C'est donc exactement comme si nous les avions.

— Alors, c'est cinquante mille écus d'or, dit Bertrand.
— Oui, pour les soldats, reprit Caverley.
— Eh bien ! demanda Duguesclin.
— Eh bien ! restent les officiers.
— C'est juste, dit le connétable, j'oubliais les officiers, moi. Eh bien ! combien leur donnerez-vous aux officiers ?
— Je pense, dit le Vert-Chevalier, craignant sans doute que Caverley ne fît quelque estimation au-dessous de sa valeur, je pense que ces braves gens, qui sont pour la plupart des hommes exercés et prudens, valent bien cinq écus d'or par tête ; songez qu'ils ont, presque tous, varlets, écuyers et cousteliers, de plus trois chevaux.
— Peste ! dit Bertrand, voilà des officiers mieux servis que ceux du roi mon maître.
— Nous tenons à cela, dit Caverley.
— Et vous dites cinq écus d'or par chaque homme !
— Ce qui est le plus bas prix que l'on puisse, à mon avis, réclamer pour eux. J'allais en demander six, moi, mais puisque le Vert-Chevalier a fait un prix, je ne le démentirai point et je passerai par ce qu'il a dit.

Bertrand les regarda et se crut encore une fois aux prises avec ces hommes juifs chez lesquels son maître l'avait parfois envoyé négocier de petits emprunts.

— Coquins maudits, pensa-t-il en prenant son plus gracieux sourire, comme je vous ferais brancher tous si j'étais le plus fort !

Puis tout haut :

— Messieurs, je viens de réfléchir, comme vous l'avez vu, à votre demande, puisque j'ai tardé un instant à vous répondre, et le prix de cinq écus d'or par officier ne me paraît point exagéré.

— Ah ! ah ! fit le Vert-Chevalier, étonné de la facilité de Duguesclin.

— Et combien avez-vous d'officiers ? demanda messire Bertrand.

Caverley leva le nez en l'air, puis regarda ses amis, et tous se parlèrent de nouveau des yeux.

— Moi, j'en ai mille, dit Caverley.

Il doublait le chiffre.

— Moi, huit cents, dit le Vert-Chevalier.

Il doublait comme son collègue.

— Moi, mille, dit Claude l'Écorcheur.

Celui-là triplait.

Les autres imitèrent ce généreux exemple, et la somme des officiers fut portée à quatre mille.

— Voici un officier pour onze soldats, dit Duguesclin avec admiration. Jarni Dieu ! quelle magnifique armée cela va faire, et quelle discipline il doit y avoir là-dedans.

— Oui, dit modestement Caverley, le fait est que c'est assez bien mené.

— Cela nous fait donc vingt mille écus, dit Bertrand.

— D'or, fit observer le Vert-Chevalier.

— Pardieu ! reprit le connétable, vingt mille écus d'or, disons-nous ; lesquels, joints aux cinquante mille accordés, font juste soixante-dix mille.

— Le fait est que c'est le compte, à un carolus près, dit le Vert-Chevalier, qui admirait la facilité avec laquelle le connétable additionnait.

— Mais... reprit Caverley.

Bertrand ne lui laissa pas le temps d'achever sa phrase.

— Mais, dit-il, je comprends, nous oublions les chefs.

Caverley ouvrit de grands yeux. Non seulement Bertrand faisait droit à ses objections, mais il allait au-devant.

— Vous vous oubliez vous-mêmes, continua-t-il ; noble désintéressement ! mais je ne vous oubliais pas, moi, messieurs. Or çà, comptons. Vous êtes dix chefs, n'est-ce pas ?

Les aventuriers comptèrent après Duguesclin. Ils avaient bonne envie d'en trouver vingt, mais il n'y avait pas moyen.

— Dix chefs, répétèrent-ils.

Caverley, le Vert-Chevalier et Claude l'Ecorcheur se remirent à chercher au plafond.

— Ce qui fait, reprit le connétable, à trois mille écus d'or par chef, trente mille écus d'or, n'est-ce pas ?

A ces mots, éblouis, suffoqués, éperdus par tant de munificence, les chefs se levèrent, et aussi heureux de la somme énorme à laquelle ils étaient évalués que de l'évaluation faite de leur mérite, laquelle les faisait trois mille fois supérieurs à leurs soldats, ils levèrent leurs gigantesques épées, firent voler les casques en l'air, et hurlèrent plutôt qu'ils ne crièrent :

— Noël ! Noël ! Montjoie et liesse au bon connétable !

— Ah ! brigands ! murmura celui-ci en baissant hypocritement les yeux, comme si les acclamations des aventuriers lui allaient au cœur, je vous mènerai avec l'aide du Seigneur et de Notre-Dame-du-Mont-Carmel, en un lieu d'où pas un de vous ne reviendra.

Puis tout haut :

— Total, cent mille écus d'or, au moyen desquels nous arriverons au solde de tous nos comptes.

— Noël ! Noël ! répétèrent les aventuriers au comble de l'enthousiasme.

— Maintenant, messieurs, dit Duguesclin, vous avez ma parole de chevalier que la somme vous sera comptée avant d'entrer en campagne. Seulement, vous comprenez, vous ne l'aurez pas tout de suite ; je ne porte pas avec moi le trésor royal.

— C'est juste, dirent les chefs encore trop joyeux pour être déjà bien exigeans.

— Vous faites donc crédit au roi de France, messieurs, sur la parole de son connétable, c'est convenu ; et, dit-il, relevant la tête avec son grand air qui faisait trembler les plus braves, la parole est bonne ; mais en loyaux soldats, nous allons partir, et si, au moment d'entrer en Espagne, l'argent n'est point arrivé, eh bien messieurs, vous aurez deux garanties : votre liberté d'abord que je vous rends, et un prisonnier qui vaut bien cent mille écus d'or.

— Lequel ? demanda Caverley.

— Moi donc, jarni Dieu ! répondit Duguesclin, tout pauvre que je suis. Car, lorsque les femmes de mon pays devraient filer nuit et jour pour me faire cent mille écus de rançon, je vous promets, moi, que la rançon serait faite.

— C'est dit, répliquèrent d'une voix commune les aventuriers ; et ils touchèrent tous la main du connétable en signe d'alliance.

— Quand partons-nous ? demanda le Vert-Chevalier.

— Tout de suite si vous voulez, messieurs.

— Tout de suite, répéta Hugues. En effet, messieurs, puisqu'il n'y a plus à tondre ici, j'aime mieux que nous soyons promptement ailleurs.

Chacun courut aussitôt à son poste et fit élever sa bannière au-dessus de sa tente ; les tambours battirent, et un immense mouvement se fit par tout le camp, et l'on vit affluer de nouveau vers les tentes principales ces soldats qui étaient accourus à l'arrivée de Duguesclin, puis, semblables aux flots de la marée, s'en étaient retournés au large.

Deux heures après les tentes étaient abattues et les bêtes de somme ployaient sous le fardeau ; les chevaux hennissaient, et les lances se groupaient aux rayons du soleil qui en faisaient jaillir de larges éclairs.

Cependant, on voyait fuir sur les deux bords de la rivière les paysans longtemps en esclavage, et qui, rendus un peu tardivement à la liberté, ramenaient à leurs chaumières désertes leurs femmes et leurs meubles un peu endommagés.

Vers midi, l'armée se mit en marche, descendant la Saône, et formant deux colonnes dont chacune suivait une rive. On eût dit une de ces migrations de barbares qui allaient accomplir une de ces missions terribles auxquelles le Seigneur les avaient destinés sur les pas d'un de ces fléaux de Dieu que l'on nommait Alaric, Genseric ou Attila.

Et cependant, celui sur les pas duquel ils marchaient était le bon connétable Bertrand Duguesclin, qui, derrière sa bannière, pensif, la tête baissée entre ses larges épaules, se disait en cheminant au pas de son robuste cheval :

— Cela va bien, pourvu que cela dure. Mais l'argent, où l'aurai-je, et si je ne l'ai pas, comment le roi assemblera-t-il une armée assez forte pour fermer le retour à ces brigands qui redescendront des Pyrénées plus affamés que jamais ?

Abîmé dans ces pensées lugubres, le bon chevalier allait toujours, se retournant de temps en temps pour voir rouler autour de lui les flots bigarrés et bruyans de cette multitude, et sa cervelle ingénieuse travaillait à elle seule plus que les cinquante mille cerveaux des aventuriers.

Et Dieu sait cependant ce que chacun d'eux rêvait, se croyant déjà pour son compte maître et seigneur de l'Inde ; rêves d'autant plus exagérés que la contrée était encore à peu près inconnue.

Tout à coup, au moment où le soleil glissait sous la dernière lame orange des nuages de l'horizon, les chefs, qui marchaient derrière le bon chevalier et qui commençaient à s'étonner de sa taciturnité, le virent relever la tête, secouer ses épaules comme un vainqueur, et on l'entendit crier à ses valets :

— Holà Jacelard ! holà Berniquet ! un coup de vin, et du meilleur que vous ayez dans vos équipages.

Puis il murmura dans sa visière :

— Par Notre-Dame d'Auray ! je crois que je tiens les cent mille écus, et cela, sans faire tort en aucune chose au bon roi Charles.

Puis, se retournant vers les chefs des aventuriers, qui n'avaient pas été sans inquiétude en voyant depuis le milieu de la journée le connétable si soucieux :

— Jarni Dieu ! messieurs, dit-il de sa voix sonore, si nous trinquions un petit coup ?

C'était un appel auquel les aventuriers n'avaient garde de manquer ; aussi accoururent-ils, et vida-t-on de ce coup un joli broc de vin de Châlon à la santé du roi de France.

II.

OU L'ON VERRA UN PAPE PAYER SES FRAIS D'EXCOMMUNICATION.

L'armée marchait toujours.

Comme tout chemin mène à Rome, à plus forte raison le chemin d'Avignon mène en Espagne.

Les aventuriers suivaient donc avec confiance le chemin d'Avignon.

C'est là que tenait sa cour le pape Urbain V, qui, bénédictin d'abord, puis abbé de Saint-Germain d'Auxerre et prieur de Saint-Victor de Marseille, avait été élu pape sous la condition qu'il ne troublerait en rien dans leur béatitude terrestre les cardinaux et les princes romains, condition qu'il s'était empressé de suivre aussitôt son élection, dans toute sa bénigne rigidité, et grâce à laquelle il comptait se faire des droits à mourir le plus tard possible en odeur de sainteté, ce à quoi il réussit.

On se rappelle que le successeur de saint Pierre avait été touché des plaintes du roi de France à l'endroit des Grandes compagnies, et qu'il avait excommunié ces Grandes compagnies, chef-d'œuvre de politique dont le roi Charles V, dans son intelligente prévision de l'avenir, avait fait sentir à Duguesclin le côté désagréable, ce qui, depuis l'entrevue du prince avec son connétable, avait laissé dans l'esprit de ce dernier un vif désir de remettre les choses dans leur état normal.

Or, cette idée illuminatrice qui était venue à Bertrand sur la grande route de Châlon à Lyon, par ce beau coucher de soleil dont nous n'avons dit qu'un seul mot, préoccupé que nous étions nous-même par la taciturnité du bon connétable, c'était d'aller avec ses cinquante mille aventuriers, plus ou moins, comme avait dit Caverley, rendre une visite au pape Urbain V.

Cela tombait d'autant mieux qu'à mesure que les aventuriers approchaient des États de ce pontife, à qui, quelque inoffensive qu'eût été l'excommunication, ils n'en avaient pas moins gardé rancune, ils sentaient se réveiller leurs instincts belliqueux et féroces.

Il y avait aussi, en vérité, trop de temps qu'ils étaient sages.

Quand on fut arrivé à deux lieues de la ville, Bertrand ordonna une halte, rassembla les chefs, et leur commanda d'élargir le front de leur troupe de manière à ce qu'un front imposant ceignît la ville, en formant un arc immense dont le fleuve serait la corde.

Puis, montant à cheval avec une douzaine d'hommes d'armes et de cavaliers français qui formaient sa suite, il alla se présenter à la porte de Vaucluse, demandant à parler au souverain pontife.

Urbain, sentant venir cette foule de brigands comme on voit venir une inondation, avait réuni son armée, composée de deux ou trois mille hommes, et connaissant toute la valeur de son arme principale, il se disposait à appliquer un coup suprême des clefs de saint Pierre sur la tête des aventuriers.

Mais, il faut le dire, le fond de sa pensée était que les brigands, éperdus de leur excommunication, venaient lui demander grâce et lui offrir de racheter leurs péchés par quelque nouvelle croisade, se fiant à leur nombre et à leur force pour faire valoir l'humilité de leur soumission.

Il vit accourir le connétable avec un empressement qui le surprit beaucoup. Justement en ce moment même il dînait sur sa terrasse, tout ombragée d'orangers et de lauriers roses, en compagnie de son frère le chanoine Angélo Grinvald, promu par lui à l'évêché d'Avignon, l'un des principaux siéges de la chrétienté.

— Vous, messire Bertrand Duguesclin! s'écria le pape. Vous! êtes-vous donc avec cette armée qui nous arrive tout à coup sans que nous sachions d'où elle vient et pour quelle chose elle vient?

— Hélas! très saint-père, hélas! je la commande, dit le connétable en s'agenouillant.

— Alors, je respire, dit le pape.

— Oh! oh! moi aussi, ajouta Angélo en dilatant sa poitrine par un large et joyeux soupir.

— Vous respirez, très saint-père? dit Bertrand.

Et il poussa à son tour un soupir triste et pénible comme s'il eût hérité de l'oppression pontificale.

— Et pourquoi respirez-vous? continua-t-il.

— Je respire parce que je connais leurs intentions.

— Je ne crois pas, dit Bertrand.

— Avec un chef comme vous, connétable, avec un homme qui respecte l'Eglise.

— Oui, très saint-père, oui, je respecte l'Eglise, dit le connétable.

— Et donc ! cher fils, soyez le bienvenu alors. Mais que me veut cette armée, voyons ?

— Avant tout, dit Bertrand, éludant la question et retardant l'explication autant qu'il est en son pouvoir, avant tout, Votre Sainteté apprendra avec plaisir, je n'en doute pas, qu'il s'agit d'une rude guerre contre les Infidèles.

Urbain V jeta à son frère un coup d'œil qui voulait dire :

— Eh bien ! je me suis trompé !

Puis, satisfait de cette nouvelle preuve de cette infaillibilité qu'il venait de se donner à lui-même, il se retourna vers le connétable.

— Contre les Infidèles, mon fils ? dit-il avec onction.

— Oui, très saint-père.

— Et contre lesquels, mon fils ?

— Contre les Mores d'Espagne.

— C'est une salutaire pensée, connétable, et digne d'un héros chrétien, car je présume que c'est vous qui l'avez eue.

— Moi, et le bon roi Charles V, très saint-père, répondit Bertrand.

— Vous en partagerez la gloire, et Dieu saura faire la part de la tête qui l'a conçue et du bras qui l'a exécutée. Ainsi votre but...

— Notre but, et Dieu permette qu'il soit atteint ! notre but est de les exterminer, très saint-père, et de consacrer la majeure partie de leurs dépouilles à la glorification de la religion catholique.

— Mon fils, embrassez-moi, dit Urbain V, touché jusqu'au cœur, et pénétré d'admiration pour la vaillante épée qui se mettait ainsi au service de l'Eglise.

Bertrand récusa un si grand honneur et se contenta de baiser la main de Sa Sainteté.

— Mais, reprit le connétable après une pause d'un instant, vous ne l'ignorez pas, très saint-père, ces soldats que je commande, et qui vont à un pèlerinage si héroïque, ces soldats sont les mêmes que Sa Sainteté a cru devoir excommunier il n'y a pas longtemps.

— J'avais raison en ce temps-là, mon fils, et je crois même qu'en ce temps-là vous avez été de mon avis.

— Votre Sainteté a toujours raison, dit Bertrand, éludant l'apostrophe ; mais enfin, ils sont excommuniés, et je ne vous cacherai pas, très saint-père, que cela fait un détestable effet à l'égard des gens qui vont combattre pour la religion chrétienne.

— Mon fils, dit Urbain en vidant lentement son verre rempli d'un Monte-Pulciano doré qu'il affectionnait par-dessus tous les vins, et par-dessus même ceux qui poussent sur les côteaux du beau fleuve dont les eaux baignent les murs de sa capitale; mon fils, l'Église, telle que je la veux, n'est pas, vous le savez bien, intolérante ni implacable ; à tout péché miséricorde, surtout quand le pécheur se repent avec sincérité, et si vous, un des piliers de la foi, vous vous portez garant de leur retour à l'orthodoxie.

— Oh ! certes oui, très saint-père.

— Alors, dit Urbain, je révoquerai l'anathème, et je consentirai à laisser peser sur eux seulement une partie du poids de ma colère, pleine d'indulgence, comme vous le voyez, mon fils, continua le pape en souriant.

Bertrand se mordit les lèvres en songeant à quel point Sa Sainteté s'enfonçait de plus en plus dans l'erreur.

Urbain continua avec une voix pleine de mansuétude, et qui cependant n'était pas exempte de cette fermeté qui sied bien à celui qui pardonne, mais qui, tout en pardonnant, sait la gravité de l'offense qu'il veut bien oublier.

— Vous comprenez, mon cher fils, ces gens-là ont amassé des richesses impies, et, comme le dit l'Ecclésiaste :

Omne malum in pravo fenore.

— Je ne sais point l'hébreu, très saint-père, répondit Bertrand avec humilité.

— Aussi vous parlais-je en simple langue latine, mon fils, répondit en souriant Urbain V ; mais j'oubliais que les guerriers ne sont pas des bénédictins. Voici donc la traduction des paroles que je vous ai dites, et qui, vous le verrez, s'adaptent merveilleusement à la situation.

« Toute calamité est contenue dans un bien mal acquis. »

— Que c'est beau ! dit Duguesclin, souriant dans sa barbe épaisse du tour que le proverbe allait peut-être jouer à Sa Sainteté.

— Donc, continua Urbain, j'ai bien décidé, et cela par égard pour vous, mon fils, pour vous seul, je le jure, que ces mécréans, car ce sont des mécréans, croyez-moi, bien qu'ils se repentent, que ces mécréans, dis-je, souffriraient une dîme sur leurs biens, et moyennant ce dommage, seraient relevés de leur excommunication. Maintenant, vous le voyez, quoique j'agisse spontanément et sans même être pressé par vous, vantez-leur bien la faveur que je leur fais, cher fils, car elle est immense.

— Elle est immense, en effet, répondit Bertrand agenouillé, et je doute qu'ils la reconnaissent comme elle mérite de l'être.

— N'est-ce pas ? reprit Urbain. Eh bien ! voyons, mon fils, à quelle somme allons-nous fixer la dîme du rachat ?

Et Urbain se tourna, comme pour l'interroger sur cette délicate et grave question, vers son frère, qui apprenait là mollement son métier de pape futur.

— Très saint-père, répondit Angélo en se renversant dans son fauteuil et en secouant la tête, il faudra bien de l'or temporel pour compenser la douleur de vos foudres spirituelles.

— Sans doute, sans doute, reprit Urbain, mais nous sommes clément, et il faut le dire, tout nous invite à la clémence. Le ciel est si beau dans ce pays d'Avignon, l'air est si pur quand le mistral veut bien laisser oublier qu'il existe dans les cavernes du mont Ventoux, que tous ces bienfaits du Seigneur annoncent aux hommes la miséricorde et la fraternité. Oui, ajouta le pape, en tendant une coupe d'or à un jeune page vêtu de blanc, qui la remplit aussitôt, oui, les hommes sont bien décidément frères.

— Permettez, très saint-père, dit alors Bertrand, j'ai oublié de dire à votre sainteté en quelle qualité j'étais venu ici. Je suis venu en qualité d'ambassadeur de ces braves gens dont il s'agit.

— Et comme tel, vous nous demandez notre indulgence, n'est-ce pas ?

— D'abord, oui, très saint-père, votre indulgence est toujours une excellente chose pour nous autres pauvres soldats, qui pouvons être tués d'un moment à l'autre.

— Oh ! cette indulgence-là, vous l'avez, mon fils. Nous voulions parler de notre miséricorde, ou de notre pardon, si vous l'aimez mieux.

— Nous y comptons bien aussi, très saint-père.

— Oui ; mais vous savez à quelles conditions nous pouvons vous l'accorder.

— Hélas ! reprit Duguesclin, condition inacceptable,

souverain pontife ; car Votre Sainteté oublie ce que l'armée va faire en Espagne.

— Ce qu'elle va faire en Espagne !...

— Oui, très saint-père, je croyais vous avoir dit qu'elle allait combattre pour l'Eglise chrétienne.

— Eh bien ?

— Eh bien ! elle a droit, partant pour cette mission sainte, non seulement à tout pardon et à toute indulgence de Votre Sainteté, mais encore à son aide.

— Mon aide ! messire Bertrand, répondit Urbain, qui commençait à prendre une certaine inquiétude ; qu'entendez-vous par ces paroles, mon fils ?

— J'entends, très saint-père, que le siége apostolique est généreux, qu'il est riche, que la propagation de la foi lui sert beaucoup, et qu'il peut payer pour son intérêt.

— Çà, que dites-vous là, messire Bertrand ? interrompit Urbain, se soulevant sur son fauteuil avec une colère mal dissimulée.

— Sa Sainteté m'a parfaitement compris, je le vois, répliqua le connétable en se relevant et en brossant ses genoux.

— Non pas, s'écria le pape, qui, au contraire, tenait à ne pas comprendre, non pas, expliquez-vous.

— Voici, très saint-père : les illustres soldats, un peu mécréans, c'est vrai, mais fort repentans, que vous voyez d'ici, nombreux comme les feuilles des forêts et comme les sables de la mer, — la comparaison est tirée des livres saints, — je crois, — les illustres soldats que vous voyez d'ici, dis-je, sous les ordres du seigneur Hugues de Caverley, du Chevalier-Vert, de Claude l'Ecorcheur, du Bègue de Vilaine, d'Olivier de Mauny et autres valeureux chevaliers, attendent de Votre Sainteté un subside pour entrer en campagne. Le roi de France a promis cent mille écus d'or; c'est un prince très chrétien, et qui mérite d'être canonisé certainement, ni plus ni moins qu'un pape. Or, Votre Sainteté, qui est la clef de voûte de la chrétienté, pourra bien donner deux cent mille écus, par exemple.

Urbain fit un nouveau bond sur son fauteuil. Mais cette élasticité dans les muscles du saint-père, élasticité qui ne pouvait venir que d'une surexcitation nerveuse, ne déconcerta point Bertrand, qui resta dans la même attitude respectueuse, mais ferme.

— Messire, dit Sa Sainteté, je vois qu'on se gâte dans la société des brigandeaux, et certaines gens que je ne nommerai pas, et qui ont joui jusqu'à présent des faveurs du saint-siége, eussent été mieux payés selon leur mérite, à ce qu'il me semble, s'ils en eussent subi les rigueurs.

Ce mot terrible, dont le pape attendait un grand effet, laissa, au grand étonnement d'Urbain V, le connétable impassible.

— J'ai, continua le saint-père, six mille soldats.

Bertrand remarqua à part lui qu'Urbain V mentait juste de moitié comme Hugues de Caverley et le Vert-Chevalier, ce qui lui parut, malgré l'urgence de la situation, un peu bien hasardé pour un pape.

— J'ai six mille soldats dans Avignon, et trente mille habitans en état de porter les armes.

Cette fois, Urbain ne mentait que d'un tiers.

— En état de porter les armes, la ville est fortifiée, et puis n'y eût-il ni remparts, ni fossés, ni piques, j'ai la tiare de saint Pierre au front, et j'arrêterai seul, avec l'invocation de Dieu, des barbares moins courageux que n'étaien les soldats d'Attila que le pape Léon arrêta devant Rome.

— Eh! très saint-père, réfléchissez-y. Les armes spirituelles et temporelles réussissent mal aux vicaires du Christ contre les rois de France, qui sont les fils aînés de l'Eglise. Témoin votre prédécesseur Boniface VIII, qui reçut, Dieu me garde d'excuser une pareille audace ! qui reçut, dis-je, un soufflet de Colona, et qui mourut en prison après s'être dévoré les poings. Vous voyez déjà à quoi l'excommunication vous a servi, puisque ceux que vous avez excommuniés, au lieu de fuir et de se disperser, se sont réunis au contraire pour vous venir demander pardon à main armée. Quant aux armes temporelles, c'est bien peu de chose que six mille soldats et vingt mille bourgeois inhabiles ; en tout vingt-six mille hommes, et encore en comptant chaque bourgeois comme un homme, contre cinquante mille guerriers éprouvés, ne craignant ni Dieu ni diable, et beaucoup plus habitués aux papes que ne l'étaient les soldats d'Attila, qui voyaient un pape pour la première fois ; c'est à ce dernier point surtout que je supplie Sa Sainteté de penser avant qu'elle ne se présente aux aventuriers.

— Ils oseraient ! s'écria Urbain l'œil étincelant de colère.

— Saint-père, je ne sais ni si ils oseraient, ni ce qu'ils oseraient ; mais ce sont des gaillards bien hardis.

— L'oint du Seigneur ! les malheureux !... des chrétiens !...

— Permettez, permettez, très saint-père ; ce ne sont point des chrétiens, ce sont des excommuniés... Que voulez-vous qu'ils ménagent ces gens-là ?... Ah ! s'ils n'étaient pas excommuniés, ce serait autre chose : ils pourraient craindre l'excommunication ; mais maintenant ils ne craignent rien.

Plus l'argument était fort, plus croissait la colère du pape ; il se leva tout à coup et marcha vers Bertrand.

— Vous qui me donnez cet avis étrange, lui dit-il, vous vous croyez donc bien en sûreté ici !

— Moi, dit Bertrand avec une tranquillité qui eût démoralisé saint Pierre lui-même, je suis bien plus en sûreté ici que Votre Sainteté elle-même ; car en admettant, ce que je ne suppose pas, qu'il m'arrive quelque malheur, je puis répondre d'avance qu'il ne resterait pas pierre sur pierre de la bonne ville d'Avignon, ni du magnifique palais que vous venez de faire bâtir, si solide qu'il soit. Oh ! ce sont de fiers démolisseurs que ces coquins-là, et qui vous émiettent une forteresse en aussi peu de temps qu'il en faudrait à une armée régulière pour renverser une bicoque ; puis ils ne se borneraient point là : après avoir passé de la ville au château, ils passeraient du château à la garnison, et de la garnison aux bourgeois, et il ne resterait pas os sur os de vos trente mille hommes, ce qui ferait bien des âmes perdues par la faute de Votre Sainteté ; aussi, sachant combien Votre Sainteté est prudente, je me trouve plus en sûreté ici que dans mon camp.

— Eh bien ! s'écria le pape furieux et rongeant le frein que lui mettait le connétable ; eh bien ! je persiste : j'attendrai.

— En vérité, très saint-père, dit Bertrand, je vous jure ma foi de gentilhomme que je ne reconnais pas Votre Sainteté à ce refus ; j'étais convaincu, moi, je me trompais à ce que je vois, j'étais convaincu que Votre Sainteté irait au-devant du sacrifice que la foi lui commande, et que, suivant l'exemple donné par le bon roi Charles V, les deux cent mille écus seraient offerts par le saint-siége apostolique. Croyez-moi, très saint-père, ajouta le connétable en prenant un air très peiné, c'est bien douloureux pour un bon chrétien comme moi, de voir le premier prince de l'Eglise refuser son assistance à une pieuse entreprise comme celle que nous poursuivons. Jamais ces dignes chefs ne voudront le croire.

Et saluant plus humblement que jamais Urbain V, stupéfait de l'événement inattendu auquel il allait falloir faire face, le connétable sortit presque à reculons de la terrasse, descendit l'escalier, et retrouvant à la porte du palais sa suite, qui commençait à n'être pas sans inquiétude sur son compte, il reprit le chemin du camp.

III.

COMMENT MONSEIGNEUR LE LÉGAT VINT AU CAMP DES AVENTURIERS, ET COMMENT IL Y FUT REÇU.

Duguesclin, de retour au camp, commença de comprendre qu'il éprouverait de grandes difficultés à mettre à exécution le beau plan qu'il avait conçu, et qui était destiné à atteindre trois grands résultats : payer les aventuriers, subvenir aux frais de la campagne, et aider le roi à finir l'hôtel Saint-Paul, pour peu que le pape Urbain demeurât dans les dispositions où il l'avait trouvé.

L'Eglise est opiniâtre. Charles V était scrupuleux. Il ne fallait pas se brouiller avec son maître sous prétexte de le servir ; il ne fallait pas, au commencement d'une campagne, donner prise aux superstitions qui, dès les premiers revers que l'on essuierait, ne manqueraient pas d'attribuer ces revers à l'irréligion du général et aux prières vengeresses du souverain pontife.

Mais Duguesclin était Breton, c'est-à-dire plus entêté à lui seul que tous les papes passés et à venir. Il avait d'ailleurs, pour justifier son entêtement, la nécessité, cette inflexible déesse que l'antiquité a représentée un coin de fer à la main.

Il résolut donc de poursuivre son dessein, quitte à prendre ensuite conseil des circonstances et à poursuivre ou s'arrêter selon le mode dans lequel les circonstances se dérouleraient.

En conséquence, il fit armer ses gens, commanda ses chariots, ordonna que ses Bretons, arrivés deux jours auparavant, sous la conduite d'Olivier de Mauny et du Bègue de Vilaine, se dirigeraient vers Villeneuve, si bien que du haut de sa terrasse qu'il n'avait point quittée, le saint-père vit le grand cordon bleuâtre se dérouler comme un serpent d'azur, auquel le soleil couchant jetait à différentes parties de ses spirales un reflet plus chaud que l'or et plus sinistre que les éclairs de l'anathème papal.

Urbain V était presque aussi bon général qu'excellent moine. Il n'eut pas besoin d'appeler son capitaine général pour comprendre que ce serpent n'avait qu'un pas à faire pour enfermer Avignon dans sa courbe.

— Oh ! oh ! dit-il à son légat, en suivant d'un œil inquiet cette manœuvre, ils deviennent bien insolens, ce me semble.

Et voulant voir si les Grandes compagnies et les chefs de ces Grandes compagnies étaient aussi courroucés que l'avait dit Duguesclin, le pape Urbain V, sans autre plan que de s'assurer de l'état de leur esprit, envoya son légat au général en chef.

Le légat n'avait point assisté à l'entretien qui avait eu lieu entre lui et Duguesclin. Il ignorait donc que Duguesclin réclamât autre chose qu'un adoucissement à l'excommunication lancée contre les Grandes compagnies, ignorance qui lui donnait cette conviction qu'il en serait quitte avec quelques indulgences et quelques bénédictions.

Il partit donc, monté sur sa mule, et accompagné du pâle sacristain, son acolyte.

Nous l'avons dit, le légat n'était prévenu de rien. Le pape avait jugé que communiquer ses craintes à un ambassadeur, c'est diminuer la confiance qu'il devait avoir dans la puissance de son maître. Aussi vit-on le légat s'avancer radieusement superbe entre la ville et le camp, jouissant par avance des génuflexions et des signes de croix qui allaient l'accueillir à son entrée !

Mais Duguesclin, en diplomate habile, avait placé à la garde du camp les Anglais, gens peu zélés pour les intérêts du pape, avec lequel, depuis plus de cent ans déjà, ils étaient en discussion, et il avait eu de plus la précaution de causer avec eux pour leur faire une opinion selon ses vues.

— Veillez bien, camarades, avait-il dit à son retour au camp. Il serait possible que Sa Sainteté nous envoyât quelques compagnies de ses hommes d'armes. Je viens d'avoir un petit démêlé avec Sa Sainteté à cause de certaine politesse que, selon moi, il nous devait en échange de la fameuse excommunication qu'il a lancée sur nous. Je dis sur nous, car du moment où vous êtes devenus mes soldats, je me regarde comme excommunié aussi et voué à l'enfer ni plus ni moins que vous. Or, Sa Sainteté est incroyable, foi de connétable ! Sa Sainteté nous refuse cette politesse...

A cette péroraison inattendue, les Anglais frémirent comme des dogues dont le maître s'amuse à exercer la colère.

— Bien ! bien ! dirent-ils, que le pape se frotte à nous, et il verra qu'il a affaire à de véritables excommuniés !

Duguesclin, à cette réponse, les avait jugés suffisamment instruits, et était passé dans le camp des Français.

— Mes amis, avait-il dit, il serait possible que vous vissiez venir quelque envoyé du pape. Le souverain pontife, — croyez-vous cela ? — le souverain pontife, à qui nous avons donné Avignon et le comtat, me refuse l'assistance que je lui demandais pour notre bon roi Charles V, et je vous avouerai, cela dût-il me faire tort dans votre esprit, que nous venons de nous quereller un peu. Dans cette querelle, que j'ai eu peut-être tort de soulever, votre conscience en jugera, dans cette querelle, le souverain pontife a eu la maladresse de me dire que si les armes spirituelles ne suffisaient pas, il aurait recours aux armes temporelles... Vous m'en voyez encore tout dépité !

Les Français, pour qui c'était déjà au quatorzième siècle, à ce qu'il paraît, une piètre renommée que celle des soldats du pape, se contentèrent de répondre par de grands éclats de rire au petit discours de Duguesclin.

— Bon ! dit le connétable, ceux-ci le hueront, et c'est toujours un bruit désagréable que celui des huées. A mes Bretons, maintenant ; pour ceux-là, ce sera plus difficile.

En effet, les Bretons, et surtout les Bretons de ce temps-là, gens dévots jusqu'à l'ascétisme, pouvaient craindre de se brouiller avec le souverain pontife.

Aussi Duguesclin, pour les prévenir tout d'abord en sa

faveur, entra-t-il chez eux avec un visage complétement bouleversé. Ses soldats l'adoraient non seulement comme leur compatriote, mais encore comme leur père, car il n'était pas un seul d'entre eux qui ne connût le connétable personnellement par quelques services rendus, et beaucoup d'entr'eux même avaient été sauvés par lui, soit de la captivité, soit de la mort, soit de la misère.

A la vue de ce visage qui indiquait, comme nous l'avons dit, une consternation profonde, les enfans de la vieille Armorique se pressèrent autour de leur héros.

— Oh! mes enfans, s'écria Duguesclin, vous me voyez désespéré. Croiriez-vous que non-seulement le pape maintient son excommunication contre les Grandes compagnies, mais encore qu'il l'étend à ceux qui se joignent à elles pour venger la mort de la sœur de notre bon roi Charles? De sorte que nous, dignes et loyaux chrétiens, nous voilà devenus des mécréans, des chiens, des loups, à qui tout le monde peut courir sus. Le souverain pontife est fou, sur mon âme!

Les Bretons firent entendre un long murmure.

— Il faut dire aussi, continua Bertrand Duguesclin, qu'il est tout à fait mal conseillé. Par qui? je l'ignore. Mais ce que je sais c'est qu'il nous menace de ses chevaliers italiens, et qu'en ce moment il est occupé, à quoi? vous ne vous en douteriez pas; à les couvrir d'indulgences pour qu'ils nous combattent.

Les Bretons rugirent.

— Et que lui demandais-je cependant, à notre saint-père: le droit de recevoir la communion catholique et la sépulture chrétienne. C'est bien le moins pour des gens qui vont combattre les Infidèles. Maintenant, mes enfans, voilà où nous en sommes. Je l'ai quitté là-dessus. Je ne sais pas que est votre avis, et je me crois aussi bon chrétien que personne; mais je déclare que si notre saint-père Urbain V veut faire le roi terrestre avec nous, eh bien! nous aviserons; nous ne pouvons pas cependant nous laisser battre par ces papelins!

Les Bretons bondirent à ces mots avec une telle fureur que ce fut Duguesclin qui fut obligé de les calmer.

C'était en ce moment justement que le légat, sortant par la porte de Loulle, et prenant le pont de Bénézet, débouchait dans les premières enceintes du camp. Il était souriant de béatitude.

Les Anglais coururent aux palissades pour le voir, et se croisant les bras avec un flegme insolent:

— Oh! oh! dirent-ils, que nous veut cette mule!

Le sacristain pâlit de colère à cette insulte, et cependant, prenant ce ton paterne familier aux membres de l'Eglise :

— Celui-ci, dit-il, est le légat de Sa Sainteté.

— Oh! firent les Anglais, où sont les sacs d'argent? Est-ce que ta mule est de force à les porter? Montrez-nous un peu cela; voyons.

— De l'argent! de l'argent! crièrent les autres d'une seule voix.

Le légat, stupéfait de cet accueil auquel il était loin de s'attendre, regarda le sacristain qui se signait de terreur.

Et ils continuèrent leur marche à travers les rangs des soldats qui répétaient sans fin :

— De l'argent! de l'argent!

Pas un chef ne se montrait; prévenu à l'avance par Duguesclin, chacun s'était retiré dans sa tente.

Les deux ambassadeurs traversèrent la première ligne qui, nous l'avons dit, était anglaise, et pénétrèrent jusqu'au camp des Français, lesquels, à l'aspect du légat, se précipitèrent au devant de lui.

Le légat crut que c'était pour lui faire honneur et commençait à se rengorger, lorsqu'au lieu des humbles salutations auxquelles il s'attendait, il entendit éclater de tous les points de grands éclats de rire.

— Eh! bonjour, monsieur le légat! criait le soldat aussi railleur déjà au quatorzième siècle qu'il l'est de nos jours, est-ce que par hasard Sa Sainteté vous envoie à nous comme un échantillon de sa cavalerie?

— Est-ce avec la mâchoire de la monture de son ambassadeur, disait un autre, que le saint-père compte nous passer au fil de l'épée?

Et chacun, tout en frappant la croupe de la monture de l'ambassadeur à grands coups de houssine, de rire et de goguenarder avec un acharnement et un bruit qui faisaient plus de mal au légat que les réclamations pécuniaires des Anglais. Ceux-ci cependant ne l'avaient point abandonné tout à fait, et quelques-uns l'avaient suivi en criant de toute la force de leurs poumons :

— *Money! Money!*

Ce qui, traduit en français, voulait dire : De l'argent! de l'argent!

Le légat franchit aussi rapidement qu'il le put la seconde ligne.

Alors ce fut le tour des Bretons, mais ceux-ci plaisantaient encore moins que les autres. Ils vinrent au-devant du légat, les yeux étincelans et leurs gros poings serrés, criant de leurs voix formidables :

— Absolution! absolution!

Et cela de telle sorte qu'au bout d'un quart-d'heure, au

milieu de tous les cris divers, il était impossible au légat de rien entendre au milieu de cet effroyable vacarme, semblable à celui des flots furieux, du tonnerre grondant, de la bise sifflante, et des galets refoulés en craquant sur la côte.

Le sacristain commença de perdre de son assurance et de trembler de tous ses membres. Il y avait déjà longtemps que la sueur coulait du front du légat et que cependant ses dents claquaient.

Donc, le légat pâlissant de plus en plus, et commençant à trouver insuffisantes les forces de sa mule, en croupe de laquelle plus d'un railleur français s'était élancé dans le chemin, demanda d'une voix timide :

— Les chefs, messieurs, les chefs? qui donc de vous aurait la bonté de me conduire aux chefs?

Ce fut alors seulement que Duguesclin, entendant cette voix lamentable, jugea qu'il était à propos d'intervenir.

Il perça la foule avec ses deux robustes épaules, qui faisaient onduler les hommes autour de lui, comme le poitrail du buffle fait onduler les herbes des savanes et les roseaux des marais Pontins.

— Ah! ah! c'est vous, monsieur le légat, un envoyé de notre saint-père, jarni Dieu! quel honneur pour des excommuniés. Arrière! soldats, arrière! Ah! monsieur le légat, veuillez donc entrer dans ma tente. Messieurs, s'écria-t-il d'une voix fort peu courroucée, qu'on respecte monsieur le légat, je vous en prie. Il nous apporte sans doute quelque bonne réponse de Sa Sainteté. Monsieur le légat, voulez-vous prendre ma main pour que je vous aide à descendre de votre mule? Là, bien! êtes-vous à terre? C'est cela; venez maintenant.

En effet, le légat ne se l'était pas fait dire à deux fois,

et, saisissant la robuste main que lui tendait le chevalier breton, il avait sauté à terre et traversait la foule des soldats des trois nations accourus pour le voir, au milieu des contorsions d'épaules, de bouffissures, de rires et de commentaires qui faisaient dresser les cheveux sur la tête du sacristain, bien qu'il n'eût pas le don des langues, tant chez les mécréans le geste expressif suppléait à la parole.

— Quelle société! murmurait le rat d'église, quelle société !

Une fois dans sa tente, Bertrand Duguesclin fit de grandes révérences au légat, et lui demanda pardon pour ses soldats, en termes qui rendirent un peu de courage au triste ambassadeur.

Alors le légat se voyant à peu près hors de péril et sous la sauve-garde de l'honneur du connétable, rappela toute sa dignité et commença une harangue dont le sens était :

Que le pape avait quelquefois une absolution pour les rebelles, mais de l'argent pour personne.

Les autres personnes qui, selon le conseil de Duguesclin, étaient venues peu à peu et étaient entrées les unes après les autres, entendirent cette réponse et ne cachèrent point au légat qu'ils n'en étaient que médiocrement satisfaits.

— Alors, monsieur le légat, dit Duguesclin, je commence à croire que nous ne pourrons jamais faire d'honnêtes gens de nos soldats.

— Eh bien! dit le légat, l'idée de la damnation éternelle, à laquelle d'un mot elle a condamné tant d'âmes, a touché Sa Sainteté; attendu que parmi toutes ces âmes il peut y en avoir de moins coupables les unes que les autres, ou qui se repentent sincèrement. Sa Sainteté fera donc en votre faveur un miracle de clémence et de bonté.

— Ah ! ah ! firent les chefs, et lequel ? Voyons un peu le miracle.

— Sa Sainteté, répondit le légat, accordera ce miracle que vous désirez tant.

— Et puis après ? fit Bertrand.

— Eh ! mais, demanda le légat, qui n'avait point entendu parler d'autre chose à Sa Sainteté, n'est-ce pas tout ?

— Mais non, dit Bertrand, mais non, il s'en faut de beaucoup. Il y a encore la question d'argent.

— Le pape ne m'en a point parlé, et j'ignore complétement cette question, dit le légat.

— Je croyais, reprit le connétable, que les Anglais vous en avaient touché deux mots. Je les ai entendus crier : *Money ! money !* cela veut dire : de l'argent ! de l'argent !

— Le saint-père n'en a pas. Les coffres sont vides.

Duguesclin se tourna vers les chefs comme pour leur demander si c'était là une réponse suffisante.

Les chefs haussèrent les épaules de pitié.

— Que disent ces messieurs ? demanda le légat inquiet.

— Ils disent que le saint-père n'a qu'à faire comme eux.

— Quand cela ?

— Quand leurs coffres sont vides.

— Et que font-ils ?

— Ils les remplissent.

Et Duguesclin se leva.

Le légat comprit que l'audience était terminée. Une légère rougeur venait de monter aux pommettes brunies du connétable.

Le légat enfourcha sa mule et se prépara à regagner Avignon, dans la compagnie de son sacristain de plus en plus épouvanté.

— Attendez, attendez, dit Duguesclin ; attendez, monseigneur. Ne vous en allez pas comme cela tout seul, vous pourriez être écharpé en chemin, et jarni Dieu ! cela me contrarierait.

Le légat fit un soubresaut qui témoignait que si Duguesclin n'avait pas cru à ses paroles, il croyait, lui, aux paroles de Duguesclin.

En effet, le connétable, marchant à côté de la mule que le sacristain conduisait par la bride, reconduisit le légat jusqu'aux limites du camp, sans rien dire lui-même ; mais accompagné de frémissemens si éloquens, de froissemens d'armes si terribles et d'imprécations si menaçantes, que la sortie bien que protégée par le connétable parut au pauvre légat beaucoup plus effrayante encore que l'arrivée.

Aussi une fois hors du camp, le légat donna-t-il du talon à sa mule, comme s'il eût craint que l'on ne voulût le rattraper.

IV.

COMMENT SA SAINTETÉ LE PAPE URBAIN V SE DÉCIDA ENFIN A PAYER LA CROISADE ET A BÉNIR LES CROISÉS.

Le malheureux fugitif n'était pas encore rentré dans Avignon, que Duguesclin, portant ses troupes en avant, achevait de fermer ce cercle terrible qui avait tant effrayé Urbain V, lorsqu'il l'avait vu se former du haut de la terrasse. Dans ce mouvement, Villeneuve-la-Begude et Gervasy furent enlevés sans résistance aucune, quoiqu'il y eût à Villeneuve une garnison de cinq ou six cents hommes.

Le connétable avait chargé Hugues de Caverley d'opérer le mouvement et de se loger dans ces villes. Il connaissait leur manière de préparer le gîte, et ne doutait pas de l'impression que ferait sur les Avignonnais ce commencement d'entrée en campagne.

En effet, dès le même soir, les Avignonnais purent voir du haut de leurs murailles s'allumer de grands feux qui avaient quelquefois grand'peine à prendre, mais qui finissaient toujours par flamber que c'était merveille. Peu à peu, en s'orientant et en reconnaissant les points précis où brûlaient les flammes, ils reconnurent que c'étaient leurs maisons qui brûlaient et leurs oliviers qui servaient d'allumettes.

En même temps les Anglais changeaient leurs vins de Châlon, de Thorins et de Beaune, dont ils savouraient encore les restes, contre ceux de Rivesalte, de l'Hermitage et de Saint-Perray qui leur parurent plus chauds et plus sucrés.

A la lueur de tous ces feux, qui ceignaient la ville et qui éclairaient les Anglais faisant leurs préparatifs nocturnes, le pape assembla son conseil.

Les cardinaux furent bien divisés selon leur coutume et même plus encore que d'habitude. Beaucoup opinaient pour un redoublement de sévérité qui frappât non-seulement les aventuriers, mais encore la France d'une terreur salutaire.

Mais monseigneur le légat, aux oreilles duquel retentissaient encore les différens cris de l'armée excommuniée, ne cacha point à Sa Sainteté et à son conseil l'impression qu'il en avait reçue.

Le sacristain, de son côté, faisait dans les cuisines du pape le récit des périls qu'il avait courus en compagnie de monseigneur le légat, et auxquels ils n'avaient échappés tous deux que par leur héroïque contenance, qui avait imposé aux Anglais, aux Français et aux Bretons.

Pendant que le marmiton applaudissait au courage de l'enfant de chœur, les cardinaux écoutaient le récit du légat.

— Je suis prêt à donner ma vie pour le service de notre saint-père, disait celui-ci, car je déclare que j'en avais déjà fait le sacrifice, attendu qu'elle n'a jamais été si fort exposée que dans notre ambassade au camp. Je certifie aussi qu'à moins d'un ordre précis de Sa Sainteté, qui alors m'enverrait au martyre, martyre auquel je marcherais avec joie si je pouvais penser (mais je ne le pense pas) que la foi en reçût quelque encouragement, je ne retournerais pas auprès de ces furieux sans leur porter tout ce qu'ils demandent.

— On verra, on verra, dit le pape fort ému et surtout fort inquiet.

— Cependant, Votre Sainteté, dit un des cardinaux, nous voyons déjà, et très bien même.

— Que voyons-nous? demanda Urbain.

— Nous voyons flamber une dizaine de maisons de campagne, parmi lesquelles je distingue parfaitement la mienne. Eh! tenez, très saint père, voilà justement en ce moment même le toit qui s'enfonce.

— Le fait est, dit Urbain, que les choses me paraissent en état d'urgence.

— Et moi, donc, très saint-père, moi qui ai dans mes

caves la récolte de six ans. On dit que les mécréans ne se donnent même pas le temps de percer le tonneau, mais le défoncent pour boire à même.

— Moi, dit un troisième, de la bastide duquel la traînée de flammes s'approchait insensiblement, moi je suis d'avis qu'on envoie un ambassadeur au connétable pour le prier, au nom de l'Église, de faire cesser à l'instant même les ravages que ses soldats font sur nos terres.

— Voulez-vous vous charger de cette mission, mon fils? demanda le pape.

— Ce serait avec grand plaisir, Votre Sainteté, mais je suis bien mauvais orateur, et puis le connétable ne me connaît pas, et mieux vaudrait, je crois, lui envoyer une figure qu'il eût déjà vue.

Le pape se tourna vers le légat.

— Je demande le temps de dire mon *in manus*, répondit celui-ci.

— C'est juste, dit le pape.

— Mais dépêchez-vous! s'écria le cardinal dont la maison allait brûler.

Le légat se leva, fit le signe de la croix, et dit :

— Je suis prêt à marcher au martyre.

— Je vous bénis, dit le pape.

— Mais que leur dirai-je ?

— Qu'ils éteignent le feu, et moi j'éteindrai ma colère ; qu'ils cessent de brûler et je cesserai de maudire.

Le légat secoua la tête en homme qui doute fort du succès de sa mission, mais il n'en envoya pas moins chercher son fidèle sacristain, lequel venait à peine d'achever le récit de son Iliade qu'il lui fallut, à sa grande terreur, entreprendre son Odyssée.

Tous deux partirent dans le même équipage que la première fois. Le pape voulut leur donner une escorte de papelins, mais les papelins refusèrent positivement, répondant qu'ils étaient engagés au service de Sa Sainteté pour tricoter des bas en montant leur garde, mais non pour aller se commettre avec des excommuniés.

Force fut donc au légat de partir sans eux; d'ailleurs il aimait presque autant cela; seul avec le sacristain, il pouvait du moins compter sur sa faiblesse.

Cette fois le légat en approchant du camp se fit un visage épanoui; il avait cueilli un olivier tout entier dont il s'était fait un symbole de paix, et du plus loin qu'il aperçut les Anglais, il leur cria:

— Bonnes nouvelles! bonnes nouvelles!

De sorte que les Anglais, qui ne comprenaient pas la langue, mais qui comprenaient le geste, ne le reçurent pas trop mal; que les Français qui comprenaient parfaitement attendaient; et que les Bretons, qui comprenaient à peu près, s'inclinèrent sur son passage.

Cette fois, le retour au camp du légat ressemblait d'autant plus à un triomphe, qu'avec infiniment de bonne volonté on pouvait prendre les incendies pour des feux de joie.

Mais quand il fallut annoncer à Duguesclin qu'il revenait sans apporter autre chose que ce qu'il avait promis à son premier voyage, c'est-à-dire le pardon, ce fut les larmes aux yeux que le pauvre ambassadeur s'acquitta de son ambassade.

D'autant plus que lorsqu'il eut fini, Duguesclin le regarda d'un air qui voulait dire:

— Et vous avez osé revenir pour me faire une pareille proposition?

Aussi, sans hésiter davantage, le légat cria-t-il:

— Sauvez-moi la vie, monsieur le connétable, sauvez-moi la vie ; car à coup sûr, quand vos soldats vont savoir que je suis venu les mains vides, moi qui leur ai annoncé de bonnes nouvelles, ils me tueront.

— Hum ! fit Duguesclin, je ne dirais pas non, monseigneur.

— Hélas ! hélas ! dit le légat, je l'avais bien annoncé à Sa Sainteté qu'elle m'envoyait au martyre.

— Je vous avoue, dit le connétable, que ce ne sont point des hommes, mais des loups-garous. L'excommunication leur a fait un effet qui m'étonne moi-même. Je leur croyais le cuir plus dur, et en vérité si d'ici à demain ils n'ont pas deux ou trois écus d'or à mettre chacun sur la brûlure que la foudre leur a faite, je ne réponds plus de rien, et demain ils sont capables de brûler Avignon, et dans Avignon, j'ai horreur de le dire, les cardinaux, et avec les cardinaux, j'en frissonne, le pape lui-même.

— Mais moi, dit le légat, vous comprenez, monsieur le connétable, qu'il faut que je leur porte cette réponse, afin qu'ils prennent une décision qui prévienne de si grands malheurs, et pour qu'ils connaissent cette réponse et prennent cette décision, il faut que j'arrive sain et sauf jusqu'à eux.

— Vous arriveriez un peu écorché, dit Duguesclin, qu'à mon avis l'effet n'en serait que plus grand. Mais, se hâta-t-il d'ajouter, nous ne voulons pas contraindre Sa Sainteté par violence, nous voulons que sa décision soit l'expression de sa volonté, le résultat de son libre arbitre ; je vais donc vous reconduire moi-même comme j'ai déjà fait la première fois, et pour plus grande sûreté, vous faire sortir par une fausse porte.

— Ah! sire connétable, dit le légat, à la bonne heure! vous, vous êtes un véritable chrétien.

Duguesclin tint sa parole. Le légat quitta le camp sain et sauf; mais derrière lui le pillage, interrompu un instant par l'annonce des bonnes nouvelles qu'il apportait, recommença avec plus de fureur.

C'était tout naturel : le désappointement avait doublé les colères.

Les vins furent bus, les meubles furent enlevés, les fourrages firent litière.

Les Avignonnais, toujours du haut de leurs murailles, les plus braves n'osaient sortir de la ville, se voyaient dévaliser et ruiner de fond en comble.

Les cardinaux se lamentaient.

Le pape fit alors proposer cent mille écus.

— Apportez-les toujours, et nous verrons après, répondit Duguesclin.

Le pape assembla son conseil, et avec une douleur profonde qui se peignait sur ses traits;

— Mes fils, dit-il, il faut consentir au sacrifice.

— Oui, dirent les cardinaux d'une seule voix, et comme dit Ezéchiel, l'ennemi est entré sur nos terres, il a mis nos villes à feu et à sang, et il a violé nos femmes et nos filles.

— Sacrifions-nous donc, dit Urbain V.

Et déjà le trésorier s'apprêtait à recevoir l'ordre de visiter les caisses.

— Ils demandent cent mille écus, dit le pape.

— Il faut les leur donner, dirent les cardinaux.

— Hélas! oui, fit Sa Sainteté.

Et levant les yeux au ciel, il soupira profondément.

Puis il appela :

— Angelo!

Le trésorier s'inclina.

— Angelo, continua le pape, vous allez faire promulguer par la ville, que je frappe une contribution de cent mille écus. Vous ne direz pas d'abord si c'est d'or ou d'argent, cela s'éclaircira plus tard, que je frappe une contribution de cent mille écus sur le pauvre peuple.

Frapper une contribution sur quelqu'un n'était pas peut-être très français, mais il paraît que c'était très romain, puisque le trésorier pontifical ne fit aucune observation.

— Si l'on se plaint, continua le pape, vous direz ce dont vous avez été témoin, c'est que ni mes prières ni celles de mes cardinaux n'ont pu sauver mon peuple bien-aimé de cette extrémité si douloureuse pour mon cœur.

Les cardinaux et le trésorier regardèrent le pape avec admiration.

— En effet, dit le pape, ces pauvres gens sont encore bien heureux de racheter à si bas prix leurs maisons et leurs biens. Mais en vérité, en vérité! ajoutait-il, les larmes aux yeux, rien n'est si triste pour un prince que de donner ainsi l'argent de ses sujets,

— Qui eût été si utile à Votre Sainteté en toute autre occasion, ajouta le trésorier en s'inclinant.

— Enfin, Dieu le veut! dit le pape.

Et la contribution fut levée avec force murmures, quand on sut que les écus étaient d'argent, et pas mal de résistance quand on sut qu'ils étaient d'or.

Ce fut alors que Sa Sainteté eut recours à ses papelins, et comme ce n'était plus à des excommuniés, mais à de bons chrétiens qu'ils avaient affaire, ils déposèrent leurs aiguilles à tricoter et saisirent leurs piques d'une façon si martiale que les Avignonnais rentrèrent à l'instant dans le devoir.

Au point du jour, le légat, non plus cette fois avec sa mule, mais avec dix chevaux richement caparaçonnés, s'achemina vers le camp des excommuniés.

Les soldats, à cette vue, poussèrent de grands cris de joie, qui firent cependant une impression moins favorable sur le légat que leurs imprécations n'en avaient fait une fâcheuse.

Mais au lieu de trouver Bertrand charmé, comme il s'y attendait, par la preuve palpable et sonnante de la soumission du saint-siége, il fut surpris de le voir tout boudeur, tournant et retournant entre ses doigts un parchemin récemment décacheté.

— Oh! dit le connétable en secouant la tête, voilà de bel argent que vous m'apportez, monseigneur le légat.

— N'est-ce pas? fit l'ambassadeur, qui se figurait que l'argent était de l'argent, et par conséquent était toujours bon.

— Oui, continua Dugusclin, mais un scrupule m'arrête. D'où vient-il, cet argent?

— De Sa Sainteté, puisque c'est Sa Sainteté qui vous l'envoie.

— Fort bien! Mais qui l'a fourni?

— Dame! Sa Sainteté, je présume.

— Pardon, monsieur le légat, dit Duguesclin, mais un homme d'église ne doit pas mentir.

— Cependant, dit le légat, je suis témoin...

— Lisez ceci.

Et Duguesclin présenta au légat le parchemin qu'il roulait et déroulait entre ses doigts.

Le légat prit le parchemin et lut:

« Est-il dans les intentions du noble chevalier Duguesclin

qu'une ville innocente et déjà pressurée par son prince, que de pauvres bourgeois à moitié ruinés, et des artisans mourant de faim, se privent de leur dernier morceau de pain pour payer une guerre de caprice? cette question est faite, au nom de l'humanité, au plus loyal des chevaliers chrétiens, par la bonne ville d'Avignon, qui vient de suer avec son sang cent mille écus d'or, tandis que Sa Sainteté garde, dans les caves de son château, deux millions d'écus, sans compter les trésors de Rome. »

— Eh bien! demanda Bertrand courroucé, quand le légat eut achevé sa lecture.

— Hélas! dit le légat, il faut que Sa Sainteté ait été trahie.

— Ce que l'on me dit là de ses richesses enfouies est donc vrai?

— On le prétend.

— Alors, monseigneur le légat, dit le connétable, reprenez cet or, ce n'est pas le pain du pauvre qu'il faut à gens qui vont défendre la cause de Dieu, c'est le superflu du riche. Ainsi donc, écoutez bien ce que vous dit le chevalier Bertrand Duguesclin, connétable de France : Si les deux cent mille écus du pape et des cardinaux ne sont point ici avant ce soir, cette nuit je brûle non pas les faubourgs, non pas la ville, mais le palais, et avec le palais les cardinaux, et avec les cardinaux le pape, si bien que du pape, des cardinaux et du palais, il ne restera pas vestige demain matin.

Allez, monseigneur le légat.

Ces nobles paroles furent accueillies par une salve d'applaudissemens des soldats, des officiers et des chefs, qui ne laissa au légat aucun doute sur l'unanimité des opinions, si bien que l'ambassadeur, gardant au milieu de ces bruyantes acclamations le même silence, reprit avec ses chevaux chargés le chemin d'Avignon.

— Enfans, dit le connétable à ceux de ses soldats qui, trop éloignés, n'avaient rien entendu, et qui s'étonnaient des acclamations de leurs camarades, ce pauvre peuple n'avait que cent mille écus à nous donner; c'est trop peu, puisque c'est juste ce que j'ai promis à vos chefs. Le pape va nous en donner deux cent mille.

En effet, trois heures après, vingt chevaux, pliant sous le faix, franchissaient pour n'en plus sortir l'enceinte du camp de Duguesclin, et le légat, après avoir fait trois tas des espèces, l'un composé de cent mille écus d'or, et les deux autres de cinquante chacun, y ajoutait la bénédiction pontificale à laquelle les aventuriers, bons diables quand on cédait à leurs désirs, répondaient par le souhait de toutes sortes de prospérités.

Puis quand le légat fut parti :

— Maintenant, dit Duguesclin à Hugues de Caverley, à Claude l'Ecorcheur et au Vert-Chevalier, réglons nos comptes.

— Réglons, dirent les aventuriers.

— Je vous dois cinquante mille écus d'or, à un écu par soldat. Est-ce bien ainsi que la chose a été convenue ?

— C'est ainsi.

Bertrand attaqua le plus gros tas.

— Voici cinquante mille écus d'or, dit-il.

Les aventuriers comptèrent après Bertrand Duguesclin, en vertu de ce proverbe déjà en vigueur au quatorzième siècle.

« L'argent mérite la peine d'être compté deux fois. »

— Bien! dirent-ils, voilà la part des soldats; passons à celle des officiers.

Bertrand tira du même tas vingt mille écus.

— Quatre mille officiers, dit-il, à cinq écus par officier, ci : vingt mille écus. Est-ce votre compte?

Les chefs se mirent à empiler les pièces.

— C'est cela, dirent-ils au bout d'un instant.

— Bon! fit Duguesclin. Restent les chefs.

— Oui, restent les chefs, fit Caverley en passant sa langue sur ses lèvres comme un homme joyeusement alléché.

— Maintenant, dit Bertrand, dix chefs à trois mille écus chacun, n'est-ce pas?

— C'est le chiffre convenu.

— Ci : trente mille écus, dit Bertrand en montrant le monceau d'or diminué de plus des deux tiers.

— Le compte y est, dirent les aventuriers, il n'y a rien à dire.

— De sorte que vous n'avez plus aucune objection à faire pour entrer en campagne? demanda Bertrand.

— Aucune, et nous sommes prêts, dit Caverley. Sauf toutefois notre serment d'obéissance au prince de Galles.

— Oui, dit Bertrand, mais ce serment ne regarde que les sujets anglais.

— Bien entendu, reprit le capitaine.

— C'est convenu.

— Alors, nous sommes contens. Cependant..

— Cependant, quoi? demanda Duguesclin.

— Ces cent autres mille écus?

— Vous êtes des capitaines trop prévoyans pour ne pas comprendre qu'à une armée qui se met en campagne, il faut un trésor.

— Sans doute, dit Caverley.

— Eh bien! cinquante mille écus sont destinés à entrer dans la caisse générale.

— Bon! dit Caverley à ses compagnons, je comprends. Et les cinquante mille autres dans la caisse particulière. Peste! quel habile homme!

— Venez çà, messire mon chapelain, ajouta Bertrand, et composons ensemble une petite lettre d'envoi pour notre bon seigneur le roi de France, à qui je destine les cinquante mille écus qui nous restent.

— Ah! fit Caverley, voilà qui est vraiment beau, je n'en ferais pas autant moi! même pour monseigneur le prince de Galles.

V.

COMMENT MESSIRE HUGUES DE CAVERLEY FAILLIT GAGNER TROIS CENT MILLE ÉCUS D'OR.

On se rappelle qu'après la scène du jardin, nous avons laissé Aïssa regagner la maison de son père, tandis qu'Agénor disparaissait de l'autre côté du mur.

Musaron avait compris que rien ne retenait plus son maître à Bordeaux; aussi, lorsque le jeune homme sortit de la rêverie où l'avaient plongé les événemens qui venaient de s'écouler, trouva-t-il son cheval tout sellé et son écuyer tout prêt à partir.

Agénor se mit en selle d'un seul élan, puis, piquant son cheval des deux, il quitta la ville au galop, suivi de Musaron, qui goguenardait selon son habitude.

— Eh! monseigneur, disait-il, nous nous sauvons bien vite, ce me semble. Où diable avez-vous donc mis le trésor que vous étiez allé quérir chez l'Infidèle?

Agénor haussa les épaules et ne répondit point.

— Ne tuez pas votre bon cheval, monseigneur, nous en aurons besoin pour faire campagne; il n'ira pas longtemps de ce train-là, je vous en préviens, surtout si vous avez, comme le prince Henri de Transtamare, cousu seulement une cinquantaine de marcs d'or dans la doublure de votre selle.

— En effet, dit Agénor, je crois que tu as raison, cinquante marcs d'or et cinquante marcs de fer, c'est trop pour une seule bête.

Et il laissa tomber sur l'épaule de l'écuyer irrévérencieux sa lance toute chevillée d'acier.

Musaron plia l'épaule sous le fardeau, et, comme l'avait prévu Agénor, sa gaîté fut considérablement diminuée par ce surcroît de charge.

Ils traversèrent ainsi, en suivant les traces du prince Henri, mais sans pouvoir le rejoindre, la Guyenne et le Béarn; puis ils franchirent les Pyrénées, et entrèrent en Espagne par l'Aragon.

Ce fut dans cette province seulement qu'ils atteignirent le prince, qu'ils reconnurent aux lueurs d'une petite ville incendiée par le capitaine Hugues de Caverley.

C'était ainsi que les compagnies signalaient leur arrivée en Espagne. Messire Hugues, en homme ami du pittoresque, avait choisi la ville, dont il comptait se faire un phare, sur une éminence, afin que les flammes éclairassent, à dix lieues à l'entour, ce pays qui lui était encore inconnu, et dont il désirait prendre connaissance.

Henri ne s'étonna point de cette fantaisie du capitaine anglais ; il connaissait de longue main tous ces chefs de compagnies, et savait leur manière de faire. Seulement, il pria messire Bertrand Duguesclin d'interposer son autorité près des compagnons placés sous ses ordres, afin que ceux-ci détruisissent le moins possible.

— Car, disait-il fort judicieusement, ce royaume devant m'appartenir un jour, j'aime autant l'avoir en bon état que ruiné.

— Eh bien ! soit, monseigneur, dit Caverley, mais à une condition.

— Laquelle ? demanda Henri.

— C'est que Votre Altesse paiera un droit par chaque maison intacte et par chaque femme violée.

— Je ne comprends pas, répondit le prince, maîtrisant la répugnance que lui faisait éprouver la coopération de pareils bandits.

— Rien de plus simple cependant, dit Caverley : vos villes épargnées et votre population doublée, cela vaut de l'argent, ce me semble.

— Eh bien ! soit, dit Henri en essayant de sourire ; nous causerons de cela demain matin, mais en attendant...

— En attendant, monseigneur, l'Aragon peut dormir tranquille. J'y vois clair pour toute la nuit, et, Dieu merci ! Hugues de Caverley n'a pas la réputation d'un prodigue.

Sur cette promesse à laquelle on pouvait se fier, si singulière qu'elle fût, Henri se retira avec Mauléon dans sa tente, tandis que le connétable regagnait la sienne.

Messire Hugues de Caverley alors, au lieu de se coucher, comme on aurait pu croire qu'il allait le faire après une

3.

journée si fatigante, écouta le bruit des pas qui s'éloignaient ; puis, lorsqu'ils se furent perdus dans l'espace, comme les corps qui le causaient dans l'obscurité, il se souleva doucement et appela son secrétaire.

Ce secrétaire était un personnage fort important dans la maison du brave capitaine, car, soit que celui-ci ne sût point écrire, ce qui est probable, ou qu'il dédaignât de tenir une plume, ce qui est possible, c'était ce digne scribe qui était chargé de mettre en règle toutes les transactions qui intervenaient entre le chef des aventuriers et les prisonniers qu'il mettait à rançon. Or, peu de jours se passaient sans que le secrétaire de messire Hugues de Caverley eût quelque transaction de ce genre à libeller.

Le scribe se présenta, sa plume d'une main, son encrier de l'autre, un rouleau de parchemin sous le bras.

— Viens ici, maître Robert, dit le capitaine, et libelle-moi une quittance avec laissez-passer.

— Une quittance de quelle somme ? demanda l'écrivain.

— Laisse la somme en blanc ; mais n'épargne pas l'espace, car la somme sera ronde.

— Au nom de qui ? demanda de nouveau le scribe.

— Laisse le nom en blanc comme la somme.

— Et de l'espace aussi ?

— Oui ; car ce nom sera suivi de pas mal de titres.

— Bon ! bon ! bon ! dit maître Robert en se mettant à la besogne avec un empressement qui eût pu faire croire qu'il était payé au prorata de la recette. Mais où est le prisonnier ?

— On est en train de le faire.

Le scribe connaissait l'habitude de son patron ; il n'hésita donc point une seconde à préparer la cédule ; puisque le capitaine avait dit qu'on était en train de faire le prisonnier, le prisonnier était fait.

Cette opinion n'avait rien de trop avantageux pour le capitaine, car, à peine le scribe avait-il mis la dernière main à la cédule que l'on entendit dans la direction de la montagne un bruit qui allait s'approchant.

Caverley semblait non pas avoir entendu, mais avoir deviné ce bruit, car avant qu'il eût atteint l'oreille vigilante de la sentinelle le capitaine souleva la toile de sa tente.

— Qui vive ! cria presque aussitôt la sentinelle.

— Amis ! répondit la voix bien connue du lieutenant de Caverley.

— Oui, oui, amis, dit l'aventurier en se frottant les mains, laisse passer, et lève ta pique lorsqu'on passera. Ceux que j'attends en valent bien la peine.

En ce moment, aux dernières lueurs de l'incendie qui s'en allait mourant, on vit s'avancer, entourés par vingt-cinq ou trente compagnons, une petite troupe de prisonniers. Cette troupe se composait d'un chevalier qui paraissait être à la fois dans sa force et dans la fleur de l'âge, d'un More qui n'avait pas voulu quitter les rideaux d'une vaste litière, et de deux écuyers.

Dès que Caverley vit que cette troupe se composait bien réellement des différens individus que nous venons de désigner, il fit sortir de sa tente tous ceux qui s'y trouvaient, à l'exception de son secrétaire.

Ceux qu'il renvoyait sortirent avec un regret qu'ils ne se donnèrent pas même la peine de déguiser, et en supputant la valeur de la prise qui venait de tomber aux serres de l'oiseau de proie qu'ils reconnaissaient pour leur chef

A l'aspect des quatre personnages introduits dans sa

tente, Caverley s'inclina profondément; puis s'adressant au chevalier :

— Sire roi, lui dit-il, si par hasard mes hommes avaient manqué de courtoisie envers Votre Altesse, pardonnez-leur; ils ne vous connaissaient pas.

— Sire roi! répéta le prisonnier avec un accent auquel il essayait de donner l'intonation de la surprise, mais en même temps avec une pâleur qui décelait son inquiétude, est-ce à moi que vous vous adressez, capitaine?

— A vous-même, sire don Pedro, roi très redouté de Castille et de Murcie.

Le chevalier, de pâle qu'il était, devint livide. Un sourire désespéré essaya de se dessiner sur ses lèvres.

— En vérité, capitaine, dit-il, j'en suis fâché pour vous, mais vous faites une grand erreur si vous me prenez pour celui que vous venez de dire.

— Ma foi! monseigneur, je vous prends pour ce que vous êtes, et je crois en vérité avoir fait une bonne prise.

— Croyez ce que vous voudrez, dit le chevalier en faisant un mouvement pour aller s'asseoir, il ne me sera pas difficile, je le vois, de vous faire revenir de cette opinion.

— Pour que j'en revinsse, monseigneur, il ne faudrait pas que vous fissiez l'imprudence de marcher.

Le chevalier serra les poings.

— Et pourquoi cela? demanda-t-il.

— Parce que vos os craquent à chaque pas que vous faites, ce qui est une musique bien agréable pour un pauvre chef de compagnie à qui la Providence donne cette bonne aubaine d'avoir fait tomber un roi dans ses filets.

— N'y a-t-il donc que le roi don Pedro dont, en marchant, les os fassent ce bruit, et un autre homme ne peut-il être atteint de la même infirmité?

— En effet, dit Caverley, la chose est possible, et vous m'embarrassez ; mais j'ai un moyen certain de savoir si je fais erreur, comme vous dites.

— Lequel? demanda en fronçant le sourcil le chevalier que cet interrogatoire lassait visiblement.

— Le prince Henri de Transtamare n'est qu'à cent pas d'ici ; je vais l'envoyer chercher, et nous verrons bien s'il reconnaît son frère chéri.

Le chevalier fit malgré lui un mouvement de colère.

— Ah! vous rougissez, s'écria Caverley ; eh bien! avouez, et si vous avouez, je vous jure, foi de capitaine! que tout se passera entre nous deux, et que votre frère ne saura pas même que j'ai eu l'honneur de m'entretenir quelques instants avec Votre Altesse.

— Eh bien! voyons, au fait, que voulez-vous?

— Je ne voudrai rien, vous le comprenez bien, monseigneur, tant que je ne serai pas certain de l'identité de la personne que je tiens entre mes mains.

— Supposez donc que je sois effectivement le roi, et parlez.

— Peste! comme vous dites cela, sire, parlez! croyez-vous donc que j'aie si peu de choses à vous dire que cela se fasse en deux mots! Non, monseigneur, il faut avant toutes choses une garde digne de Votre Majesté.

— Une garde! Vous comptez donc me retenir prisonnier?

— C'est mon intention, du moins.

— Et moi je vous dis que je ne resterai pas ici une heure de plus, dût-il m'en coûter la moitié de mon royaume.

— Eh! il vous en coûtera bien cela, sire, et ce ne sera pas trop, puisque, dans la situation où vous êtes, vous êtes à peu près sûr de perdre tout.

— Fixez un prix alors ! s'écria le prisonnier.

— Je réfléchirai, mon roi, dit froidement Caverley.

Don Pedro parut faire un violent effort sur lui-même, et sans répondre un seul mot, il s'assit contre la toile de la tente, tournant le dos au capitaine.

Celui-ci parut réfléchir profondément ; puis, après un moment de silence :

— Vous me donneriez bien, dit-il, un demi-million d'écus d'or, n'est-ce pas ?

— Vous êtes stupide, répondit le roi. On ne les trouverait pas dans toutes les Espagnes.

— Trois cent mille alors, hein ? J'espère que je suis raisonnable.

— Pas la moitié, dit le roi.

— Alors, monseigneur, répondit Caverley, je vais écrire un mot à votre frère Henri de Transtamare. Il se connaît mieux que moi en rançon royale, il fixera le prix de la vôtre.

Don Pedro crispa ses poings, et l'on put voir la sueur poindre à la racine de ses cheveux et couler sur ses joues.

Caverley se tourna vers son secrétaire :

— Maître Robert, dit-il, allez inviter de ma part le prince don Henri de Transtamare à venir me joindre sous ma tente.

Le scribe marcha vers le seuil de la tente, et comme il allait la franchir, don Pedro se leva :

— Je donnerai les trois cent mille écus d'or, dit-il.

Caverley bondit de joie.

— Mais, comme en vous quittant je pourrais tomber entre les mains de quelqu'autre bandit de votre sorte qui me mettrait de nouveau à rançon, vous allez me donner un reçu et un laissez-passer.

— Et vous, vous allez me compter les trois cent mille écus.

— Non pas ; car vous comprenez qu'on ne porte pas avec soi une pareille somme ; mais vous avez bien parmi vos hommes quelque juif qui se connaisse en diamans ?

— Je m'y connais, moi, sire, dit Caverley.

— C'est bien. Viens ici, Mothril, dit le roi en faisant signe au More de s'approcher. Tu as entendu !...

— Oui, sire, dit Mothril en tirant de son large pantalon une longue bourse à travers les mailles de laquelle étincelaient ces éclairs merveilleux que le roi des pierreries emprunte au roi des astres.

— Préparez le reçu, dit don Pedro.

— Il est tout prêt, dit le capitaine, il n'y a que la somme à remplir.

— Et le laissez-passer ?

— Il est au-dessous tout signé. Je suis trop le serviteur de Votre Altesse pour la faire attendre.

Un sourire convulsif passa sur les lèvres du roi. Puis, s'approchant de la table :

— » Je soussigné, lut-il, moi, Hugues de Caverley, chef des aventuriers anglais... »

Le roi ne lut pas un mot de plus ; un rayon pareil à la foudre passa dans ses yeux.

— Vous vous nommez Hugues de Caverley ? demanda-t-il.

— Oui, répondit le chef étonné de cette expression joyeuse dont il cherchait en vain à deviner la raison.

— Et vous êtes le chef des aventuriers anglais ? continua don Pedro.

— Sans doute.

— Un instant, alors, dit le roi. Mothril, remettez ces diamans dans la bourse, et la bourse dans votre poche.

— Pourquoi cela?

— Parce que c'est à moi à donner des ordres ici, et non à en recevoir, s'écria don Pedro en tirant un parchemin de sa poitrine.

— Des ordres ! dit Caverley avec hauteur. Apprenez, sire roi, qu'il n'y a qu'un homme au monde qui ait le droit de donner des ordres au capitaine Hugues de Caverley.

— Et cet homme, reprit don Pedro, voici sa signature au bas de ce parchemin. Au nom du prince Noir, Hugues de Caverley, je vous somme de m'obéir.

Caverley, en secouant la tête, jeta à travers la visière de son casque un regard sur le parchemin déroulé à la main du roi, mais à peine eut-il vu la signature, qu'il poussa un cri de rage, auquel accoururent les officiers, qui, par respect, étaient restés en dehors de la tente.

Ce parchemin que présentait le prisonnier au chef des aventuriers, c'était en effet le sauf-conduit donné par le prince Noir à don Pedro, et l'ordre à tous ses sujets anglais de lui obéir en toutes choses, en attendant que lui-même vînt prendre le commandement de l'armée anglaise.

— Je vois que décidément je serai quitte à meilleur marché que tu ne le croyais et moi aussi. Mais, sois tranquille, je te dédommagerai, mon brave.

— Vous avez raison, sire roi, dit-il avec un mauvais sourire qu'on ne put voir sous sa visière baissée. Non seulement vous êtes libre, mais encore j'attends que vous ordonniez.

— Eh bien ! dit don Pedro, ordonne alors, comme c'était ton intention, à maître Robert d'aller chercher mon frère, le prince Henri de Transtamare, et de l'amener ici.

Le scribe consulta de l'œil le capitaine, et sur le signe affirmatif de messire Hugues de Caverley, il sortit.

VI.

OU SE TROUVE LA SUITE ET L'EXPLICATION DU PRÉCÉDENT.

Voici comment s'étaient succédé les événemens qui nous sont restés inconnus depuis le départ ou plutôt depuis la fuite d'Agénor, après la scène du jardin de Bordeaux.

Don Pedro avait obtenu du prince de Galles la protection dont il avait besoin pour rentrer en Espagne; et, sûr d'un renfort d'hommes et d'argent, il s'était aussitôt mis en route avec Mothril, muni d'un sauf-conduit du prince qui lui donnait puissance et sécurité au milieu des bandes anglaises.

La petite troupe s'était dirigée ainsi vers la frontière, où, comme nous l'avons dit, le vaillant Hugues de Caverley avait tendu son véritable réseau.

Et cependant, quelles que fussent la vigilance du chef et l'adresse du soldat, il est probable que, grâce à la connaissance qu'il avait des localités, le roi don Pedro eût longé l'Aragon et atteint la Castille Nouvelle sans accident aucun s'il n'était advenu l'épisode que voici :

Un soir, tandis que le roi suivait avec Mothril, sur un grand parchemin de Cordoue représentant une carte de toutes les Espagnes, la route qu'ils devaient prendre, les rideaux de la litière s'ouvrirent doucement et la tête d'Aïssa se glissa entre eux.

D'un seul regard de ses yeux, la jeune Moresque fit signe à un esclave couché près de sa litière de venir à elle.

— Esclave, lui demanda-t-elle, de quel pays es-tu ?

— Je suis né de l'autre côté de la mer, dit-il, sur le rivage qui regarde Grenade et qui ne l'envie pas.

— Et tu voudrais bien revoir ton pays, n'est-ce pas ?

— Oui, dit l'esclave avec un profond soupir.

— Demain, si tu veux, tu seras libre.

— Il y a loin d'ici au lac Laoudiah, dit-il, et le fugitif sera mort de faim avant d'y arriver.

— Non, car le fugitif emportera avec lui ce collier de perles dont une seule suffirait pour le nourrir pendant toute la route.

Et Aïssa détacha son collier qu'elle laissa tomber dans la main de l'esclave.

— Et que faut-il faire pour gagner à la fois la liberté et ce collier de perles ? demanda l'esclave frissonnant de joie.

— Tu vois, lui dit Aïssa, cette digue grisâtre qui coupe l'horizon, c'est le camp des chétiens. Combien te faut-il de temps pour y arriver ?

— Avant que le rossignol ait fini son chant, dit l'esclave, j'y serai.

— Eh bien donc, écoute ce que je vais te dire, et que chacune de mes paroles se grave au plus profond de ta mémoire.

L'esclave écoutait avec le ravissement de l'extase.

— Prends ce billet, continua Aïssa, gagne le camp, et une fois dans le camp, tu t'informeras d'un noble chevalier franc, d'un chef nommé le comte de Mauléon ; tu te feras conduire à lui et tu lui remettras ce sachet contre lequel, à son tour, il te rendra cent pièces d'or ; va !

L'esclave saisit le sachet, le cacha sous son habit grossier, choisit le moment où une des mules gagnait le bois voisin, et, faisant semblant de courir après elle pour la ramener, il disparut dans le bois avec la rapidité d'une flèche.

Nul ne remarqua cette disparition de l'esclave, excepté Aïssa, qui le suivait des yeux, et qui, palpitante, ne respira que lorsqu'il eut disparu à tous les yeux.

Ce qu'avait prévu la jeune Moresque arriva. L'esclave ne fut pas longtemps à rencontrer sur la lisière du taillis un de ces oiseaux de proie aux serres d'acier, au morion en forme de bec, au souple plumage en mailles de fer, perché sur un rocher dominant les ronces où il s'était placé pour voir de plus loin.

L'esclave, en sortant tout effarouché du taillis, tomba sous l'envergure de la sentinelle, qui aussitôt le coucha en joue avec son arbalète.

C'était ce que cherchait le fugitif. Il fit signe de la main qu'il voulait parler ; la sentinelle s'approcha sans cesser de le mettre en joue. L'esclave alors dit qu'il allait au camp des chrétiens et demanda d'être conduit à Mauléon.

Le nom dont Aïssa s'exagérait l'importance jouissait pourtant d'une certaine notoriété parmi les compagnies depuis le trait hardi d'Agénor arrêté par les bandes de Caverley, depuis surtout qu'on savait que c'était à lui qu'était due la coopération du connétable.

Le soldat poussa son cri de ralliement, prit l'esclave par

le poignet, et le conduisit à une seconde sentinelle placée à deux cents pas à peu près de lui. Celle-ci à son tour mena l'esclave au dernier cordon de vedettes, derrière lequel le seigneur Caverley, au centre de sa troupe comme l'araignée au centre de sa toile, se tenait dans sa tente.

Ayant compris à une certaine agitation qu'il ressentait autour de lui, à une certaine rumeur parvenue à ses oreilles, qu'il se passait quelque chose de nouveau, il parut sur le seuil de sa tente.

L'esclave fut conduit droit à lui.

Celui-ci nomma le Bâtard de Mauléon ; c'était le laissez-passer qui lui avait réussi jusque-là.

— Qui t'envoie? demanda Caverley à l'esclave, essayant d'éviter une explication.

— Êtes-vous le seigneur de Mauléon? demanda l'esclave.

— Je suis un de ses amis, répondit Caverley, et un des plus tendres encore.

— Ce n'est pas la même chose, dit l'esclave, j'ai ordre de ne remettre qu'à lui la lettre que je porte.

— Ecoute, dit Caverley, le seigneur de Mauléon est un brave chevalier chrétien qui a bon nombre d'ennemis parmi les Mores et les Arabes, qui ont juré de l'assassiner. Nous avons donc juré, nous, de ne laisser pénétrer personne jusqu'à lui sans que nous connussions auparavant le message dont l'envoyé est chargé.

— Eh bien ! dit l'esclave, voyant que toute résistance serait inutile, et d'ailleurs les intentions du capitaine lui paraissant bonnes, eh bien ! je suis envoyé par Aïssa.

— Qu'est-ce que Aïssa? demanda Caverley.

— La fille du seigneur Mothril.

— Ah! ah! fit le capitaine, du conseiller du roi don Pedro?

— Justement.

— Tu vois que la chose devient de plus en plus ténébreuse, et que sans doute ce message contient quelque magie.

— Aïssa n'est point une magicienne, dit l'esclave en secouant la tête.

— N'importe, je veux lire ce message.

L'esclave jeta autour de lui un coup d'œil rapide pour voir si la fuite lui était possible, mais un grand cercle d'aventuriers s'était déjà formé autour de lui. Il tira de sa poitrine le sachet d'Aïssa et le tendit au capitaine.

— Lisez, dit-il, vous y trouverez quelque chose qui me concerne.

La conscience tant soit peu élastique de Caverley n'avait pas besoin de cette invitation. Il ouvrit le sachet parfumé de benjoin et d'ambre, en tira un carré de soie blanche, sur laquelle, à l'aide d'une encre épaisse, la main d'Aïssa avait écrit en espagnol les paroles suivantes :

« Cher seigneur, je t'écris selon ma promesse: le roi don Pedro et mon père sont avec moi prêts à passer le défilé pour entrer en Aragon, tu peux faire d'un seul coup notre bonheur éternel et ta gloire. Fais-les prisonniers et moi avec eux, qui serai ta douce captive ; si tu veux les mettre à rançon, ils sont assez riches pour satisfaire ton ambition ; si tu préfères la gloire à l'argent et que tu leur rendes la liberté pour rien, ils sont assez fiers pour publier au loin ta générosité ; mais si tu les délivres, toi, tu me garderas, mon grand seigneur, et j'ai un coffret tout plein de rubis et d'émeraudes qui ne feraient pas tort à une couronne de reine.

« Écoute donc et retiens bien ceci. Cette nuit, nous

nous mettrons en marche. Poste tes soldats dans le défilé de manière à ce que nous ne puissions traverser sans être vus. Notre escorte est faible en ce moment, mais d'une heure à l'autre, elle peut devenir plus forte, car six cents hommes d'armes que le roi attendait à Bordeaux n'ont pu le rejoindre encore, tant sa marche a été rapide.

« Voilà comment, mon grand seigneur, Aïssa sera bien à toi, et comment personne ne pourra te la reprendre, car tu l'auras bien conquise par la force de tes armes victorieuses.

« Un de nos esclaves te porte ce message. Je lui promets que tu le mettras en liberté, et que tu lui donneras cent pièces d'or : accomplis mon désir.

» Ton Aïssa. »

— Oh ! oh ! pensa Caverley, tandis que l'émotion faisait couler sous son casque une sueur ardente... Un roi !... mais qu'ai-je donc fait depuis quelque temps à la fortune pour qu'elle m'envoie de pareilles aubaines !... Un roi !... Il faut voir cela, de par le diable ! Mais d'abord, débarrassons-nous de cet imbécile.

— Donc, dit-il, le seigneur de Mauléon te doit la liberté !

— Oui, capitaine, et cent pièces d'or.

Hugues de Caverley ne jugea point à propos de répondre à cette dernière partie de la demande. Seulement il appela son écuyer :

— Holà, dit-il, prends ton cheval, conduis cet homme jusqu'à deux bonnes lieues du camp, et laisse-le là. S'il te demande de l'argent, et que tu en aies de trop, donne-lui-en. Mais je t'en préviens, ce sera une pure libéralité de ta part.

— Va, mon ami, dit-il à l'esclave, ta commission est faite. C'est moi qui suis le seigneur de Mauléon.

L'esclave se prosterna.

— Et les cent pièces d'or ? demanda-t-il.

— Voici mon trésorier qui est chargé de te les remettre, dit Hugues de Caverley en lui montrant l'écuyer.

L'esclave se releva et suivit tout joyeux celui qui lui était désigné.

A peine fut-il à cent pas de la tente, que le capitaine envoya un détachement dans la montagne, et ne dédaignant pas de descendre à ces humbles soins, plaça lui-même les sentinelles dans le défilé, de telle façon que personne ne pouvait le traverser sans être vu ; et, après avoir recommandé qu'aucune violence ne fût faite aux prisonniers, il attendit l'événement.

Nous l'avons vu dans cette attente, et l'événement fut prompt à seconder ses désirs. Le roi, impatient de continuer sa route, voulut, sans attendre plus longtemps, se remettre en chemin.

Ils furent donc enveloppés dans le ravin, à la grande joie d'Aïssa, qui attendait impatiemment l'attaque et qui croyait cette attaque dirigée par Mauléon. Au reste, les mesures étaient si bien prises par Caverley, et le nombre des Anglais était si grand, que pas un des hommes de don Pedro ne fit un mouvement pour se défendre.

Mais Aïssa, qui comptait voir Mauléon à la tête de cette embuscade, commença bientôt de s'inquiéter de son absence ; elle pensa néanmoins qu'il agissait ainsi par prudence, et d'ailleurs voyant l'entreprise succéder selon ses souhaits, elle ne devait encore désespérer de rien.

Maintenant nous ne nous étonnerons plus que l'aventurier ait si facilement reconnu don Pedro, qui d'ailleurs était parfaitement reconnaissable.

Quant à Mothril et à Aïssa, dont il devinait toute l'histoire avec son étonnante perspicacité, il s'effrayait bien un peu du courroux qu'allumerait en Mauléon la découverte de ce secret, mais presqu'aussitôt il avait réfléchi qu'il était facile de mettre tout sur le compte de la trahison de l'esclave, et, qu'au contraire, il pourrait se faire de cet abus de confiance un titre à la reconnaissance de Mauléon : car, tout en faisant payer leur rançon au roi et à Mothril, il comptait abandonner sans intérêt Aïssa au jeune homme, et c'était une générosité dont il s'applaudissait comme d'une innovation.

On a vu comment le sauf-conduit du prince de Galles, exhibé par don Pedro, changea toute la face de l'affaire et renversa les plans si hardis et si savamment improvisés de Caverley.

Don Pedro, après le départ de Robert, était occupé de raconter au chef des aventuriers les événemens du traité conclu à Bordeaux, quand un grand bruit se fit entendre. C'était un roulement de pieds de chevaux, un fracas d'armures et de chaînes d'épées bondissantes au côté des hommes d'armes.

Puis la toile de la tente se releva brusquement, et l'on vit apparaître la figure pâle de Henri de Transtamare, dont un rayon de sinistre joie illuminait le visage.

Mauléon, derrière le prince, cherchait vaguement quelqu'un ; il aperçut la litière, et ses yeux ne la quittèrent plus.

A l'arrivée de Henri, don Pedro se recula de son côté, non moins pâle que son frère, cherchant à son flanc son épée absente, et ne parut tranquillisé que lorsque, à force de reculer, il rencontra un des piliers de la tente supportant une panoplie complète, et sentit sous ses doigts le froid d'une hache d'armes.

Tous se regardèrent un instant silencieux, échangeant des regards qui se croisaient menaçans comme des éclairs d'orage.

Henri rompit le premier le silence :

— Je crois, dit-il avec un sombre sourire, que voici la guerre finie avant d'être commencée.

— Ah! vous croyez cela! dit don Pedro, railleur et menaçant.

— Je le crois si bien, répondit Henri, que je demanderai d'abord à ce noble chevalier, Hugues de Caverley, quel prix il réclame pour une capture de l'importance de celle qu'il vient de faire; car, eût-il pris vingt villes et gagné cent batailles, exploits qui se paient cher, il n'aurait pas tant de droits à notre reconnaissance que par ce seul exploit.

— Il est flatteur pour moi, reprit don Pedro en jouant avec le manche de la hache, d'être apprécié à une valeur si considérable. Aussi, courtoisie pour courtoisie. Combien, si vous étiez dans la situation où vous pensez que je suis, combien, dis-je, estimeriez-vous votre personne, don Henri?

— Je crois qu'il raille encore! dit Henri avec une fureur qui se détendait sous la joie comme les glaces du pôle aux premiers sourires du soleil.

— Voyons un peu comment tout cela va finir, murmura Caverley en s'asseyant pour ne pas perdre un détail de la scène, et commençant à jouir du spectacle en amateur artiste plutôt qu'en avide spéculateur.

Henri se retourna de son côté ; on voyait qu'il se préparait à répondre à don Pedro.

— Eh bien ! soit, dit-il en enveloppant don Pedro du plus haineux regard; ami Caverley, pour cet homme autrefois roi, et qui n'a plus même aujourd'hui au front le reflet doré de sa couronne, je te donnerai soit deux cent mille écus d'or, soit deux bonnes villes à ton choix.

— Mais, fit Caverley en caressant de sa main la mentonnière de son casque, tandis qu'à travers sa visière toujours baissée il regardait don Pedro... mais il me semble que l'offre est acceptable, quoique...

Celui-ci répondit à l'interrogatoire par un geste et un coup d'œil qui signifiaient : Capitaine, mon frère Henri n'est pas généreux, et j'enchérirai sur la somme.

Quoique?... reprit Henri, répétant le dernier mot du chef des aventuriers. Que voulez-vous dire, capitaine ?

Mauléon ne put contenir plus longtemps son désir curieux.

— Le capitaine veut dire sans doute, répondit-il, qu'avec le roi don Pedro, il a fait d'autres prisonniers, et qu'il voudrait qu'on les estimât aussi.

— Ma foi ! voilà ce qui s'appelle lire dans la pensée d'un homme, s'écria Caverley, et vous êtes un brave chevalier, sire Agénor. Oui, sur mon âme, j'ai fait d'autres prisonniers, et très illustres même ; mais...

Et une nouvelle réticence vint accuser l'irrésolution de Caverley.

— On vous les paiera, capitaine, dit Mauléon, qui bouillait d'impatience, où sont-ils? Dans cette litière, sans doute ?

Henri posa la main sur le bras du jeune homme et le contint doucement.

— Acceptez-vous, capitaine Caverley? dit-il.

— C'est à moi de vous répondre, monsieur, dit don Pedro.

— Oh! ne faites pas le maître ici, don Pedro, car vous n'êtes plus roi, fit Henri avec dédain, et attendez que je vous parle pour me répondre.

Don Pedro sourit, et se tournant vers Caverley :

— Expliquez-lui donc, capitaine, dit-il, que vous n'acceptez point.

Caverley passa de nouveau sa main sur sa visière, comme si ce fer eût été son front, et tirant Agénor à part :

— Mon brave ami, lui dit-il, de bons compagnons comme nous se doivent la vérité, n'est-ce pas?

Agénor le regarda avec étonnement.

— Eh bien! continua le capitaine, si vous m'en croyez, sortez par la petite porte de la tente qui est derrière vous, et si vous avez un bon cheval, piquez jusqu'à qu'il n'en puisse plus.

— Nous sommes trahis! s'écria Mauléon éclairé d'une lueur subite. Aux armes, prince! aux armes!

Henri regarda Mauléon avec étonnement, et machinalement porta la main au pommeau de son épée.

— Au nom du prince de Galles! s'écria en étendant la main avec le geste du commandement don Pedro qui voyait que la comédie tirait à sa fin; je vous requiers, messire Hugues de Caverley, d'arrêter le prince Henri de Transtamare.

Ces paroles n'étaient pas achevées que Henri avait déjà l'épée à la main; mais Caverley souleva un instant sa visière, approcha une trompe de ses lèvres, et au son qu'elle rendit, vingt aventuriers se précipitèrent sur le prince qui fut aussitôt désarmé.

— C'est fait, dit Caverley à don Pedro. Maintenant, si vous m'en croyez, sire roi, retirez-vous, car les coups vont pleuvoir ici tout à l'heure, je vous en réponds.

— Comment cela? demanda le roi.

— Ce Français qui est sorti par la petite porte ne laissera pas prendre son prince sans avoir en son honneur abattu quelques bras ou fendu quelques têtes.

Don Pedro se pencha du côté de l'ouverture, et vit Agénor qui mettait le pied à l'étrier, sans doute pour aller chercher du secours.

Le roi saisit une arbalète, la tendit, y plaça une flèche, et ajusta le chevalier :

— Bon, dit-il, David tua Goliath avec une pierre, il ferait beau voir que Goliath ne tuât pas David avec une arbalète.

— Un moment, s'écria Caverley, que diable! sire roi. A peine arrivé ici, vous allez me bouleverser tout; et monsieur le connétable, que dira-t-il si je lui laisse tuer son ami !

Et il releva avec le bras le bout de l'arbalète au moment même où don Pedro appuyait le doigt sur la détente. Le vireton partit en l'air.

— Le connétable ! dit don Pedro en frappant du pied ; c'était bien la peine de me faire manquer mon coup en vue d'une pareille crainte. Ouvre ton piége, chasseur, et prends-y encore ce gros sanglier; de cette façon, la chasse sera finie d'un seul coup, et à cette condition, je te pardonne.

— Vous en parlez à votre aise. Prendre le connétable ! Bon ! Venez un peu prendre le connétable ! Bon Dieu ! répéta-t-il en haussant les épaules, que ces Espagnols sont bavards !

— Sire Caverley !

— Pardieu ! je dis vrai. Prendre le connétable !... Je ne suis pas curieux, sire roi, mais, foi de capitaine ! je vous verrais faire cette capture avec beaucoup d'intérêt.

— En voici déjà un en attendant, dit don Pedro en montrant Agénor que l'on ramenait prisonnier.

Au moment où il passait au grand galop de son cheval, l'un des aventuriers avait coupé le jarret à sa monture à l'aide d'un croissant, et le cheval était tombé engageant le cavalier sous lui.

Tant qu'elle avait cru son amant hors de cette lutte et exempt de ce danger, Aïssa n'avait pas dit une seule parole ni fait un mouvement. On eût dit que les intérêts qui se débattaient autour d'elle, quelque graves qu'ils fussent, ne l'occupaient en aucune façon ; mais à l'approche de Mauléon désarmé et aux mains de ses ennemis, on vit s'écarter les rideaux de la litière et apparaître la tête de la jeune fille plus pâle que le long voile de fine laine blanche qui enveloppe les femmes d'Orient.

Agénor poussa un cri. Aïssa bondit hors de la litière et courut à lui.

— Oh ! oh ! fit Mothril en fronçant le sourcil.

— Qu'est-ce à dire ? demanda le roi.

— Voilà l'explication qui menace, murmura Caverley.

Henri de Transtamare jeta sur Agénor un sombre et défiant regard que celui-ci comprit à merveille.

— Vous me pouvez parler, dit-il à Aïssa ; faites vite, et tout haut, madame ; car de ce moment où nous sommes vos prisonniers, jusqu'à celui de notre mort, il n'y aura pro-

4.

bablement pas de temps à perdre, même pour les plus amoureux.

— Nos prisonniers ! s'écria Aïssa, oh ! ce n'était point cela que je voulais, mon grand seigneur ; bien au contraire.

Caverley se démenait fort embarrassé ; cet homme de fer tremblait presque devant l'accusation qu'allaient porter contre lui deux jeunes gens qu'il tenait entre ses mains.

— Ma lettre ? dit Aïssa au jeune homme, n'as-tu donc pas reçu ma lettre ?

— Quelle lettre ? demanda Agénor.

— Assez ! assez ! dit Mothril, dont cette scène commençait à briser tous les projets. — Capitaine, le roi ordonne que vous conduisiez le prince Henri de Transtamare au logis du roi don Pedro, et ce jeune homme chez moi.

— Caverley, tu es un lâche, rugit Agénor essayant de se débarrasser des rudes gantelets qui l'étreignaient au poing.

— Je t'ai dit de te sauver, tu n'as pas voulu, ou tu t'es sauvé trop tard, ce qui revient au même, dit le capitaine. Par ma foi ! c'est ta faute. Et puis plains-toi donc, tu logeras chez elle.

— Hâtons-nous, messieurs, dit le roi, et qu'un conseil s'assemble cette nuit même pour juger ce bâtard qui se dit mon frère, et ce rebelle qui se prétend mon roi. Caverley, il t'avait offert deux villes ; je suis plus généreux que lui, moi : je te donne une province. Mothril, faites avancer mes gens ; il faut que nous soyons à couvert avant une heure dans quelque bon château.

Mothril s'inclina et sortit ; mais il n'avait pas fait dix pas hors de la tente qu'il se rejeta précipitamment en arrière, en faisant avec la main ce signe qui, chez toutes les nations et dans toutes les langues, commande le silence.

— Qu'y a-t-il? demanda Caverley avec une inquiétude mal déguisée.

— Parle, bon Mothril, dit don Pedro.

— Ecoutez, fit le More.

Tous les sens des assistans semblèrent passer dans leurs oreilles, et un instant la tente du chef anglais présenta l'aspect d'une réunion de statues.

— Entendez-vous? continua le More en s'inclinant de plus en plus vers la terre.

En effet, on commençait à entendre comme un roulement de tonnerre, ou comme le galop progressif d'une troupe de cavaliers.

— Notre-Dame Guesclin! cria tout à coup une voix ferme et sonore.

— Ah! ah! le connétable, murmura Caverley, qui reconnut le cri de guerre du rude Breton.

— Ah! ah! le connétable, dit à son tour don Pedro en fronçant le sourcil, — car, sans l'avoir entendu jamais, il connaissait cependant ce terrible cri.

Les prisonniers, de leur côté, échangèrent un regard, et un sourire d'espérance se dessina sur leurs lèvres.

Mothril se rapprocha de sa fille, dont il étreignit plus étroitement la taille dans ses bras.

— Sire roi, dit Caverley avec cet accent goguenard qui ne l'abandonnait pas, même au moment du danger, vous vouliez prendre le sanglier, je crois; le voici qui vient vous épargner la besogne.

Don Pedro fit un signe aux gens d'armes qui se rangèrent derrière lui. Caverley, décidé à rester neutre entre son ancien compagnon et son nouveau chef, se retira à l'écart.

Un rang de gardes tripla le cordon de fer qui garrottait le prince et Mauléon.

— Que fais-tu, Caverley ? demanda don Pedro.

— Je vous cède la place, comme à mon roi et à mon chef, sire, dit le capitaine.

— C'est bien, répondit don Pedro ; alors, qu'on m'obéisse.

Les chevaux s'arrêtèrent ; on entendit le frissonnement de l'acier et le bruit d'un homme qui sautait à terre, alourdi par son armure.

Presque aussitôt Bertrand Duguesclin entra dans la tente.

VI.

LE SANGLIER PRIS DANS LE PIÉGE.

Derrière le connétable venait, l'œil sournois et le sourire esquissé sur les lèvres, l'honnête Musaron, poudreux des pieds à la tête.

Il semblait placé là pour donner aux assistans l'explication de cette arrivée si foudroyante du connétable.

Bertrand leva sa visière en entrant, et d'un seul regard fit le tour de l'assemblée.

Apercevant don Pedro, il s'inclina légèrement ; découvrant Henri de Transtamare, il fit un salut respectueux ; allant à Caverley, il lui prit la main.

— Bonjour, sire capitaine, dit-il avec calme, nous avons

donc fait bonne prise. Ah! messire de Mauléon, pardon! je ne vous avais pas vu.

Ces mots, qui semblaient indiquer une ignorance si positive de la situation, frappèrent de stupeur la plupart des assistans.

Mais Bertrand, loin de s'émouvoir de ce silence presque solennel, continua :

— J'espère, au reste, capitaine Caverley, que l'on aura eu pour le prisonnier tous les égards dûs à son rang, et surtout à son malheur.

Henri allait répondre, don Pedro prit la parole :

— Oui, seigneur connétable, rassurez-vous, nous avons eu pour le prisonnier tout le respect que commandait le droit des gens.

— Vous avez eu, fit Bertrand avec une expression de surprise qui eût fait honneur au plus habile comédien, vous avez eu! Comment dites-vous cela, s'il vous plaît Altesse?

— Mais oui, messire connétable, reprit don Pedro en souriant, je le répète, nous avons eu.

Bertrand regarda Caverley impassible sous sa visière d'acier.

— Je ne comprends pas, dit-il.

— Cher connétable, dit Henri en se soulevant de son siége avec peine, car il avait été meurtri et garrotté par les soldats, et, dans la lutte, plusieurs de ces hommes cuirassés l'avaient à demi étouffé dans leurs bras de fer. Cher connétable, l'assassin de don Frédéric a raison, c'est lui qui est notre maître, et c'est nous que la trahison a faits ses prisonniers.

— Hein! fit Bertrand en se retournant avec un regard si

mauvais que plus d'une face pâlit dans l'assemblée. La trahison, dites-vous, et qui donc est le traître ?

— Seigneur connétable, répondit Caverley en faisant un pas en avant, le mot trahison est impropre, ce me semble, et c'est plutôt la fidélité qu'il eût fallu dire.

— La fidélité ! reprit le connétable dont l'étonnement paraissait croître.

— Sans doute, la fidélité, continua Caverley, car enfin nous sommes Anglais, n'est-ce pas? et par conséquent sujets du prince de Galles?

— Eh bien! après, que signifie cela? dit Bertrand en élargissant, pour respirer à son aise, ses larges épaules, et en laissant tomber sur la poignée de son estoc une épaisse main de fer. Qui vous dit, mon cher Caverley, que vous ne soyez point sujet du prince de Galles?

— Alors, seigneur, vous en conviendrez, car mieux que personne vous connaissez les lois de la discipline, alors, j'ai dû obéir à l'ordre de mon prince.

— Et cet ordre, le voici, dit don Pedro en allongeant le parchemin vers Bertrand.

— Je ne sais pas lire, dit brusquement le connétable.

Don Pedro retira son parchemin, et Caverley frissonna, tout brave qu'il fût.

— Eh bien! continua Duguesclin, je crois comprendre maintenant. Le roi don Pedro avait été pris par le capitaine Caverley. Il a montré son sauf-conduit du prince de Galles, et à l'instant même le capitaine a rendu la liberté à don Pedro.

— C'est cela même, s'écria Caverley, qui espéra un moment que dans son exquise loyauté Duguesclin approuverait tout.

— Rien de mieux jusqu'à présent, continua le connétable.

Caverley respira plus librement.

— Mais, reprit Bertrand, il y a encore une chose obscure pour moi.

— Laquelle? demanda don Pedro avec hauteur. Dépêchez-vous seulement, messsire Bertrand, car toutes ces interrogations deviennent fatigantes.

— J'achève, reprit le connétable avec son impassibilité terrible. Mais en quoi est-il besoin que le capitaine Caverley, pour délivrer don Pedro, fasse prisonnier don Henri?

— A ces mots, et à l'attitude que prit Bertrand Duguesclin en les prononçant, Mothril jugea que le moment était venu d'appeler un renfort de Mores et d'Anglais au secours de don Pedro.

Bertrand ne sourcilla point et ne parut pas même s'apercevoir de la manœuvre. Seulement, si la chose est possible, sa voix devint encore plus calme et plus froide qu'auparavant.

— J'attends une réponse, dit-il.

Ce fut don Pedro qui la donna.

— Je suis étonné, dit-il, que l'ignorance soit si grande chez les chevaliers français, qu'ils ne sachent pas que c'est double bénéfice de se faire un ami en même temps qu'on se défait d'un ennemi.

— Etes-vous de cet avis, maître Caverley? demanda Bertrand en fixant sur le capitaine un regard dont la sérénité même, gage de force, était en même temps un gage de menace.

— Il le faut bien, messire, dit le capitaine. J'obéis, moi.

— Eh bien! moi, fit Bertrand, tout au contraire de vous, je commande. Je vous ordonne donc, entendez-vous bien ceci ? je vous ordonne de mettre en liberté Son Altesse le prince don Henri de Transtamare, que je vois là gardé par vos soldats, et comme je suis plus courtois que vous, je n'exigerai pas que vous arrêtiez don Pedro, bien que j'en aie le droit, moi dont vous avez l'argent dans votre poche, moi qui suis votre maître puisque je vous paie.

Caverley fit un mouvement ; don Pedro étendit le bras :

— Ne répondez rien, capitaine, dit-il, il n'y a ici qu'un maître, et ce maître, c'est moi. Vous obéirez donc à moi. et cela sur le champ, s'il vous plaît. Bâtard don Henri, messire Bertrand, et vous, comte de Mauléon, je vous déclare à tous trois que vous êtes mes prisonniers.

Il se fit, à ces terribles mots, un grand silence dans la tente. Au milieu de ce silence, six hommes d'armes, sur un signe de don Pedro, se détachèrent du groupe pour s'assurer de la personne de Duguesclin comme on s'était déjà assuré de la personne de don Henri ; mais le bon chevalier, d'un coup de poing, de ce poing avec lequel il faussait les armures, abattit le premier qui se présenta, et, de sa puissante voix entonnant le cri de Notre-Dame Gueschn, de manière à la faire résonner dans les profondeurs les plus éloignées de la plaine, il tira son épée.

En un moment, la tente présenta le spectacle d'une confusion terrible. Agénor, mal gardé, avait d'un seul effort écarté les deux soldats qui veillaient sur lui, et était venu se joindre à Bertrand. Henri coupait avec ses dents la dernière corde qui lui liait les poignets.

Mothril, don Pedro et les Mores formaient un angle menaçant.

Aïssa passait la tête à travers les rideaux de sa litière en criant, oublieuse de tout, excepté de son amant : Courage, mon grand seigneur ! courage !

Enfin, Caverley se retirait emmenant avec lui ses Anglais, de manière à garder la neutralité le plus longtemps possible ; seulement, pour être prêt à tout événement, il faisait sonner le boute-selle.

Le combat s'engagea. Flèches, viretons, balles de plomb lancées par la fronde, commencèrent à siffler dans l'air et à pleuvoir sur les trois chevaliers, quand soudain une immense clameur s'éleva, et une troupe d'hommes d'armes entra à cheval dans la tente, coupant, saccageant, écrasant tout, et soulevant des tourbillons de poussière qui aveuglèrent les plus furieux combattans.

A leurs cris : Guesclin ! Guesclin ! il n'était pas difficile de reconnaître les Bretons commandés par Le Bègue de Vilaine, l'inséparable ami de Bertrand, lequel l'avait aposté aux barrières du camp, avec injonction de ne charger que lorsqu'il entendrait le cri de Notre-Dame Guesclin.

Il y eut un moment de confusion étrange dans cette tente éventrée, ouverte, renversée ; un instant pendant lequel amis et ennemis se trouvèrent mêlés, confondus, aveuglés ; puis, cette poussière se dissipa ; puis, aux premiers rayons du soleil se levant derrière les montagnes de la Castille, on vit les Bretons maîtres du champ de bataille. Don Pedro, Mothril, Aïssa, les Mores avaient disparu comme une vision. Quelques-uns atteints par les masses et par les estocs étaient couchés à terre, et agonisaient dans leur sang comme pour prouver seulement qu'on n'avait point eu affaire à une armée de rapides fantômes.

Agénor reconnut tout d'abord cette disparition ; il sauta sur le premier cheval venu, et sans s'apercevoir que le cheval était blessé, il le poussa vers le monticule le plus proche, d'où il pouvait découvrir la plaine. Arrivé là, il vit au loin cinq chevaux arabes qui gagnaient le bois ; à travers l'atmosphère bleuâtre du matin, il reconnut la robe de laine et le voile flottant d'Aïssa. Sans s'inquiéter s'il était suivi, dans un mouvement d'espoir insensé, il poussa son cheval à leur poursuite, mais au bout de dix pas, le cheval s'abattit pour ne plus se relever.

Le jeune homme revint à la litière ; elle était déserte, et il n'y trouva plus qu'un bouquet de roses tout humide de pleurs.

A l'extrémité des lignes, toute la cavalerie anglaise en bon ordre attendait, pour agir, le signal de Caverley. Le capitaine avait si habilement disposé ses hommes qu'ils enfermaient les Bretons dans un cercle.

Bertrand vit d'un coup d'œil que le but de cette manœuvre était de lui couper la retraite.

Caverley s'avança.

— Messire Bertrand, dit-il, pour vous prouver que nous sommes de loyaux compagnons, nous allons vous ouvrir nos rangs afin que vous regagniez votre quartier. Cela vous fera voir que les Anglais sont fidèles à leur parole, et qu'ils respectent la chevalerie du roi de France.

Pendant ce temps, Bertrand, silencieux et calme comme si rien d'extraordinaire ne se fût passé, était remonté sur son cheval et avait repris sa lance des mains de son écuyer.

Il regarda autour de lui, et vit qu'Agénor venait d'en faire autant.

Tous ses Bretons se tenaient derrière lui en bon ordre et prêts à charger.

— Sire Anglais, dit-il, vous êtes un fourbe, et si j'étais en force je vous ferais pendre au châtaignier que voici.

— Ah ! ah ! messire connétable, dit Caverley, prenez

garde ! Vous m'allez forcer de vous faire prisonnier au nom du prince de Galles.

— Bah ! fit Duguesclin.

Caverley comprit tout ce qu'il y avait de menace dans la railleuse intonation du connétable, et se retournant vers ses soldats :

— Fermez vos rangs, cria-t-il à ses hommes, qui se rejoignirent et présentèrent aux Bretons une muraille de fer.

— Enfans ! dit Bertrand à ses braves, l'heure du déjeuner approche ; nos tentes sont là-bas, rentrons chez nous.

Et il piqua si rudement son cheval que Caverley n'eut que le temps de se jeter de côté pour laisser passer l'ouragan de fer qui s'avançait sur lui.

En effet, derrière Bertrand s'étaient élancés avec la même force les Bretons conduits par Agénor. Henri de Transtamare avait été presque malgré lui placé au centre de la petite troupe.

En ce temps là un homme valait vingt hommes par la science des armes et la force matérielle. Bertrand dirigea sa lance de telle façon qu'il enleva l'Anglais qui se trouvait en face de lui. Cette première percée faite, on entendit un grand fracas de lances brisées, des cris de blessés, des coups sourds frappés par des masses de fer, des hennissemens de chevaux broyés par le choc.

Lorsque Caverley se retourna, il vit une large trouée sanglante ; puis, à cinq cents pas au-delà de cette trouée, les Bretons galopant en aussi bon ordre que s'ils eussent traversé un champ d'épis mûrs.

— Je m'étais pourtant bien promis, murmura-t-il en secouant la tête, de ne pas me risquer contre ces brutes. Au diable les fanfaronnades et les fanfarons ! Je perds à cette équipée au moins douze chevaux et quatre hommes, sans compter — oh! malheureux que je suis! — une rançon de roi. Çà, décampons, messieurs. A partir de cette heure, nous sommes castillans. Changeons la bannière.

Et l'aventurier, dès le jour même, leva le camp et se mit en marche pour rejoindre don Pedro.

VIII.

LA POLITIQUE DE MESSIRE BERTRAND DUGUESCLIN.

Il y avait déjà plusieurs heures que les Bretons et le prince de Transtamare étaient en sûreté avec Mauléon, et déjà depuis longtemps Agénor avait, dans les replis des montagnes qui bornaient l'horizon, perdu ce point blanc fuyant dans la plaine resplendissant maintenant aux rayons du soleil, et qui n'était autre chose que tout son amour, toute sa joie, toutes ses espérances, qui allaient s'évanouissant.

Au reste, c'était un spectacle assez varié que l'attitude des différens personnages de cette histoire, car le hasard semblait prendre plaisir à les grouper tous dans l'encadrement du magnifique paysage que considérait Agénor.

Sur une des rampes de la montagne qu'elle avait gagnée d'une course que le vol de l'aigle n'eût point dépassée, la petite troupe fugitive venait de reparaître ; on voyait distinctement trois choses ; le manteau rouge de Mothril, le voile blanc d'Aïssa, et le point d'acier lumineux que le soleil faisait briller comme une étincelle sur le casque de don Pedro.

Dans l'intervalle qui s'étendait du premier au troisième plan, toute la troupe de Caverley rétablie en ordre de bataille suivait le chemin de la montagne. Les premiers cavaliers commençaient à se perdre dans le bois qui s'étendait à sa base.

Au premier plan, Henri de Transtamare adossé à une touffe de genêts gigantesques, laissant errer son cheval sur la prairie, regardait de temps en temps avec une stupéfaction douloureuse ses poignets rougis encore par la pression des cordes. Ces vestiges de la scène effrayante qui venait de se passer dans la tente de Caverley, lui prouvaient seuls que deux heures auparavant don Pedro était encore en son pouvoir, et qu'un instant la fortune lui avait souri pour le précipiter presque aussitôt du faîte d'une prospérité prématurée au plus profond peut-être du sombre abîme de l'incertitude et de l'impuissance.

Près de Henri, quelques Bretons, épuisés de fatigue, s'étaient couchés sur l'herbe. Ces braves chevaliers, machines obéissantes, élevés par l'ordre seul de la nature au-dessus de la bête de somme ou du chien de bergerie, ne se donnaient pas la peine de réfléchir après avoir agi. Seulement, comme ils avaient remarqué qu'à dix pas d'eux Bertrand réfléchissait pour eux, ils avaient ramené leurs manteaux sur leurs visages pour se garantir du soleil, et s'étaient endormis.

Le Bègue de Vilaine et Olivier de Mauny ne dormaient pas, eux ; ils regardaient, avec l'attention la plus profonde et la plus soutenue, les Anglais, dont l'avant-garde, comme nous l'avons dit, commençait à se perdre dans le bois, tandis que l'arrière-garde s'occupait à démolir les tentes et à les charger sur le dos des mules ; au milieu des travailleurs, on pouvait distinguer Caverley, traversant comme un fantôme armé les rangs de ses soldats, et veillant à l'exécution des ordres donnés par lui.

Ainsi, tous ces hommes épars dans le vaste paysage et fuyant, les uns au midi, les autres à l'ouest, ceux-ci à l'orient, ceux-là au nord, comme des fourmis effarouchées, étaient pourtant liés les uns aux autres par un même sentiment, et Dieu, qui les comprenait seul, en les regardant du haut du ciel, pouvait dire qu'en chacun de ces cœurs, excepté dans le cœur d'Aïssa, le sentiment qui dominait tous les autres était celui de la vengeance.

Mais bientôt Mothril, don Pedro et Aïssa se perdirent de nouveau dans un pli de la montagne; bientôt l'arrière-garde anglaise se mit en marche à son tour et s'enfonça dans le bois, de sorte que Mauléon, ne voyant plus Aïssa, et Le Bègue de Vilaine et Olivier de Mauny ne voyant plus Caverley, se rapprochèrent de Bertrand, qui venait de sortir de sa rêverie pour se rapprocher de Henri, toujours plongé dans la sienne.

Bertrand leur sourit ; puis, se levant, grâce aux jointures de fer de son armure, avec quelque peine du petit tertre sur lequel il était assis, il marcha droit au prince Henri, toujours adossé à son genêt.

Le bruit de ses pas, alourdis par l'armure, ébranlaient la terre, et cependant Henri ne se retournait pas.

Bertrand continua d'avancer de façon à ce que son ombre, interposée entre le soleil et le prince, enlevât au triste seigneur cette douce consolation de la chaleur du ciel, qui est comme la vie, précieuse surtout quand on la perd.

Henri releva la tête pour réclamer son soleil, et vit le bon connétable appuyé sur sa longue épée, la visière à demi-levée, et l'œil animé d'une encourageante compassion.

— Ah! connétable, dit le prince en secouant la tête, quelle journée!

— Bah! monseigneur, dit Bertrand, j'en ai vu de pires.

Le prince ne répondit qu'en accusant le ciel du regard.

— Ma foi! continua Bertrand, moi je ne me souviens que d'une chose, c'est que nous pouvions être prisonniers, et qu'au contraire nous sommes libres.

— Ah! connétable, ne voyez-vous donc pas que tout nous échappe?

— Qu'appelez-vous tout?

— Le roi de Castille! par Saint-Jacques! s'écria don Henri avec un mouvement de rage et de menace qui fit tressaillir les chevaliers attirés par la parole vibrante du prince, et qui en écoutant sa parole ne pouvaient oublier que cet ennemi tant abhorré était un frère.

Bertrand ne s'était pas avancé vers le prince dans le seul but de rapprocher la distance qui les séparait: il avait quelque chose à lui dire; il venait, en effet, de surprendre sur tous les visages une expression de lassitude assez semblable à un commencement de découragement.

Il fit un signe au prince de s'asseoir. Celui-ci comprit que Bertrand allait entamer quelque conversation importante; il se coucha donc, et parmi toutes ces figures exprimant, comme nous l'avons déjà dit, le découragement, la sienne n'était pas une des moins expressives.

Bertrand s'inclina en appuyant ses deux mains sur le pommeau de son épée.

— Pardon, monseigneur, dit-il, si je distrais vos pensées du chemin qu'elles suivent; mais je désirais m'entendre avec vous sur un point.

— Qu'est-ce donc, mon cher connétable? demanda Henri assez inquiet de ce préambule; car pour accomplir l'acte gigantesque de son usurpation, il ne se sentait appuyé que sur la loyauté des Bretons, et certaines âmes ne peuvent, en matière de loyauté, avoir une foi bien robuste.

— Vous venez de dire, monseigneur, que le roi de Castille avait échappé?

— Sans doute, je l'ai dit.

— Eh bien! il y a équivoque, monseigneur, et je vous engage à tirer vos fidèles serviteurs du doute où vos paroles les ont plongés. Il y a donc un autre roi de Castille que vous?

Henri releva la tête comme le taureau qui sent la pointe du picador.

— Expliquez-vous, cher connétable, dit-il.

— C'est facile. Si vous et moi ne savons à quoi nous en tenir sur ce sujet, vous comprenez que mes Bretons et vos Castillans ne s'y reconnaîtront pas, et que les populations des autres Espagnes, bien moins instruites encore que vos Castillans et mes Bretons, ne sauront jamais s'il faut crier vive le roi Henri ou vive le roi don Pedro.

Henri écoutait, mais sans savoir encore où tendait le connétable. Néanmoins comme le raisonnement lui paraissait fort logique, il faisait de le tête un signe approbatif.

— Eh bien? dit-il enfin.

— Eh bien, reprit Duguesclin, s'il y a deux rois, ce qui fait confusion, commençons par en défaire un.

— Mais il me semble que nous guerroyons pour cela, sire connétable, reprit Henri.

— Fort bien ; mais nous n'avons pas encore gagné une de ces batailles éclatantes qui vous renversent tout net un roi du trône, et en attendant ce jour-là qui décidera du destin de la Castille et du vôtre, vous ne savez point encore vous-même si vous êtes ou n'êtes pas le roi.

— Qu'importe ! si je veux l'être.

— Alors, soyez-le.

— Mais, mon cher connétable, ne suis-je pas déjà pour vous le seul, le véritable roi ?

— Cela ne suffit pas ; il faut que vous le soyez pour tout le monde.

— C'est ce qui me paraît impossible, messire, avant le gain d'une bataille, l'acclamation d'une armée, ou la prise de quelque grande ville.

— Eh bien ! c'est à quoi j'ai songé, monseigneur.

— Vous !

— Sans doute, moi. Est-ce que vous croyez que parce que je frappe je ne pense pas. Détrompez-vous. Je ne frappe pas toujours et je pense quelquefois. Vous dites qu'il vous faut attendre le gain d'une bataille, l'acclamation d'une armée ou la prise d'une grande ville ?

— Oui, une de ces trois choses-là, au moins.

— Eh bien ! ayons une de ces trois choses-là tout de suite.

— Cela me paraît bien difficile, connétable, pour ne pas dire impossible.

— Pourquoi cela, sire ?

— Parce que je crains.

— Ah ! si vous craignez, moi, je ne crains jamais, monseigneur, reprit vivement le connétable ; ne le faites pas, je le ferai.

5.

— Nous tomberons de trop haut, connétable; de si haut, que nous ne nous relèverons pas.

— A moins que de tomber dans le sépulcre, monseigneur, vous vous relèverez toujours, tant que vous aurez autour de vous quatre chevaliers bretons et à votre côté cette brillante épée castillane. Voyons, monseigneur, de la résolution !

— Oh ! j'en aurai dans l'occasion, soyez tranquille, messire connétable, reprit Henri, dont les yeux s'animaient à l'aspect plus rapproché de la réalisation de son rêve. Mais je ne vois encore ni la bataille, ni l'armée.

— Oui, mais vous voyez la ville.

Henri regarda autour de lui.

— Où sacre-t-on les rois dans ce pays, monseigneur ? demanda Duguesclin.

— A Burgos.

— Eh bien ! quoique mes connaissances géographiques soient peu étendues, il me semble, monseigneur, que Burgos est dans nos environs.

— Sans doute; vingt ou vingt-cinq lieues d'ici tout au plus.

— Alors, ayons Burgos.

— Burgos ! répéta Henri.

— Sans doute, Burgos. Et si vous en avez quelque envie, je vous la donnerai, moi, aussi vrai que mon nom est Duguesclin.

— Une ville si forte, connétable, dit Henri en secouant la tête avec l'expression du doute; une ville capitale ! une ville dans laquelle, outre la noblesse, on trouve une bourgeoisie puissante, composée de chrétiens, de juifs et de mahométans, tous divisés dans les temps ordinaires, mais tous amis quand il s'agit de défendre leurs priviléges; Burgos, en un mot, la clef de la Castille, et qui semble avoir été choisie comme le plus imprenable sanctuaire par ceux qui y déposèrent la couronne et les insignes royaux.

— C'est là, s'il vous plaît, que nous irons, monseigneur, dit tranquillement Duguesclin.

— Ami, dit le prince, ne vous laissez point entraîner par un sentiment d'affection, par un dévoûment exagéré. Consultons nos forces.

— A cheval! monseigneur, dit Bertrand en saississant la bride de la monture du prince qui errait dans les genêts; à cheval! et marchons droit à Burgos.

Et sur un signe du connétable, un trompette breton donna le signal. Les dormeurs furent les premiers en selle, et Bertrand, qui regardait ses Bretons avec l'attention d'un chef et l'affection d'un père, remarqua que la plupart d'entre eux, au lieu d'entourer le prince comme ils en avaient l'habitude, affectaient au contraire de se ranger autour de leur connétable et de le reconnaître pour leur seul et véritable chef.

— Il était temps, murmura le connétable en se penchant à l'oreille d'Agénor.

— Temps de quoi? demanda celui-ci, tressaillant comme un homme que l'on tire d'un rêve.

— Temps de rafraîchir l'activité de nos soldats, dit-il.

— Ce n'est point un mal, en effet, connétable, répondit le jeune homme, car il est dur pour des hommes d'aller on ne sait où, pour on ne sait qui.

Bertrand sourit; Agénor répondit à sa pensée, et par conséquent lui donnait raison.

— Ce n'est pas pour vous que vous parlez, n'est-il pas vrai? demanda Bertrand; car je vous ai toujours vu le premier, ce me semble, aux marches et aux attaques pour l'honneur de notre pays.

— Oh ! moi, messire, je ne demande qu'à me battre et surtout à marcher, et jamais on n'ira assez vite pour moi.

Et en disant ces mots, Agénor se dressait sur ses étriers, comme si son regard eût voulu franchir les montagnes qui bornaient l'horizon.

Bertrand ne répondit rien ; il avait bien jugé tout le monde. Seulement il se contenta de consulter un pâtre, qui lui assura que la route la plus courte pour gagner Burgos était de se diriger d'abord sur Calahorra, petite ville distante de six lieues à peine.

— Allons donc promptement à Calahorra, fit le connétable ; et il piqua son cheval, donnant ainsi l'exemple de la précipitation.

Derrière lui s'ébranla avec un formidable bruit l'escadron de fer au centre duquel se trouvait Henri de Transtamare.

IX.

LE MESSAGER.

Ce fut vers la fin du second jour de marche que la petite ville de Calahorra s'offrit aux regards de la troupe commandée par Henri de Transtamare et par Bertrand Duguesclin. Cette troupe, qui s'était recrutée pendant les deux jours de marche de tous les petits corps épars dans les environs, pouvait compter dix mille hommes à peu près.

La tentative qu'on allait faire sur la ville de Calahorra, sentinelle avancée de Burgos, était presque décisive. En effet, de ce point de départ qui donnait la mesure des sentimens de la Vieille Castille, dépendait le succès ou l'insuccès de la campagne. Arrêté devant Calahorra, la marche de don Henri devenait une guerre ; Calahorra franchi sans obstacle, don Henri s'avançait sur la voie triomphale.

L'armée, au reste, était pleine de bonnes dispositions, l'avis général était que don Pedro était allé rejoindre de l'autre côté des montagnes un corps de troupes aragonaises et moresques dont on avait connaissance.

Les portes de la ville étaient fermées ; les soldats qui les gardaient se tenaient à leur poste ; les sentinelles, l'arbalète à l'épaule, se promenaient sur la muraille : tout était en état, sinon de menace, du moins de défense.

Duguesclin conduisit sa petite armée jusqu'à une portée de flèche des remparts. Là, il fit sonner un appel autour des drapeaux, et prononçant un discours tout empreint de l'assurance bretonne et de l'adresse d'un homme élevé à la cour de Charles V, il finit par proclamer don Henri de Transtamare roi des Deux-Castilles, de Séville et de Léon, à la place de don Pedro, meurtrier, sacrilége, et chevalier indigne.

Ces paroles solennelles, que Bertrand prononça de toute la vigueur de ses poumons, firent jaillir dix mille épées du fourreau, et, sous le plus beau ciel du monde, à l'heure où le soleil allait se coucher derrière les montagnes de la Navarre, Calahorra, du haut de ses remparts, put assister au spectacle imposant d'un trône qui tombe et d'une couronne qui surgit.

Bertrand, après avoir parlé, après avoir laissé parler l'armée, se tourna vers la ville comme pour demander son avis.

Les bourgeois de Calahorra si bien enfermés, si bien munis d'armes et de provisions qu'ils fussent, ne restèrent pas longtemps dans le doute.

L'attitude du connétable était significative. Celle de ses gens d'armes, lance levée, ne l'était pas moins. Ils réfléchirent probablement que le poids seul de cette cavalerie suffirait à enfoncer leurs murailles, et qu'il était plus simple d'obvier à ce malheur en ouvrant les portes. Ils répondirent donc aux acclamations de l'armée par un cri enthousiaste de Vive don Henri de Transtamare, roi des Castilles, de Séville et de Léon !

Ces premières acclamations, prononcées en langue castillane, émurent profondément Henri ; il leva la visière de son casque, s'avança seul vers les murailles :

— Dites vive le bon roi Henri ! cria-t-il, car je serai si bon pour Calahorra qu'elle se souviendra à jamais de m'avoir salué, la première, roi des Castilles.

Pour le coup, ce ne fut plus de l'enthousiasme, mais de la frénésie ; les portes s'ouvrirent comme si une fée les eût touchées de sa baguette, et une masse compacte de bourgeois, de femmes et d'enfans, s'échappa de la ville, et vint se mêler aux troupes royales.

En une heure s'organisa une de ces fêtes splendides dont la nature seule suffit à faire les frais; toutes les fleurs, tout le vin, tout le miel de ce beau pays, les psaltérions, les doulcines, la voix des femmes, les flambeaux de cire, le son des cloches, les chants des prêtres, enivrèrent pendant toute la nuit le nouveau roi et ses compagnons.

Cependant, Bertrand avait assemblé son conseil de Bretons et leur disait :

— Voilà le prince don Henri de Transtamare, roi proclamé, sinon sacré ; vous n'êtes plus les soutiens d'un aventurier, mais d'un prince qui possède terres, fiefs et titres. Je gage que Caverley regrettera de ne plus être avec nous.

Puis, au milieu de l'attention qu'on lui accordait toujours, non-seulement comme à un chef, mais comme à un guerrier aussi prudent que brave, aussi brave qu'expérimenté, il développa tout son système, c'est-à-dire ses espérances, qui devinrent bientôt celles des assistans.

Il achevait son discours lorsqu'on vint lui dire que le prince le faisait demander, ainsi que les chefs bretons, et qu'il attendait ses fidèles alliés au palais du gouvernement de Calahorra, que celui-ci avait mis à la disposition du nouveau souverain.

Bertrand se rendit aussitôt à l'invitation reçue. Henri

était déjà assis sur un trône, et un cercle d'or, signe de la royauté, entourait le cimier de son casque.

— Sire connétable, dit le prince en tendant la main à Duguesclin, vous m'avez fait roi, je vous fais comte ; vous me donnez un empire, je vous offre un domaine ; je m'appelle, grâce à vous, Henri de Transtamare, roi des Castilles, de Séville et de Léon : vous vous appelez, grâce à moi, Bertrand Duguesclin, connétable de France et comte de Soria.

Aussitôt une triple acclamation des chefs et des soldats prouva au roi qu'il venait non-seulement de faire un acte de reconnaissance, mais encore de justice.

— Quant à vous, nobles capitaines, continua le roi, mes présens ne seront pas à la hauteur de votre mérite, mais vos conquêtes, agrandissant mes Etats et augmentant mes richesses, vous rendront plus puissans et plus riches.

En attendant, il leur fit distribuer sa vaisselle d'or et d'argent, les équipages de ses chevaux et tout ce que le palais de Calahorra renfermait de précieux, puis il nomma gouverneur de la province celui qui n'était que gouverneur de la ville.

Puis, s'avançant sur le balcon, il fit distribuer aux soldats quatre-vingt mille écus d'or qui lui restaient. Puis, leur montrant ses coffres vides :

— Je vous les recommande, dit-il, car nous les remplirons à Burgos.

— A Burgos ! s'écrièrent soldats et capitaines.

— A Burgos ! répétèrent les habitans, pour qui cette nuit, passée en fêtes, en libations et en accolades, était déjà une suffisante épreuve de la fraternité, épreuve que la prudence conseillait de ne pas laisser dégénérer en abus.

Or, le jour était venu sur ces entrefaites, l'armée était

prête à partir, déjà s'élevait la bannière royale au-dessus des pennons de chaque compagnie castillanne et bretonne, quand un grand bruit se fit entendre à la porte principale de Calahorra, et quand les cris du peuple, se rapprochant du centre de la ville, annoncèrent un événement d'importance.

Cet événement était un messager.

Bertrand sorti, Henri se redressa rayonnant.

— Qu'on lui fasse place, dit le roi.

La foule s'écarta.

On vit alors, monté sur un cheval arabe, aux naseaux fumans, à la longue crinière, frémissant sur ses jambes aiguës comme des lames d'acier, un homme de couleur basanée, enveloppé dans un bournous blanc.

— Le prince don Henri? demanda-t-il.

— Vous voulez dire le roi! dit Duguesclin.

— Je ne connais d'autre roi que don Pedro, dit l'Arabe.

— En voilà un au moins qui ne tergiverse pas, murmura le connétable.

— C'est bien, dit le prince, abrégeons. Je suis celui à qui vous voulez parler.

Le messager s'inclina sans descendre de cheval.

— D'où venez-vous? demanda don Henri.

— De Burgos.

— De la part de qui?

— De la part du roi don Pedro.

— Don Pedro est à Burgos! s'écria Henri.

— Oui, seigneur, répondit le messager.

Henri et Bertrand se regardèrent de nouveau.

— Et que désire don Pedro? demanda le prince.

— La paix, dit l'Arabe.

— Oh ! oh ! dit Bertrand, en qui l'honnêteté parlait vite et plus haut que tout intérêt, voilà une bonne nouvelle.

Henri fronça le sourcil.

Agénor tressaillait d'aise : la paix c'était la liberté de courir après Aïssa, et la liberté de l'atteindre

— Et cette paix, reprit Henri d'une voix aigre, à quelle condition nous sera-t-elle accordée ?

— Répondez, monseigneur, que vous la désirez comme nous, fit l'envoyé, et le roi mon maître sera facile sur les conditions.

Cependant Bertrand avait réfléchi à la mission qu'il avait reçue du roi Charles V, mission de vengeance à l'égard de don Pedro, et de destruction à l'égard des Grandes compagnies.

— Vous ne pouvez accepter la paix, dit-il à Henri, avant d'avoir réuni de votre côté assez d'avantages pour que les conditions soient bonnes.

— Je le pensais ainsi, mais j'attendais votre assentiment, répliqua vivement Henri, qui tremblait à l'idée de partager ce qu'il voulait entièrement.

— Que répond monseigneur ? demanda le messager.

— Répondez pour moi, comte de Soria, dit le roi.

— Je le veux, sire, répondit Bertrand en s'inclinant.

Puis, se retournant vers le messager.

— Seigneur héraut, dit-il, retournez vers votre maître, et dites-lui que nous traiterons de la paix quand nous serons à Burgos.

— A Burgos ! s'écria l'envoyé avec un accent qui dénotait plus de crainte que de surprise.

— Oui, à Burgos.

— Dans cette grande ville que tient le roi don Pedro avec son armée ?

— Précisément, fit le connétable.

— C'est votre avis, seigneur? reprit le héraut en se tournant vers Henri de Transtamare.

Le prince fit un signe affirmatif

— Dieu vous conserve donc! reprit l'envoyé en se couvrant la tête de son manteau.

Puis s'inclinant devant le prince avant de partir, comme il avait fait en arrivant, il tourna la bride de son cheval et repartit au pas, traversant la foule qui, trompée dans ses espérances, se tenait muette et immobile sur son passage.

— Allez plus vite, seigneur messager, lui cria Bertrand, si vous ne voulez pas que nous arrivions avant vous.

Mais le cavalier, sans retourner la tête, sans paraître s'apercevoir que ces paroles lui étaient adressées, laissa son cheval passer insensiblement d'une allure modérée à un pas rapide, puis enfin à une course si précipitée qu'on l'avait déjà perdu de vue du haut des remparts quand l'avant-garde bretonne sortit des portes de Calahorra pour marcher sur Burgos.

Certaines nouvelles traversent les airs comme les atomes que roule le vent; elles sont un souffle, une senteur, un rayon de lumière. Elle touchent, avertissent, éblouissent à a même distance que l'éclair. Nul ne peut expliquer ce phénomène d'un événement deviné à vingt lieues de distance. Cependant déjà le fait que nous signalons est passé à l'état de certitude. Un jour peut-être la science qui aura approfondi ce problème ne daignera même plus l'expliquer, et elle traitera d'axiôme ce qu'aujourd'hui nous appelons un mystère de l'organisation humaine.

Toujours est-il que le soir du jour où don Henri était entré dans Calahorra, côte à côte avec le connétable, la nouvelle de la proclamation de Henri comme roi des Castilles, de Séville et de Léon, vint s'abattre sur Burgos, où don Pedro venait d'entrer lui même depuis un quart d'heure.

Quel aigle en passant dans le ciel l'avait laissé tomber de ses serres? Nul ne peut le dire, mais en quelques instans tout le monde en fut convaincu.

Don Pedro seul doutait. Mothril le ramena à l'opinion de tout le monde en lui disant : Il est à craindre que cela soit ; cela doit être, donc cela est.

— Mais, dit don Pedro, en supposant même que ce bâtard soit entré à Calahorra, il n'est pas probable qu'il ait été proclamé roi.

— S'il ne l'a pas été hier, dit Mothril, il le sera certainement aujourd'hui.

— Alors, marchons à lui et faisons la guerre, dit don Pedro.

— Non pas! restons où nous sommes, et faisons la paix, dit Mothril.

— Faire la paix!

— Oui, achetez-la même, si c'est nécessaire.

— Malheureux ! s'écria don Pedro furieux.

— Une promesse, dit Mothril en haussant les épaules ; cela coûtera-t-il donc si cher, et à vous surtout, seigneur roi?

— Ah! ah! fit don Pedro, qui commençait à comprendre.

— Sans doute, continua Mothril ; que veut don Henri! un trône : faites-le lui de la taille qu'il vous plaira, vous l'en précipiterez ensuite. Si vous le faites roi, il ne se défiera plus de vous, qui lui aurez mis la couronne sur la tête. Est-il donc si avantageux, je vous le demande, d'avoir sans cesse, dans des endroits inconnus, un rival qui, comme la foudre, peut tomber on ne sait quand, ni l'on ne sait d'où. Assignez à don Henri un royaume, enclavez-le dans des limites qui vous soient bien familières ; faites de lui ce que l'on fait de l'esturgeon, à qui, en apparence, on donne tout un vivier avec mille repaires. On est sûr de le trouver quand on le chasse dans ce bassin préparé pour lui. Cherchez-le dans toute la mer il vous échappera toujours.

— C'est vrai, dit don Pedro de plus en plus attentif.

— S'il vous demande Léon, continua Mothril, donnez lui Léon ; il ne l'aura pas plutôt accepté, qu'il faudra qu'il vous en remercie ; vous l'aurez alors à vos côtés, à votre table, à votre bras, un jour, une heure, dix minutes. C'est une occasion que jamais la fortune ne vous offrira tant que vous guerroirez l'un contre l'autre. Il est à Calahorra, dit-on ; donnez-lui tout le terrain qui est entre Calahorra et Burgos, vous n'en serez que plus près de lui.

Don Pedro comprenait tout à fait Mothril.

— Oui, murmura-t-il tout pensif, c'est ainsi que je rapprochai don Frédéric.

— Ah ! dit Mothril, je croyais en vérité que vous aviez perdu la mémoire.

— C'est bien, dit don Pedro en laissant tomber sa main sur l'épaule de Mothril, c'est bien.

Et le roi envoya vers don Henri un de ces Mores infatigables qui mesurent les journées par les trente lieues que franchissent leurs chevaux.

Il ne paraissait pas douteux à Mothril que Henri acceptât, ne fût-ce que dans l'espoir d'enlever à don Pedro la seconde partie de l'empire, après avoir accepté la première. Mais on comptait sans le connétable. Aussi, dès que la réponse arriva de Calahorra, don Pedro et ses conseillers furent-ils consternés d'abord, parce qu'ils s'en exagéraient les conséquences.

Cependant don Pedro avait une armée ; mais une armée est moins forte quand elle est assiégée. Il avait Burgos ; mais la fidélité de Burgos était-elle bien assurée ?

Mothril ne dissimula point à don Pedro que les habitans de Burgos passaient pour être grands amateurs de nouveautés.

— Nous brûlerons la ville, dit don Pedro.

Mothril secoua la tête.

— Burgos, dit-il, n'est pas une de ces villes qui se laissent brûler impunément. Elle est habitée d'abord par des chrétiens qui détestent les Mores, et les Mores sont vos amis ; par des Musulmans qui détestent les juifs, et les juifs sont vos trésoriers ; enfin les juifs qui détestent les chrétiens, et vous avez bon nombre de chrétiens dans votre armée. Ces gens-là s'entre-déchirent au lieu de déchirer l'armée de don Henri ; ils feront mieux, chacun des trois partis livrera les deux autres au prétendant. Trouvez un prétexte, croyez-moi, pour quitter Burgos, sire, et quittez Burgos, je vous le conseille, avant qu'on n'y apprenne la nouvelle de l'élection de don Henri.

— Si je quitte Burgos, c'est une ville perdue pour moi. dit don Pedro hésitant.

— Non pas ; en revenant assiéger don Henri, vous le retrouverez dans la position où nous sommes aujourd'hui, et puisque vous reconnaissez que l'avantage est pour lui à cette heure, l'avantage alors sera pour vous. Essayez de la retraite, monseigneur.

— Fuir ! s'écria don Pedro en montrant son poing fermé au ciel.

— Ne fuit pas qui revient, sire, reprit Mothril.

Don Pedro hésitait encore ; mais la vue fit bientôt ce que ne pouvait faire le conseil. Il remarqua des groupes grossissant au seuil des portes ; des groupes plus nombreux encore dans les carrefours, et parmi les hommes qui composaient ces groupes, il en entendit un qui disait :

— Le roi don Henri.

— Mothril, dit-il, tu avais raison. Je crois à mon tour qu'il est temps de partir.

Deux minutes après, le roi don Pedro quittait Burgos, au moment même où apparaissaient les bannières de don Henri de Transtamare au sommet des montagnes des Asturies.

X.

LE SACRE.

Les habitans de Burgos, qui tremblaient à l'idée d'être pris entre les deux compétiteurs, et qui se voyaient dans ce cas destinés à payer les frais de la guerre, n'eurent pas plutôt reconnu la retraite de don Pedro et aperçu les étendards de don Henri, qu'à l'instant même, par un revirement facile à comprendre, ils devinrent les plus fougueux partisans du nouveau roi.

Quiconque, dans les guerres civiles, montre une infériorité même passagère, est sûr de tomber d'un seul coup à quelques degrés plus bas que cette infériorité même ne le comportait. La guerre civile n'est pas seulement un conflit d'intérêts, c'est une lutte d'amour-propre. Reculer dans ce cas, c'est se perdre. L'avis donné par Mothril, avis puisé dans sa nature moresque, chez laquelle les appréciations du courage sont toutes différentes des nôtres, était donc mauvais pour les chrétiens, qui, en définitive, formaient le chiffre le plus élevé de la population de Burgos.

De son côté, la population mahométane et juive, dans l'espoir de gagner quelque chose à ce changement, se réunit à la population chrétienne pour proclamer don Henri roi des Castilles, de Séville et de Léon, et pour déclarer don Pedro déchu du rang de roi.

Ce fut donc au bruit d'acclamations unanimes que don Henri, conduit par l'évêque de Burgos, se rendit au palais tiède encore de la présence de don Pedro.

Duguesclin installa ses Bretons dans Burgos, et plaça tout autour les compagnies françaises et italiennes qui étaient restées fidèles à leurs engagemens, quand les compagnies anglaises l'avaient quitté. De cette façon, il surveillait la ville sans la gêner. La discipline la plus sévère avait d'ailleurs été établie : le moindre vol devait être puni de mort chez les Bretons et du fouet chez les étrangers. Il comprenait que cette conquête, qui s'était laissée volontairement conquérir, avait besoin de grands ménagemens, et qu'il importait que ses soldats fussent adoptés par ces nouveaux adhérens à la cause de l'usurpation.

— Maintenant, dit-il à Henri, de la solennité, monseigneur, s'il vous plaît. Envoyez chercher la princesse votre femme, qui attend impatiemment de vos nouvelles en Aragon; qu'on la couronne reine en même temps que l'on vous couronnera roi. Rien ne fait bon effet dans les cérémonies, — j'ai remarqué cela en France, — comme les femmes et le drap d'or. Et puis beaucoup de gens mal disposés à vous aimer, et qui ne demandent pas mieux cependant que de tourner le dos à votre frère, se prendront d'un zèle ardent pour la nouvelle reine, si, comme on le dit, c'est une des belles et gracieuses princesses de la chrétienté.

Puis, ajouta le bon connétable, c'est un point sur lequel votre frère ne pourra pas lutter avec vous, puisqu'il a tué la sienne. Et quand on vous verra si bon époux pour Jeanne de Castille, chacun lui demandera, à lui, ce qu'il a fait de Blanche de Bourbon.

Le roi sourit à ces paroles, dont il était forcé de reconnaître la logique; d'ailleurs, en même temps qu'elles satisfaisaient son esprit, elles flattaient son orgueil et sa manie d'ostentation. La reine fut donc mandée à Burgos.

Cependant la ville se pavoisait de tapisseries; les guirlandes de fleurs se suspendaient aux murailles, et les rues jonchées de palmes disparaissaient sous un tapis verdoyant. De toutes parts, attirés par la pompe du spectacle promis, les Castillans accouraient sans armes, joyeux, indécis peut-être encore, mais s'en remettant pour prendre une décision définitive à l'effet que produirait sur eux la splendeur de la cérémonie et la munificence de leur nouveau maître.

Lorsqu'on signala l'arrivée de la reine, Duguesclin se mit à la tête de ses Bretons et alla la recevoir à une lieue de la ville.

C'était en effet une belle princesse que la princesse Jeanne de Castille, rehaussée qu'elle était par l'éclat d'une splendide parure et d'un équipage vraiment royal.

Elle était, dit la chronique, dans un char revêtu de drap d'or et enrichi de pierreries. Les trois sœurs du roi l'accompagnaient, et leurs dames d'honneur suivaient dans des équipages presque aussi magnifiques.

Autour de ces brillantes litières, une nuée de pages éblouissans de soie, d'or et de joyaux, faisaient voltiger avec grâce de superbes coursiers de l'Andalousie, dont la race, croisée avec la race arabe, donne des chevaux vites comme le vent et orgueilleux comme les Castillans eux-mêmes.

Le soleil étincelait sur ce brillant cortége, attachant en même temps ses rayons de feu aux vitraux de la cathédrale, et chauffant la vapeur de l'encens d'Égypte que des religieuses brûlaient dans des encensoirs d'or.

Mêlés aux chrétiens pressés sur la route de la reine, les musulmans, revêtus de leurs caftans les plus riches, admiraient ces femmes si nobles et si belles, que leurs voiles légers, flottant au souffle de la brise, défendaient contre le soleil, mais non contre les regards.

Aussitôt que la reine vit venir à elle Duguesclin, reconnaissable à son armure dorée et à l'épée de connétable que portait devant lui un écuyer, sur un coussin de velours bleu fleurdelisé d'or, elle fit arrêter les mules blanches qui traînaient son char, et descendit précipitamment du siége sur lequel elle était assise.

A son exemple, et sans savoir quelles étaient les intentions de Jeanne de Castille, les sœurs du roi et les dames de leur suite mirent pied à terre.

La reine s'avança vers Duguesclin, qui, en l'apercevant, venait de sauter à bas de son cheval. Alors, elle doubla le pas, dit la chronique, et vint à lui les bras étendus.

Celui-ci déboucla aussitôt la visière de son casque, et le

fit voler derrière lui. De sorte que, le voyant à visage découvert, dit toujours la chronique, la reine se suspendit à son cou et l'embrassa comme eût pu faire une tendre sœur.

— C'est à vous, s'écria-t-elle avec une émotion si profondément sentie qu'elle gagna le cœur des assistans; c'est à vous, illustre connétable, que je dois ma couronne! Honneur inespéré qui vient à ma maison! Merci, chevalier; Dieu vous récompensera dignement. Quant à moi, je ne puis qu'une chose : c'est égaler le service par la reconnaissance.

A ces mots et surtout à cette accolade royale, si honorable pour le bon connétable, un cri d'assentiment, cri presque formidable par le grand nombre de voix qui y avaient pris part, s'éleva du sein du peuple et de l'armée, accompagné d'applaudissemens unanimes.

— Noël au bon connétable! criait-on; joie et prospérité à la reine Jeanne de Castille!

Les sœurs du roi étaient moins enthousiastes; c'étaient de malignes et rieuses jeunes filles. Elles regardaient le connétable de côté, et comme la vue du bon chevalier les rappelait naturellement de l'idéal qu'elles s'étaient fait à la réalité qu'elles avaient devant les yeux, elles chuchotaient :

— C'est donc là cet illustre guerrier, comme il a la tête grosse!

— Et voyez donc, comtesse, comme il a les épaules rondes! continua la seconde des trois sœurs.

— Et comme il a les jambes cagneuses! dit la troisième.

—Oui, mais il a fait notre frère roi, reprit l'aînée, pour

mettre fin à cette investigation, peu avantageuse au bon chevalier.

Le fait est que l'illustre chevalier avait cette grande âme qui lui a fait faire tant de belles et nobles chose, dans un moule assez peu digne d'elle ; son énorme tête bretonne, si pleine de bonnes idées et de généreuse opiniâtreté, eût semblé vulgaire à quiconque se fût dispensé de remarquer le feu qui jaillissait de ses yeux noirs et l'harmonie de la douceur et de la fermeté unies dans ses traits.

Certes, il avait les jambes arquées ; mais le bon chevalier avait monté tant de fois à cheval pour le plus grand honneur de la France, qu'on ne pouvait, sans manquer à la reconnaissance, lui reprocher cette courbe contractée à force d'emboîter sa généreuse monture.

Sans doute c'était avec justesse que la seconde sœur du roi avait remarqué la rondeur des épaules de Duguesclin, mais à ces épaules inélégantes s'attachaient ces bras musculeux dont un seul effort faisait ployer cheval et cavalier dans la mêlée.

La foule ne pouvait dire : Voilà un beau seigneur ; mais elle disait : Voilà un redoutable seigneur.

Après ce premier échange de politesses et de remercîmens, la reine monta sur une mule blanche d'Aragon, couverte d'une housse brodée d'or et d'un harnais d'orfévrerie et de joyaux, présent des bourgeois de Burgos.

Elle pria Duguesclin de marcher à sa gauche, choisit pour accompagner les sœurs du roi, messire Olivier de Mauny, Le Bègue de Vilaine, et cinquante autres chevaliers, qui partirent à pied près des dames d'honneur.

On arriva ainsi au palais ; le roi attendait sous un dais de drap d'or ; près de lui était le comte de La Marche arrivé le matin même de France. En apercevant la reine, il se leva ; la reine de son côté descendit de cheval et vint s'agenouiller devant lui. Le roi la releva, et, après l'avoir embrassée, prononça tout haut ces mots :

— Au monastère de las Huelgas !

C'était dans ce monastère que devait avoir lieu le couronnement.

Chacun suivit donc le roi et la reine en criant Noël.

Agénor, pendant tout ce bruit et ces fêtes, s'était retiré dans un logis écarté et sombre, avec le fidèle Musaron.

Seulement, ce dernier, qui n'était point amoureux, mais tout au contraire curieux et fureteur comme un écuyer gascon, avait laissé son maître se renfermer seul et avait profité de sa retraite pour visiter la ville et assister à toutes les cérémonies. Le soir, lorsqu'il revint près d'Agénor, il avait donc tout vu et savait tout ce qui s'était passé.

Il trouva Agénor errant dans le jardin de son logis, et là, désireux de faire part des nouvelles qu'il avait récoltées, il apprit à son maître que le connétable n'était plus seulement comte de Soria, mais encore qu'avant de se mettre à table, la reine avait demandé une grâce au roi, et que cette grâce lui ayant été accordée, elle avait donné à Duguesclin le comté de Transtamare.

— Belle fortune, dit distraitement Agénor.

— Ce n'est pas tout, monsieur, continua Musaron, encouragé à continuer par cette réponse qui, si courte qu'elle fût, lui prouvait qu'il était écouté. Le roi, à cette demande de la reine, s'est piqué d'honneur et, avant que le connétable ait eu le temps de se relever :

— Messire, dit-il, le comté de Transtamare est le don de la reine ; à mon tour de vous faire le mien ; je vous donne, moi, le duché de Molinia.

6.

— On le comble et c'est justice, dit Agénor.

— Mais ce n'est pas tout encore, continua Musaron, tout le monde a eu sa part dans la munificence royale.

Agénor sourit en songeant qu'il avait été oublié, lui qui, dans sa position secondaire, avait bien aussi rendu quelques services à don Henri.

— Tout le monde! reprit-il; comment cela?

— Oui, seigneur; les capitaines, les officiers, et jusqu'aux soldats. En vérité, je ne cesse de m'adresser deux questions : la première, comment l'Espagne est assez grande pour contenir tout ce que le roi donne? la seconde, comment tous ces gens-là seront assez forts pour emporter tout ce qu'on leur aura donné?

Mais Agénor avait cessé d'écouter, et Musaron attendit vainement une réponse à la plaisanterie qu'il venait de faire. La nuit était venue sur ces entrefaites, et Agénor, adossé à l'un de ces balcons découpés en trèfle dont les jours sont remplis de feuillages et de fleurs qui grimpent le long des piliers de marbre en formant une voûte au-dessus des fenêtres, Agénor écoutait le bruit lointain des cris de fête qui venaient mourir autour de lui. En même temps la brise du soir rafraîchissait son front plein d'ardentes pensées, et l'odeur pénétrante des myrthes et des jasmins lui rappelait les jardins de l'alcazar de Séville et d'Ernauton de Bordeaux. C'étaient tous ces souvenirs qui l'avaient distrait des récits de Musaron.

Aussi Musaron, qui savait manier l'esprit de son maître selon la circonstance, tâche toujours facile à ceux qui nous aiment et qui connaissent nos secrets, Musaron choisit, pour ramener à lui l'esprit de son maître, un sujet qu'il crut devoir le tirer inévitablement de sa rêverie.

— Savez-vous, seigneur Agénor, dit-il, que toutes ces fêtes ne sont que le prélude de la guerre, et qu'une grande expédition contre don Pedro va suivre la cérémonie d'aujourd'hui, c'est-à-dire donner le pays à celui qui a pris la couronne?

— Eh bien ! répondit Agénor, soit ! nous ferons cette expédition.

— Il y a loin à aller, messire.

— Eh bien ! nous irons loin.

— C'est là, — Musaron montra de la main l'immensité, c'est là que messire Bertrand veut laisser pourrir les os de toutes les compagnies, vous savez?

— Eh bien ! nos os pourriront de compagnie, Musaron.

— C'est certainement un grand honneur pour moi, monseigneur ; mais...

— Mais, quoi?

— Mais on a bien raison de dire que le maître est le maître, et le serviteur le serviteur, c'est-à-dire une pauvre machine.

— Pourquoi cela, Musaron ? demanda Agénor, frappé enfin du ton de doléance qu'affectait de prendre son écuyer.

— C'est que nous différons essentiellement : vous qui êtes un noble chevalier, vous servez vos maîtres pour l'honneur, à ce qu'il paraît; mais moi...

— Eh bien ! toi...

— Moi je vous sers pour l'honneur aussi, d'abord, et puis pour le plaisir de votre société, et puis enfin pour toucher mes gages.

— Mais moi aussi, j'ai mes gages, reprit Agénor avec quelque amertume. N'as-tu pas vu l'autre jour messire Bertrand m'apporter cent écus d'or de la part du roi, du nouveau roi?

— Je le sais, messire.

— Eh bien! de ces cent écus d'or, ajouta le jeune homme en riant, n'as-tu pas eu ta part?

— Et ma bonne part, certes, puisque j'ai eu tout.

— Alors, tu vois bien que j'ai mes gages aussi, puisque c'est toi qui les a touchés.

— Oui ; mais voilà où j'en voulais venir, c'est que vous n'êtes point payé selon vos mérites. Cent écus d'or! je citerais trente officiers qui en ont reçu cinq cents, et que, par dessus le marché, le roi a faits barons ou bannerets, ou même sénéchaux de sa maison.

— Ce qui veut dire que le roi m'a oublié, n'est-ce pas?

— Absolument.

— Tant mieux, Musaron, tant mieux ; j'aime assez que les rois m'oublient ; pendant ce temps, ils ne me font pas de mal au moins.

— Allons donc! dit Musaron, voulez-vous me faire accroire que vous êtes heureux de rester à vous ennuyer dans ce jardin, tandis que les autres sont là-bas occupés à entrechoquer les coupes d'or, et à rendre aux dames leurs doux sourires ?

— Il en est cependant ainsi, maître Musaron, répondit Agénor. Et quand je vous le dis, je vous prie de le croire. Je me suis plus amusé sous ces myrthes, seul à seul avec ma pensée, que cent chevaliers ne l'ont fait làbas en s'enivrant de vin de Xérès au palais royal.

— Cela n'est point naturel.

— C'est pourtant ainsi.

Musaron secoua la tête.

— J'aurais servi Votre Seigneurie à table, dit-il, et c'est flatteur de pouvoir dire quand on revient dans son pays :

— J'ai servi mon maître au festin du couronnement du roi Henri de Transtamare.

Agénor secoua la tête à son tour avec un sourire mélancolique.

— Vous êtes l'écuyer d'un pauvre aventurier, maître Musaron, dit-il; contentez-vous de vivre; c'est preuve que vous n'êtes pas mort de faim, ce qui aurait bien pu nous arriver à nous, cela étant arrivé à tant d'autres. D'ailleurs ces cent écus d'or...

— Sans doute, ces cent écus d'or, je les ai, dit Musaron, mais si je les dépense, je ne les aurai plus, et avec quoi alors vivrons-nous? avec quoi paierons-nous les mires et les docteurs, quand votre beau zèle pour don Henri nous aura fait navrer et meurtrir?

— Tu es un brave serviteur, Musaron, dit Agénor en riant, et ta santé m'est chère. Va donc te reposer, Musaron, il se fait tard, et laisse-moi m'amuser de nouveau à ma manière en m'entretenant avec mes pensées. Va, et demain tu en seras plus dispos pour reprendre le harnois.

Musaron obéit. Il se retira en riant sournoisement, car il croyait avoir éveillé un peu d'ambition dans le cœur de son maître, et il espérait que cette ambition porterait ses fruits.

Toutefois, il n'en était rien. Agénor, tout entier à ses pensées d'amour, ne s'occupait en réalité ni de duchés ni de trésors; il souffrait de cette nostalgie douloureuse qui nous fait regretter comme une seconde patrie tout pays où nous avons été heureux.

Il regrettait donc les jardins de l'Alcazar et de Bordeaux.

Et cependant, comme une trace de lumière reste dans le ciel quand le soleil a déjà disparu, une trace des paroles de

Musaron était restée dans son esprit, même après le départ de l'écuyer.

— Moi, disait-il, moi, devenir un riche seigneur, un puissant capitaine! Non, je ne pressens rien de pareil dans ma destinée. Je n'ai de goût, de forces, d'ardeur que pour conquérir un seul bonheur. Que m'importe à moi qu'on m'oublie dans la distribution des grâces royales, les rois sont tous ingrats; que m'importe que le connétable ne m'ait pas convié à la fête et distingué parmi les capitaines, les hommes sont oublieux et injustes. Puis, à tout prendre, ajouta-t-il, quand je serai las de leur oubli et de leur injustice, je demanderai un congé.

— Tout beau! s'écria une voix près d'Agénor, qui tressaillit et recula presque effrayé, tout beau! jeune homme, nous avons besoin de vous.

Agénor se retourna et vit deux hommes enveloppés de manteaux sombres, qui venaient d'apparaître au fond du cabinet de verdure qu'il croyait solitaire, sa préoccupation l'ayant empêché d'entendre le bruit de leurs pas sur le sable.

Celui qui avait parlé vint à Mauléon et lui toucha le bras.

— Le connétable! murmura le jeune homme.

— Qui vient vous prouver par sa présence qu'il ne vous oubliait pas, continua Bertrand.

— C'est que vous, vous n'êtes pas roi, dit Mauléon.

— C'est vrai, le connétable n'est pas roi, dit le second personnage, mais moi je le suis, comte, et c'est même à vous, je m'en souviens, que je suis redevable d'une part de ma couronne.

Agénor reconnut don Henri.

— Seigneur, balbutia-t-il tout éperdu, pardonnez-moi, je vous prie.

— Vous êtes tout pardonné, messire, répondit le roi ; seulement comme vous n'avez en rien participé aux récompenses des autres, vous aurez quelque chose de mieux que ce que les autres ont eu.

— Rien, sire, rien ! reprit Mauléon, je ne veux rien, car on croirait que j'ai demandé.

Don Henri sourit.

— Tranquillisez-vous, chevalier, répondit-il, on ne dira pas cela, je vous en réponds, car peu de gens demanderaient ce que je veux vous offrir. La mission est pleine de dangers, mais elle est en même temps si honorable, qu'elle forcera la chrétienté tout entière à jeter les yeux sur vous. Seigneur de Mauléon, vous allez être mon ambassadeur, et je suis roi.

— Oh ! monseigneur, j'étais loin de m'attendre à un semblable honneur.

— Allons, pas de modestie, jeune homme, dit Bertrand, le roi voulait d'abord m'envoyer où vous allez, mais il a réfléchi que l'on peut avoir besoin de moi ici pour mener les compagnons, gens difficiles à mener, je vous jure. J'ai parlé de vous à Son Altesse juste au moment où vous nous accusiez de vous oublier, comme d'un homme éloquent, ferme, et qui possède la langue espagnole à fond. Béarnais, vous êtes en effet à moitié Espagnol. Mais, comme vous le disait le roi, la mission est dangereuse : il s'agit d'aller trouver don Pedro.

— Don Pedro ! s'écria Agénor avec un transport de joie.

— Ah ! ah ! cela vous plaît, chevalier, à ce que je vois, reprit Henri.

Agénor sentit que la joie le rendait indiscret ; il se contint.

— Oui, sire, cela me plaît, dit-il, car j'y vois une occasion de servir Votre Altesse.

— Vous me servirez en effet, et beaucoup, reprit Henri ; mais je vous en préviens, mon noble messager, au péril de votre vie.

— Ordonnez, sire.

— Il faudra, continua le roi, traverser toute la plaine de Ségovie, où don Pedro doit être en ce moment. Je vous donnerai pour lettre de créance un joyau qui vient de notre frère, et que don Pedro reconnaîtra certainement. Mais réfléchissez bien à ce que je vais vous dire, avant d'accepter, chevalier.

— Dites, sire.

— Il vous est enjoint, si vous êtes attaqué en route, fait prisonnier, menacé de mort, il vous est enjoint de ne pas découvrir le but de votre mission ; vous décourageriez trop nos partisans en leur apprenant qu'au plus haut de ma prospérité j'ai fait des ouvertures de conciliation à mon ennemi.

— De conciliation ! s'écrie Agénor surpris..

— Le connétable le veut, dit le roi.

— Sire, je ne veux jamais, je prie, dit le connétable. J'ai prié Votre Altesse de bien peser la gravité, aux yeux du Seigneur, d'une guerre pareille à celle que vous faites. Ce n'est pas le tout que d'avoir pour soi les rois de la terre, en pareille occurence, il faut encore avoir le roi du ciel. Je manque à mes instructions, c'est vrai, en vous poussant à la paix. Mais le roi Charles V lui-même m'approuvera dans sa sagesse quand je lui dirai : Sire roi, c'étaient deux enfans nés du même père, deux frères, qui, ayant tiré l'épée l'un contre l'autre, pouvaient se rencontrer un jour et s'entr'égorger. Sire roi, pour que Dieu pardonne à un frère de tirer l'épée contre son frère, il faut qu'auparavant celui qui désire le pardon de Dieu ait mis tous les droits de son côté. — Don Pedro vous a offert la paix, vous avez refusé, car en acceptant on aurait pu croire que vous aviez peur, maintenant que vous êtes vainqueur, que vous êtes sacré, que vous êtes roi, offrez-la-lui à votre tour, et l'on dira que vous êtes un prince magnanime, sans ambition, ami seulement de la justice ; et la part d'Etats que vous perdrez maintenant vous reviendra bientôt par le libre arbitre de vos sujets. S'il refuse, eh bien ! nous irons en avant, vous n'aurez plus rien à vous reprocher, et il se sera voué lui-même à sa ruine.

— Oui, répondit Henri en soupirant ; mais retrouverai-je l'occasion de le ruiner ?

— Seigneur, dit Bertrand, j'ai dit ce que j'ai dit et parlé selon ma conscience. Un homme qui veut marcher dans le droit chemin, ne doit pas se dire que peut-être ce chemin eût été aussi droit en faisant des détours.

— Soit donc ! fit le roi en prenant son parti, du moins en apparence.

— Votre Majesté est bien convaincue alors ? dit Bertrand.

— Oui, sans retour.

— Et sans regret ?

— Oh ! oh ! dit Henri, vous en demandez trop, seigneur connétable. Je vous donne carte blanche pour me faire faire la paix, n'en demandez pas davantage.

— Alors, sire, dit Bertrand, permettez que je donne au chevalier ses instructions, telles que nous les avons arrêtées.

— Ne prenez pas cette peine, interrompit vivement le roi. J'expliquerai tout cela au comte, et d'ailleurs, fit-il plus bas, vous savez ce que j'ai à lui remettre.

— Très bien ! sire, dit Bertrand, qui ne soupçonnait rien dans l'empressement que le roi avait mis à l'écarter.

Et il s'éloigna. Mais il n'avait pas encore touché le seuil, qu'il revint sur ses pas :

— Vous vous souvenez, sire, dit-il : une bonne paix, moitié du royaume s'il le faut, conditions toutes paternelles ! Un manifeste bien prudent, bien chrétien, rien de provoquant pour l'orgueil.

— Oui, certes, dit le roi en rougissant malgré lui, oui, soyez bien certain que mes intentions, connétable...

Bertrand ne crut pas devoir insister. Cependant, sa défiance semblait avoir été un instant éveillée ; mais le roi le congédia avec un sourire si amical, que sa défiance se rendormit.

Le roi suivit Bertrand des yeux.

— Chevalier, dit-il à Mauléon dès que le connétable se fut perdu dans les arbres, voici le joyau qui doit vous accréditer près de don Pedro ; mais que les paroles que vient de prononcer le connétable s'effacent de votre souvenir, pour laisser les miennes s'y graver profondément.

Agénor fit signe qu'il écoutait.

— Je promets la paix à don Pedro, continua Henri, je lui abandonnerai la moitié de l'Espagne, à partir de Madrid jusqu'à Cadix, je demeurerai son frère et son allié, mais à une condition.

Agénor leva la tête, plus surpris encore du ton que des paroles du prince.

— Oui, reprit Henri ; quoi qu'en dise le connétable, je le répète, à une condition. Vous paraissez surpris, Mauléon, que je cache quelque chose au bon chevalier. Ecoutez : le connétable est un Breton, homme opiniâtre dans sa probité, mais mal instruit du peu que valent les sermens en Espagne, pays où la passion brûle plus ardemment les cœurs que le soleil ne le fait du sol. Il ne peut donc savoir à quel point don Pedro me hait. Il oublie, lui, le Breton loyal, que don Pedro a tué mon frère don Frédéric par trahison, et a étranglé la sœur de son maître sans jugement. Il se figure qu'ici, comme en France, la guerre se fait sur les champs de bataille. Le roi Charles, qui lui a commandé d'exterminer don Pedro, le connaît mieux, lui: aussi, c'est son génie qui m'a inspiré les ordres que je vous donne.

Agénor s'inclina effrayé au fond de l'âme de ces royales confidences.

— Vous irez donc près de don Pedro, continua le roi, et vous lui promettrez en mon nom ce que je vous ai dit, moyennant que le More Mothril et douze notables de sa cour, dont voici les noms sur ce vélin, me seront remis avec leurs familles, et leurs biens comme ôtages.

Agénor tressaillit. Le roi avait dit douze notables et leurs familles ; Mothril, s'il venait à la cour du roi Henri, devait donc venir avec Aïssa.

— Auquel cas, continua le roi, vous me les amènerez.

Un frisson de joie passa dans les veines d'Agénor, et n'échappa point à Henri, seulement il s'y trompa.

— Vous vous effrayez, dit don Henri, ne craignez rien, vous pensez qu'au milieu de ces mécréans votre vie court des dangers par les chemins. Non, le danger n'est pas grand, à mon avis du moins; gagnez vite le Douro, et dès que vous en aurez franchi le cours, vous trouverez sur ce côté-ci de la rive une escorte qui vous mettra à couvert de toute insulte, et m'assurera la possession des ôtages.

— Sire, Votre Altesse s'est trompée, dit Mauléon ; ce n'est point la peur qui m'a fait tressaillir.

— Qu'est-ce donc ? demanda le roi.

— L'impatience d'entrer en campagne pour votre service : je voudrais déjà être parti.

— Bon ! vous êtes un brave chevalier, s'écria Henri ; un noble cœur, et vous irez loin, je vous le dis, jeune homme, si vous voulez vous attacher franchement à ma fortune.

— Ah ! seigneur, dit Mauléon, vous me récompensez déjà plus que je ne mérite.

— Ainsi vous allez partir ?

— Sur-le-champ.

— Partez. Voici trois diamans qu'on appelle les Trois-Mages ; ils valent chacun mille écus d'or pour des juifs, et il ne manque pas de juifs en Espagne. Voici encore mille florins, mais seulement pour la valise de votre écuyer.

— Seigneur, vous me comblez, dit Mauléon.

— Au retour, continua don Henri, je vous ferai banneret d'une bannière de cent lances équipées à mes frais.

— Oh ! plus un mot, seigneur, je vous en supplie.

— Mais promettez-moi de ne pas dire au connétable les conditions que j'impose à mon frère.

— Oh ! ne craignez rien, sire, il s'opposerait à ces conditions, et je ne veux pas plus que vous qu'il s'y oppose.

— Merci, chevalier, dit Henri, vous êtes plus que brave, vous êtes intelligent.

— Je suis amoureux, murmura Mauléon en lui-même, et l'on dit que l'amour donne toutes les qualités que l'on n'a pas.

Le roi alla rejoindre Duguesclin.

Pendant ce temps, Agénor réveillait son écuyer ; et deux heures après, par un beau clair de lune, maître et écuyer trottaient sur la route de Ségovie.

XI.

COMMENT DON PEDRO, A SON RETOUR, REMARQUA LA LI-TIÈRE, ET TOUT CE QUI S'EN SUIVIT.

Cependant don Pedro avait gagné Ségovie, emportant au fond de son cœur une douleur amère.

Les premières atteintes portées à sa royauté de dix ans lui avaient été plus sensibles que ne le furent plus tard les échecs essuyés dans les batailles et les trahisons de ses meilleurs amis. Il lui semblait aussi que traverser l'Espagne avec précaution, lui, ce rôdeur de nuit, qui courait d'habitude Séville sans autre garde que son épée, sans autre déguisement que son manteau, c'était fuir, et qu'un roi est perdu lorsque, une seule fois, il transige avec son inviolabilité.

Mais à côté de lui, pareil au génie antique soufflant la colère au cœur d'Achille, galopait lorsqu'il hâtait sa course, s'arrêtant lorsqu'il ralentissait le pas, Mothril, véritable génie de haine et de fureur, conseiller incessant d'amertume, qui lui offrait les fruits délicieusement âpres de la vengeance, Mothril, toujours fécond à imaginer le mal et à fuir le danger, Mothril, dont l'éloquence intarissable, puisant pour ainsi dire aux trésors inconnus de l'Orient, montrait à ce roi fugitif plus de trésors, plus de ressources, plus de puissance qu'il n'en avait rêvé dans ses plus beaux jours.

Grâce à lui, la route poudreuse et longue s'absorbait comme le ruban que roule la fileuse. Mothril, l'homme du désert, savait trouver en plein midi la source glacée cachée sous les chênes et les platanes. Mothril savait, à son passage dans les villes, attirer sur don Pedro quelques cris d'allégresse, quelques démonstrations de fidélité, derniers reflets de la royauté mourante.

— On m'aime donc encore, disait le roi, ou l'on l'on me craint toujours, ce qui vaut peut-être mieux.

— Redevenez véritablement roi, et vous verrez si l'on ne vous adore pas, ou si l'on ne tremble pas devant vous, répliquait Mothril avec une insaisissable ironie.

Cependant au milieu de ces craintes et de ces espérances, de ces interrogations de don Pedro, Mothril avait remarqué une chose avec joie, c'était le silence complet du roi à l'égard de Maria Padilla. Cette enchanteresse, qui, présente, avait une si grande influence que l'on attribuait son pouvoir à la magie, absente, semblait non seulement exilée de son cœur, mais encore oubliée de son souvenir. C'est que don Pedro, imagination ardente, roi capricieux, homme du Midi, c'est-à-dire homme passionné dans toute l'acception du mot, était, depuis le commencement de son voyage avec Motoril, soumis à l'influence d'une autre pensée : cette litière constamment fermée de Bordeaux à Vittoria ; cette femme fuyant entraînée par Mothril à travers les montagnes, et dont le voile deux ou trois fois soulevé par le vent avait laissé entrevoir une de ces adorables péris de l'Orient aux yeux de velours, aux cheveux bleus à force d'être noirs, au teint mat et harmonieux ; ce son de la guzla qui dans les ténèbres veillait avec amour, tandis que don Pedro, lui, veillait avec anxiété, tout cela avait peu à peu écarté de don Pedro le souvenir de Maria Padilla, et c'était moins encore l'éloignement qui avait fait tort à la maîtresse absente que la présence de cet être inconnu et mystérieux, que don Pedro, avec son imagination pittoresque et exaltée, semblait tout prêt à prendre pour quelque génie soumis à Mothril, enchanteur plus puissant que lui.

On arriva ainsi à Ségovie sans qu'aucun obstacle sérieux se fût opposé à la marche du roi. Là, rien n'était changé. Le roi retrouva tout comme il l'avait laissé : un trône dans un palais, des archers dans une bonne ville, des sujets respectueux autour des archers.

Le roi respira.

Le lendemain de son arrivée, on signala une troupe considérable ; c'était Caverley et ses compagnons, qui, fidèles aux sermens faits à leur souverain, venaient avec cette nationalité qui a toujours fait la puissance de l'Angleterre se joindre à l'allié du prince Noir, qui lui-même était attendu par don Pedro.

La veille déjà, sur la route, on avait rallié un corps considérable d'Andalous, de Grenadins et de Mores, qui accouraient au secours du roi.

Bientôt arriva un émissaire du prince de Galles, cet éternel et infatigable ennemi du nom français, que Jean et Charles V rencontrèrent partout où, pendant leurs deux règnes, la France eut un échec à subir.—Cet émissaire apportait de riches nouvelles au roi don Pedro.

Le prince Noir avait rassemblé une armée à Auch, et depuis douze jours il était en marche avec cette armée : du centre de la Navarre, allié que le prince anglais venait de détacher de don Henri, il avait envoyé cet émissaire au roi don Pedro pour lui annoncer sa prochaine arrivée.

Le trône de don Pedro, un instant ébranlé par la proclamation de Henri de Transtamare à Burgos, se raffermissait donc de plus en plus. Et à mesure qu'il se raffermissait accouraient de toutes parts ces immuables partisans du pouvoir, bonnes gens qui s'apprêtaient déjà à marcher vers Burgos pour saluer don Henri, quand ils avaient appris qu'il n'était pas encore temps de se mettre en route, et qu'ils pourraient bien, en se pressant trop, laisser un roi mal détrôné derrière eux.

A ceux-là, nombreux toujours, se joignait le groupe moins compact mais mieux choisi des fidèles, des purs cœurs transparens et solides comme le diamant, pour lesquels le roi sacré est roi jusqu'à ce qu'il meure, attendu qu'ils se sont faits esclaves de leur serment le jour où ils ont juré fidélité à leur roi. Ces hommes-là peuvent souffrir, craindre et même haïr l'homme dans le prince, mais ils attendent patiemment et loyalement que Dieu les délie de leur promesse en appelant à lui son élu.

Ces hommes loyaux sont faciles à reconnaître dans tous les temps et dans toutes les époques. Ils ont de moins beaux semblans que les autres, ils parlent avec moins d'emphase, et après avoir humblement et respectueusement salue le roi rétabli sur son trône, ils se rangent à l'écart, à la tête de leurs vasseaux, et attendent là l'heure de se faire tuer pour ce principe vivant.

La seule chose qui jetait un peu de froideur dans l'accueil que faisaient à don Pedro ces fidèles serviteurs, c'était la présence des Mores, plus puissans que jamais auprès du roi.

Cette race belliqueuse de Sarrasins abondait autour de Mothril, comme les abeilles autour de la ruche qui renferme leur reine. Ils sentaient que c'était le More habile et audacieux qui les ralliait à côté du roi chrétien, audacieux et habile; aussi composaient-ils un corps d'armée redoutable, et comme ils avaient tout à gagner à la faveur des guerres civiles, ils accouraient avec un enthousiasme et une activité que les sujets chrétiens admiraient et jalousaient dans une muette inaction.

Don Pedro retrouva de l'or dans les caisses publiques; il s'entoura aussitôt de ce luxe prestigieux qui prend les cœurs par les regards, l'ambition par l'intérêt. Comme le prince de Galles devait bientôt faire son entrée à Ségovie, il avait été décidé que des fêtes magnifiques, dont l'éclat ferait pâlir les grandeurs éphémères du sacre de Henri, rendraient la confiance au peuple et lui feraient confesser que celui-là est le seul et véritable roi qui possède et qui dépense le plus.

Pendant ce temps Mothril suivait ce projet conçu de longue main, qui devait lui livrer par les sens don Pedro qu'il tenait déjà par l'esprit. Chaque nuit la guzla d'Aïssa se faisait entendre, et comme en véritable fille de l'Orient, tous ses chants étaient des chants d'amour; leurs notes envolées sur la brise venaient caresser la solitude du prince, et apportaient à son sang brûlé par la fièvre ces magnifiques voluptés, passager sommeil des infatigables organisations du Midi.

Mothril attendait chaque jour un mot de don Pedro qui

lui révélât la présence de cette ardeur secrète qu'il sentait brûler en lui, mais ce mot il l'attendait vainement.

Cependant un jour don Pedro lui dit brusquement sans préparation, comme s'il eût fait un effort violent pour briser le lien qui semblait enchaîner sa langue :

— Eh bien, Mothril, pas de nouvelles de Séville.

Ce mot révélait toutes les inquiétudes de don Pedro. Ce mot Séville voulait dire Maria Padilla.

Mothril tressaillit: le matin même il avait fait saisir sur la route de Tolède à Ségovie, et il avait fait jeter dans l'Adaja, un esclave nubien chargé d'une lettre de Maria Padilla pour le roi.

— Non, sire, dit-il.

Don Pedro tomba dans une sombre rêverie. Puis, répondant tout haut à la voix qui lui parlait tout bas:

— Ainsi donc s'est effacé de l'esprit de la femme la passion dévorante à laquelle il m'a fallu sacrifier frère, femme, honneur et couronne, murmura don Pedro, car la couronne, qui me l'arrache de la tête,?—ce n'est point le bâtard don Henri, c'est le connétable aussi.

Don Pedro fit un geste de menace qui ne promettait rien de bon à Duguesclin, si jamais sa mauvaise fortune le faisait retomber entre les mains de don Pedro.

Mothril ne suivit pas le roi de ce côté-là ; c'était sur un autre but que s'arrêtait son regard.

— Dona Maria, reprit-il, voulait être reine avant tout, et comme on peut croire à Séville que Votre Altesse n'est plus roi...

— Tu m'as déjà dit cela, Mothril, et je ne t'ai pas cru.

— Je vous le répète, sire, et vous commencez à me croire. Je vous l'ai déjà dit, quand l'ordre me fut donné par vous d'aller chercher à Coïmbre l'infortuné don Frédéric...

— Mothril !

— Vous savez avec quelle lenteur, je dirai presque avec quelle répugnance, j'ai accompli cet ordre.

— Tais-toi ! Mothril, tais-toi ! s'écria don Pedro.

— Cependant votre honneur était bien compromis, mon roi.

— Oui, sans doute ; mais on ne peut attribuer ces crimes à Maria Padilla ; ce sont eux, les infâmes.

— Sans doute; mais sans Maria Padilla vous n'eussiez rien su, car je me taisais, moi, et cependant ce n'était point par ignorance.

— Elle m'aimait donc alors, puisqu'elle était jalouse !

— Vous êtes roi, et à la mort de la malheureuse Blanche, elle pouvait devenir reine. D'ailleurs, on est jaloux sans aimer. Vous étiez jaloux de dona Bianca, l'aimiez-vous, sire ?

En ce moment, comme si les paroles prononcées par Mothril eussent été un signal donné, les sons de la guzla se firent entendre, et les paroles d'Aïssa, trop éloignées pour être comprises, vinrent bruire aux oreilles de don Pedro comme un murmure harmonieux.

— Aïssa ! murmura le roi, n'est-ce pas Aïssa qui chante?

— Je le crois, oui seigneur, dit Mothril.

— Ta fille ou ton esclave favorite, n'est-ce pas? demanda don Pedro avec distraction.

Mothril secoua la tête en souriant.

— Oh ! non ! dit-il; devant une fille on ne s'agenouille pas, sire ; devant une esclave achetée pour de l'or, un homme sage et vieux ne joint point les mains.

— Qui donc est-elle alors ? s'écria don Pedro, dont toutes

les pensées concentrées un instant sur la mystérieuse jeune fille rompaient leurs digues. Te joues-tu de moi, More damné, ou me brûles-tu à plaisir d'un fer rouge pour avoir le plaisir de me voir bondir comme un taureau ?

Mothril recula presque effrayé, tant la sortie avait été brusque et violente.

— Répondras-tu ! s'écria don Pedro en proie à une de ces frénésies qui changeaient le roi en insensé, l'homme en bête fauve.

— Sire, je n'ose vous le dire.

— Amène-moi cette femme alors, s'écria don Pedro, que je le lui demande à elle-même.

— Oh ! seigneur ! fit Mothril, comme épouvanté d'un ordre pareil.

— Je suis le maître, je le veux !

— Seigneur, par grâce !

— Qu'elle soit ici sur l'heure, ou je vais l'arracher moi-même à son appartement.

— Seigneur, dit Mothril en se redressant avec la gravité calme et solennelle des Orientaux, Aïssa est d'un sang trop élevé pour qu'on porte sur elle des mains profanes ; n'offense point Aïssa, roi don Pedro !

— Et en quoi la Moresque peut-elle être offensée de mon amour ? demanda le roi don Pedro ; mes femmes étaient filles de princes, et plus d'une fois mes maîtresses ont valu mes femmes.

— Seigneur, dit Mothril, si Aïssa était ma fille, comme tu le penses, je te dirais : Roi don Pedro, épargne mon enfant, ne déshonore pas ton serviteur. Et peut-être, en reconnaissant la voix de tant et de si bons conseils, épargnerais-tu mon enfant. Mais Aïssa a dans les veines un sang plus noble que le sang de tes femmes et de tes maîtresses ; Aïssa est plus noble qu'une princesse, Aïssa est la fille du roi Muhammed, descendant du grand Muhammed le prophète. Tu le vois, Aïssa est plus qu'une princesse, plus qu'une reine, et je t'ordonne, roi don Pedro, de respecter Aïssa.

Don Pedro s'arrêta, subjugué par la fière autorité du More.

— Fille de Muhammed, roi de Grenade! murmura-t-il.

— Oui, fille de Muhammed, roi de Grenade, que tu fis assassiner. J'étais au service de ce grand prince, tu le sais, et je la sauvai alors que tes soldats pillaient son palais, et qu'un esclave l'emportait dans son manteau pour la vendre, il y a neuf ans de cela. — Aïssa avait sept ans à peine ; tu entendis raconter que j'étais un fidèle conseiller, et tu m'appelas à ta cour. — Dieu voulait que je te servisse. — Tu es mon maître, tu es grand parmi les grands, j'ai obéi. — Mais près du maître nouveau la fille de mon maître ancien m'a suivi ; — elle me croit son père ; pauvre enfant! élevée dans le harem sans avoir jamais vu la face majestueuse du sultan qui n'est plus. — Maintenant, tu as mon secret, ta violence me l'a arraché. — Mais souviens-toi, roi don Pedro, que je veille, esclave dévoué à tes moindres caprices, — mais que je me redresserai comme le serpent pour défendre contre toi le seul objet que je te préfère.

— Mais j'aime Aïssa. s'écria don Pedro hors de lui.

— Aime-la, roi don Pedro, tu le peux, car elle est d'un sang au moins égal au tien ; aime-la, mais obtiens-la d'elle-même, répliqua le More, je ne t'en empêcherai pas. Tu es jeune, tu es beau, tu es puissant, pourquoi cette jeune vierge ne t'aimerait-elle pas, et n'accorderait-elle pas à l'amour ce que tu veux obtenir par la violence!

A ces mots, lancés comme la flèche d'un Parthe, et qui entrèrent au plus profond du cœur de don Pedro, Mothril souleva la tapisserie et sortit à reculons de la chambre.

— Mais elle me haïra, elle doit me haïr, si elle sait que c'est moi qui ai tué son père.

— Je ne parle jamais mal du maître que je sers, dit Mothril en tenant la tapisserie levée, et Aïssa ne sait rien de toi, sinon que tu es un bon roi et un grand sultan.

Mothril laissa retomber la tapisserie, et don Pedro put entendre pendant quelque temps, sur les dalles, le bruit de sa marche lente et solennelle qui se dirigeait vers la chambre d'Aïssa.

XII.

COMMENT MOTHRIL FUT NOMMÉ CHEF DES TRIBUS MORESQUES ET MINISTRE DU ROI DON PEDRO.

Nous avons dit qu'en quittant le roi, Mothril s'était dirigé vers l'appartement d'Aïssa.

La jeune fille, confinée dans son appartement, gardée par les grilles et surveillée par son père, aspirait après l'air à défaut de la liberté.

Aïssa n'avait pas la ressource, comme les femmes de notre temps, d'apprendre des nouvelles qui lui tinssent lieu de correspondance ; pour elle, ne plus voir Agénor, c'était ne plus vivre ; ne plus l'entendre parler, c'était ne plus avoir l'oreille ouverte aux bruits de ce monde.

Cependant une conviction profonde vivait en elle : c'est qu'elle avait inspiré un amour égal à son amour ; elle savait qu'à moins d'être mort, Agénor, qui avait déjà trouvé le moyen de parvenir trois fois près d'elle, trouverait moyen de la voir une quatrième fois, et, dans sa confiance juvénile dans l'avenir, il lui semblait impossible qu'Agénor mourût.

Il ne restait donc pour Aïssa rien autre chose à faire qu'à attendre et à espérer.

Les femmes d'Orient se composent une vie de rêves perpépétuels, mêlés d'actions énergiques qui sont les réveils ou les intermittences de leur voluptueux sommeil. Certes, si la pauvre captive eût pu agir pour retrouver Mauléon, elle eût agi ; mais, ignorante comme une de ces fleurs d'Orient dont elle avait le parfum et la fraîcheur, elle ne savait que se tourner du côté d'où lui venait l'amour, ce soleil de sa vie. Mais marcher, mais se procurer de l'or, mais questionner, mais fuir, c'étaient là de ces choses qui ne s'étaient jamais offertes à sa pensée, les croyant parfaitement impossibles.

D'ailleurs, où était Agénor ? où était-elle elle-même ? elle l'ignorait. A Ségovie, sans doute ; mais ce nom de Ségovie lui représentait un nom de ville, voilà tout. Où était cette ville, e le l'ignorait ; dans quelle province de l'Espagne, elle l'ignorait, elle qui ne connaissait pas même le nom des différentes provinces de l'Espagne ; elle qui venait de faire cinq cents lieues sans connaître les pays qu'elle avait traversés, et se rappelant seulement trois points de ces divers pays, c'est-à-dire les endroits où elle avait vu Agénor.

Mais aussi comme ces trois points étaient restés encadrés dans son esprit ! Comme elle voyait les rives de la Zezère, cette sœur du Tage, avec ses bosquets d'oliviers sauvages près desquels on avait déposé sa litière, ses rives escarpées et ses flots sombres, pleins de bruissemens et de sanglots du sein desquels semblaient encore monter la première parole d'amour d'Agénor et le dernier soupir du malheureux page ! Comme elle voyait sa chambre de l'Alcazar, aux barreaux enlacés de chèvrefeuilles, donnant sur un parterre plein de verdures, du milieu desquelles jaillissaient des eaux bouillonnantes dans des bassins de marbre ! Comme elle voyait enfin les jardins de Bordeaux avec leurs grands arbres au feuillage sombre, que séparait de la maison ce lac de lumière que la lune versait du haut du ciel !

De tous ces différens paysages, chaque ton, chaque aspect, chaque détail, chaque feuille étaient présens à ses yeux.

Mais de dire si ces points, si lumineux cependant au milieu de l'obscurité de sa vie, étaient à sa droite ou à sa gauche, au midi ou au nord du monde, c'est ce qui eût été impossible à l'ignorante jeune fille, qui n'avait appris que ce qu'on apprend au harem, c'est-à-dire les délices du bain et les rêves voluptueux de l'oisiveté.

Mothril savait bien tout cela, sans quoi il eût été moins calme.

Il entra chez la jeune fille.

— Aïssa, lui dit-il, après s'être prosterné selon sa coutume, puis-je espérer que vous écouterez avec quelque faveur ce que je vais vous dire ?

— Je vous dois tout, et je vous suis attachée, répondit la jeune fille en regardant Mothril, comme si elle eût désiré qu'il pût lire dans ses yeux la vérité de ses paroles.

— La vie que vous menez vous plaît-elle? demanda Mothril.

— Comment cela? demanda Aïssa, qui visiblement cherchait le but de cette question.

— Je veux savoir si vous vous plaisez à vivre renfermée.

— Oh! non, dit vivement Aïssa.

— Vous voudriez donc changer de condition?

— Assurément.

— Quelle chose vous plairait?

Aïssa se tut. La seule qu'elle désirait, elle ne pouvait la dire.

— Vous ne répondez pas? demanda Mothril.

— Je ne sais que répondre, dit-elle.

— N'aimeriez-vous point, par exemple, continua le More, à courir sur un grand cheval d'Espagne, suivie de femmes, de cavaliers, de chiens et de musique?

— Ce n'est point cela que je désire le plus, répondit la jeune fille. Cependant, après ce que je désire, j'aimerais encore cela; pourvu, néanmoins...

Elle s'arrêta.

— Pourvu? demanda Mothril avec curiosité.

— Rien! fit l'altière jeune fille, rien!

Malgré la réticence, Mothril comprit parfaitement ce que le pourvu signifiait.

— Tant que vous serez avec moi, continua Mothril, et que, passant pour votre père, bien que je n'aie pas cet insigne honneur, je serai responsable de votre bonheur et de votre repos, Aïssa ; tant qu'il en sera ainsi, la seule chose que vous désiriez ne pourra pas être.

— Et quand cela changera-t-il? demanda la jeune fille avec sa naïve impatience.

— Quand un mari vous possédera.

Elle secoua la tête.

— Un mari ne me possédera jamais, dit-elle.

— Vous m'interrompez, senora, dit gravement Mothril. Je disais pourtant des choses utiles à votre bonheur.

Aïssa regarda fixement le More.

— Je disais, continua-t-il, qu'un mari peut vous donner la liberté.

— La liberté ! répéta Aïssa.

— Peut-être ne savez-vous pas bien ce que c'est que la liberté, répéta Mothril. Je vais vous le dire : La liberté est le droit de sortir par les rues sans avoir le visage couvert et sans être enfermée dans une litière ; c'est le droit de recevoir des visites comme chez les Francs, d'assister aux chasses, aux fêtes, et de prendre sa part des grands festins en compagnie des chevaliers.

A mesure que Mothril parlait, une légère rougeur colorait le teint mat d'Aïssa.

— Mais au contraire, répondit en hésitant la jeune fille, j'avais entendu dire que le mari ôtait ce droit au lieu de le donner.

— Lorsqu'il est le mari, oui, c'est vrai parfois; mais avant de l'être, surtout lorsqu'il occupe un rang distingué, il permet à sa fiancée de se conduire comme je vous l'ai dit. En Espagne et en France, par exemple, les filles mêmes des rois chrétiens écoutent les propos galans et ne sont pas déshonorées pour cela. Celui qui les doit épouser leur laisse faire auparavant un essai de la vie large et somptueuse qu'on leur réserve, et tenez, un exemple : vous rappelez-vous Maria Padilla?

Aïssa écoutait.

— Eh bien? demanda la jeune fille.

— Eh bien! Maria Padilla n'était-elle point la reine des fêtes; la maîtresse toute puissante à l'Alcazar, à Séville, dans la province, dans l'Espagne! Ne vous souvient-il plus l'avoir vue dans les cours du palais à travers nos jalousies grillées, fatiguant son beau coursier arabe, et rassemblant autour d'elle, pour des journées entières, les cavaliers qu'elle préférait? Cependant, comme je vous le disais, vous étiez, vous, recluse et cachée, ne pouvant franchir le seuil de votre chambre, ne voyant que vos femmes, et ne pouvant parler à personne de ce que vous aviez dans l'esprit ou le cœur.

— Mais, dit Aïssa, dona Maria Padilla aimait don Pedro; car, lorsqu'on aime en ce pays, on est libre, à ce qu'il paraît, de le dire publiquement à celui qu'on aime. Il vous choisit et ne vous achète pas, comme en Afrique. Dona Maria aimait don Pedro, vous dis-je, et moi je n'aimerai pas celui qui songerait à m'épouser.

— Qu'en savez-vous, senora?

— Quel est-il? demanda vivement la jeune fille.

— Vous questionnez bien ardemment, fit Mothril.

— Et vous répondez, vous, bien lentement, dit Aïssa.

— Eh bien! je voulais vous dire que dona Maria était libre.

— Non, puisqu'elle aimait.

— On devient libre, même en aimant, senora.

— Comment cela?

— On cesse d'aimer, voilà tout.

Aïssa haussa les épaules, comme si on lui disait une chose impossible.

— Dona Maria est redevenue libre, je vous dis; car don Pedro ne l'aime plus et n'est plus aimé d'elle.

Aïssa leva la tête avec surprise; le More continua.

— Vous voyez donc, Aïssa, que leur mariage n'est point fait, et que tous deux cependant ont joui du haut rang et du bien-être que donnent un haut rang et d'illustres fréquentations.

— Où voulez-vous en venir? s'écria Aïssa, comme éblouie tout à coup par un éclair.

— A vous dire, reprit Mothril, ce que vous avez déjà parfaitement compris.

— Dites toujours.

— C'est qu'un illustre seigneur..

— Le roi, n'est-ce pas?

— Le roi lui-même, senora, répondit Mothril en s'inclinant.

— Songe à me donner la place laissée vacante par Maria Padilla.

— Et sa couronne.

— Comme à Maria Padilla?

— Dona Maria n'a su que se la faire promettre; une autre plus jeune, plus belle, ou plus habile, saura se la faire donner.

— Mais elle, elle qu'on n'aime plus, que devient-elle? demanda la jeune fille toute pensive, et suspendant le rapide mouvement que ses doigts effilés imprimaient aux grains d'un chapelet de bois d'aloès enchâssé dans de l'or.

— Oh! fit Mothril en effectant l'insouciance, elle s'est créé un autre bonheur; les uns disent qu'elle a craint les guerres où le roi va être entraîné; les autres, et cela est plus probable, qu'aimant une autre personne, elle va prendre cette autre personne comme époux.

— Quelle personne? demanda Aïssa.

— Un chevalier d'Occident, répondit Mothril.

Aïssa tomba dans une profonde rêverie, car ces paroles perfides lui révélaient tour à tour, comme par une magique puissance, tout l'avenir si doux qu'elle rêvait et dont, par ignorance ou par timidité, elle n'avait point osé soulever le voile.

— Ah! l'on dit cela? demanda enfin Aïssa ravie...

— Oui, dit Mothril, et l'on ajoute qu'elle s'est écriée, en reprenant sa liberté : Oh! que la recherche du roi m'a porté bonheur, puisqu'elle m'a sortie de la maison et du silence pour me placer en ce beau soleil qui m'a fait distinguer mon amour.

— Oui, oui, continua la jeune fille absorbée.

— Et certes, reprit Mothril, ce n'est point dans le harem ou dans le couvent qu'elle eût trouvé cette joie qui lui échoit à heure.

— C'est vrai, dit Aïssa.

— Ainsi, dans l'intérêt même de votre bonheur, Aïssa, vous écouterez le roi.

— Mais le roi me laissera le temps de réfléchir, n'est-ce pas?

— Tout le temps qu'il vous plaira, et qu'il convient de laisser à une noble fille comme vous. Seulement c'est un seigneur triste et irrité par ses malheurs. Votre parole est douce quand vous le voulez; veuillez-le, Aïssa. Don Pedro est un grand roi dont il faut ménager la sensibilité et augmenter les désirs.

— J'écouterai le roi, seigneur, répondit la jeune fille.

— Bon! dit Mothril; j'étais sûr que l'ambition parlerait

si l'amour ne parlait pas. Elle aime assez son chevalier franc pour saisir cette occasion qui se présente de le revoir ; en ce moment, elle sacrifie le monarque à l'amant, peut-être plus tard serai-je forcé de veiller à ce qu'elle ne sacrifie pas l'amant au monarque.

— Donc vous ne refusez pas de voir le roi, dona Aïssa? demanda-t-il.

— Je serai la respectueuse servante de Son Altesse, dit la jeune fille.

— Non pas, car vous êtes l'égale du roi, ne l'oubliez pas. Seulement pas plus d'orgueil que d'humilité. Adieu, je vais prévenir le roi que vous consentez à assister à la sérénade qu'on lui donne tous les soirs. Toute la cour y sera, et bon nombre de nobles étrangers. Adieu, dona Aïssa.

— Qui sait, murmura la jeune fille, si parmi ces nobles étrangers je ne verrai pas Agénor !

Don Pedro, l'homme aux passions violentes et subites, rougit de joie comme un jeune novice, lorsque le soir il vit s'approcher du balcon, resplendissante sous son voile brodé d'or, la belle Moresque dont les yeux noirs et le teint pâle effaçaient tout ce que Ségovie avait eu jusque-là de parfaites beautés.

Aïssa semblait une reine habituée aux hommages des rois. Elle ne baissa point les yeux, regarda souvent don Pedro en fouillant l'assemblée des yeux, et plus d'une fois dans la soirée, don Pedro quitta ses plus sages conseillers ou les femmes les plus jolies pour venir tout bas dire un mot à la jeune fille, qui lui répondit sans trouble et sans embarras ; seulement, avec un peu de distraction peut-être, car sa pensée était ailleurs.

Don Pedro lui donna la main pour la reconduire à sa

litière, et pendant le chemin, il ne cessa de lui parler à travers ses rideaux de soie.

Toute la nuit les courtisans s'entretinrent de la nouvelle maîtresse que le roi s'apprêtait à leur donner; et en se couchant, don Pedro annonça publiquement qu'il confiait le soin des négociations et de la paie des troupes à son premier ministre Mothril, chef des tribus moresques employées à son service.

XIII.

COMMENT S'ENTRETENAIENT AGÉNOR ET MUSARON EN CHEMINANT DANS LA SIERRA D'ARACENA.

On a vu que Mauléon et son écuyer s'étaient, par un beau clair de lune, mis en chemin, selon le désir du nouveau roi de Castille.

Rien n'ouvrait à la joie le cœur de Musaron comme le son indiscret de quelques écus se balançant dans les profondeurs de son immense poche de cuir; et, ce jour-là, ce n'était plus le cliquetis d'une rencontre fortuite qui égayait le digne écuyer, c'était le son gras, en danse, d'une centaine de grosses pièces, comprimées dans un sac et cherchant à emboîter leurs épaisseurs ; aussi la joie de Musaron était-elle grosse et sonore en proportion.

La route de Burgos à Ségovie, déjà frayée à cette époque, était belle ; mais justement à cause de sa fréquentation et de sa beauté, Mauléon pensa qu'il ne serait pas prudent de la suivre dans son tracé rigoureux. Il se lança donc, en vrai Béarnais, dans la sierra, en suivant les ondululations pittoresques du versant occidental, qui se prolonge, fleuri, rocailleux et moussu, comme une ride naturelle, de Coïmbre à Tudéla.

Dès le commencement du voyage, Musaron, qui avait compté sur le secours de ses écus pour se faire un chemin comme il le comprenait, Musaron, disons-nous, trouva un grand mécompte. Si, dans les villes et la plaine, les peuples avaient dégorgé leurs richesses sous la double pression de don Pedro et de Henri, que devait-il en être des montagnards qui, eux, n'avaient jamais possédé de richesses. Aussi, nos voyageurs, réduits au lait de brebis, au vin grossier de la métairie, au pain d'orge et de millet, regrettèrent-ils bien vite, Musaron surtout, les dangers de la plaine : dangers entremêlés de délices, de chevreau rôti, d'olla-podrida et de bon vin vieilli dans les outres.

Aussi Musaron commença-t-il par se plaindre amèrement de n'avoir pas d'ennemi à combattre.

Agénor, qui songeait à autre chose, le laissa se plaindre sans lui répondre, puis enfin, tiré de sa rêverie, si profonde qu'elle fût, par les rodomontades féroces de son écuyer, il eut le malheur de sourire.

Ce sourire, dans lequel perçait, il est vrai, une nuance d'incrédulité, déplut fort à Musaron.

— Je ne crois pas, seigneur, dit-il en se pinçant les lèvres pour se donner l'air mécontent, bien que cette expression insolite de physionomie jurât avec l'habituelle bonhomie de sa figure honnête, je ne crois pas que monseigneur ait jamais douté de ma bravoure, et plus d'un trait pourrait en faire preuve.

Agénor fit un signe d'assentiment.

— Oui, plus d'un trait, reprit Musaron. Parlerai-je du More si bien perforé dans les fossés de Médina-Sidonia, hein? de l'autre égorgé par moi dans la chambre même de l'infortunée reine Blanche, dites! Adresse et courage, je le dis modestement, continua-t-il, seront ma devise si jamais je m'élève au rang de chevalier.

— Tout cela est l'exacte vérité, mon cher Musaron, dit Agénor; mais voyons, où veux-tu en venir avec ces longs discours et les rudes froncemens de sourcils?

— Seigneur, reprit Musaron reconforté par l'intonation sympathique qu'il avait remarquée dans la voix de son maître, seigneur, vous ne vous ennuyez donc pas?

— Avec toi, je m'ennuie rarement, mon bon Musaron, avec ma pensée, jamais.

— Merci, monsieur; mais quand on pense qu'il n'y a pas ici le moindre voyageur suspect, à qui nous puissions enlever, à la pointe de la lance, un bon quartier de venaison froide ou quelque grosse outre de ces jolis vins qu'on récolte là-bas du côté de la mer, voilà ce qui m'ennuie!

— Ah! je comprends, Musaron, tu as faim, et ce sont tes entrailles qui crient en avant.

— Absolument, senor, comme on dit ici; voyez donc, au-dessous de nous, le joli chemin! Dire qu'au lieu de vagabonder dans ces éternelles gorges, et sous ces bouleaux inhospitaliers, nous pourrions, en suivant ce sentier qui descend pendant une lieue à peu près, aller rejoindre ce plateau sur lequel on voit une église. Tenez, monsieur, à côté d'une grosse fumée grasse; voyez-vous? Est-ce que rien ne parle en faveur de cette église à un pieux chevalier, à un bon chrétien? Oh! la belle fumée; elle sent bon d'ici.

— Musaron, répondit Agénor, j'ai aussi bonne envie que toi de changer de vie, et d'apercevoir des hommes; mais je ne puis exposer ma personne à des dangers inutiles. Assez de périls sérieux et indispensables m'attendent dans l'accomplissement de ma mission. Ces montagnes sont arides, désertes, mais sûres.

— Eh! seigneur, continua Musaron qui paraissait décidé à ne pas se rendre sans avoir combattu, par grâce! descendez avec moi jusqu'au tiers de la pente seulement : là vous m'attendrez; et moi, poussant jusqu'à cette fumée, je ferai quelques provisions qui nous aideront à patienter. Deux heures seulement, et je reviens. Quant à ma trace, la nuit passera dessus, et demain, nous serons loin.

— Mon cher Musaron, reprit Agénor, écoutez bien ceci.

L'écuyer prêta l'oreille en secouant la tête, comme s'il eût prévu d'avance que ce que son maître le priait d'écouter ne serait pas dans ses idées.

— Je ne permettrai ni détours, ni écarts, continua Agénor, tant que nous ne serons pas arrivés à Ségovie. A Ségovie, monsieur le sybarite, vous aurez tout ce que vous pourrez désirer : chère exquise, agréable société. A Ségogovie, enfin, vous serez traité comme un écuyer d'ambassadeur que vous êtes. Mais jusque-là, marchons droit, s'il vous plaît. N'est-ce pas d'ailleurs Ségovie, cette ville que j'aperçois là-bas dans la brume, et du centre de laquelle s'élève ce beau clocher et ce dôme éblouissant? Demain soir, nous y serons; ce n'est donc pas la peine pour si peu de nous détourner de notre chemin.

— J'obéirai à Votre Seigneurie, reprit Musaron d'une voix dolente ; c'est mon devoir, et je chéris mon devoir ; mais si j'osais me permettre une réflexion, toute dans l'intérêt de Votre Seigneurie....

Agénor regarda Musaron, lequel répondit à ce regard par un signe de tête qui voulait dire : Je maintiens ce que j'ai dit.

— Allons ! parle, dit le jeune homme.

— C'est que, se hâta de reprendre Musaron, il y a un proverbe de mon pays, et par conséquent du vôtre, qui conseille au carillonneur d'essayer les petites cloches avant les grandes.

— Eh bien ! que signifie ce proverbe ?

— Il signifie, monseigneur, qu'avant de faire notre entrée à Ségovie, c'est-à-dire dans la grande ville, il serait prudent de tâter de la bourgade ; là, selon toute probabilité, nous entendrons quelque bonne vérité touchant l'état des affaires. Ah ! si Votre Seigneurie savait tous les bons présages que je tire de la fumée de ce bourg !

Agénor était homme de bon sens. Les premières raisons de Musaron l'avaient médiocrement ému, mais la dernière le toucha ; en outre, il réfléchit que Musaron avait pour idée fixe d'aller au bourg voisin, et que déranger son idée, c'était déranger l'horloge si bien réglée de son caractère, dérangement qui le menaçait d'essuyer pendant toute une journée au moins ce qu'il y a de plus odieux sous le ciel, la mauvaise humeur d'un valet, orage plus inévitable et plus noir que toute tempête.

— Eh bien ! soit, dit-il, je consens à ce que tu désires, Musaron, va voir ce qui se passe autour de cette fumée et reviens me le dire.

Comme dès le commencement de la discussion Musaron

était à peu près sûr de la conduire à sa volonté, il reçut cette permission sans faire éclater une joie immodérée, et partit au trot de son cheval, suivant les détours de ce petit sentier que depuis si longtemps il dévorait des yeux.

De son côté, Agénor choisit, pour attendre commodément le retour de son écuyer, un charmant amphithéâtre de roches parsemées de bouleaux, dont le centre était tapissé de cette fine mousse qu'on ne trouve que dans les montagnes, et où l'on voit éclore à l'envi toutes ces fleurs charmantes qui ne s'ouvrent qu'au bord des précipices; une source transparente comme un miroir dormait un instant dans un bassin naturel, puis fuyait en sanglotant parmi les pierres. Agénor s'y désaltéra, puis ôtant son casque, il s'adossa, sous la ruisselante fraîcheur de l'ombrage, à la souche moelleuse d'un vieux chêne vert.

Bientôt, comme un véritable chevalier des vieux fabliaux et des légendes romanesques, le jeune homme s'abandonna aux douces pensées d'amour, qui bientôt l'absorbèrent si profondément que, sans s'en apercevoir, il passa de la rêverie à l'extase et de l'extase au sommeil.

A l'âge d'Agénor, on ne dort guère sans rêver; aussi, à peine le jeune homme fut-il endormi, qu'il rêva qu'il était arrivé à Ségovie, que le roi don Pedro le faisait charger de fers et jeter dans une étroite prison, à travers les barreaux de laquelle apparaissait la belle Aïssa; mais à peine la douce vision venait-elle éclairer l'obscurité de son cachot, que Mothril accourait pour chasser l'image consolante, et qu'une lutte s'engageait entre le More et lui; au milieu de la lutte, et lorsqu'il sentait qu'il allait succomber, un galop se faisait entendre, annonçant l'arrivée d'un auxiliaire inespéré.

Le bruit de ce galop s'enfonça si persévérant dans le rêve,

que les sens d'Agénor en furent captivés uniquement, et qu'il s'éveilla aux premiers accens du cavalier que ce galop avait ramené près de lui.

— Seigneur! seigneur! criait la voix

Agénor ouvrit les yeux; Musaron était devant lui.

C'était une curieuse apparition au reste que celle du digne écuyer planté sur son cheval dont il ne dirigeait plus les mouvemens qu'à l'aide des genoux, car ses deux mains étaient étendues au-devant de lui comme s'il jouait au colin-maillard; c'est qu'à la jointure de chaque bras il portait d'un côté une outre liée par les quatre pattes, de l'autre un linge noué aux quatre coins, fermant un paquet de raisins secs et de langues fumées, tandis que des deux mains il présentait comme une paire de pistolets une oie grasse et un pain qui eût suffi au souper de six hommes.

— Seigneur! seigneur! criait comme nous l'avons dit Musaron, grande nouvelle!

— Qu'est-ce donc! s'écria le chevalier en se coiffant de son casque et en portant la main à la garde de son épée, comme si Musaron eût précédé une armée ennemie.

— Oh! que j'étais bien inspiré! continua Musaron; et quand je pense que si je n'avais pas insisté, nous passions outre!

— Voyons, qu'y a-t-il, damné bavard? s'écria Agénor impatient.

— Ce qu'il y a!... Il y a que c'est Dieu lui-même qui m'a conduit à ce village.

— Mais qu'y as-tu appris, mordieu! parle!

— J'y ai appris que le roi don Pedro... l'ex-roi don Pedro, voulais-je dire...

— Eh bien!

— Eh bien! il n'est plus à Ségovie.

8.

— En vérité ! s'écria Mauléon avec dépit.

— Non, seigneur : l'alcade est revenu hier d'une excursion faite avec les notables du bourg au-devant de don Pedro, lequel a passé avant-hier dans la plaine là-bas, venant de Ségovie.

— Mais allant... où ?

— A Soria.

— Avec sa cour ?

— Avec sa cour.

— Et, continua Agénor en hésitant, avec Mothril ?

— Sans doute.

— Et, balbutia le jeune homme, avec Mothril était sans doute...

— Sa litière ? je le crois bien ; il ne la quitte pas de vue, excepté quand il dort. Au reste, elle est bien gardée, maintenant.

— Que veux-tu dire ?

— Que le roi ne la quitte plus.

— La litière ?

— Sans doute, il l'escorte à cheval ; c'est près de cette litière qu'il a reçu la députation du bourg.

— Eh bien ! mon cher Musaron, allons à Soria, dit Mauléon avec un sourire qui voilait mal un commencement d'inquiétude.

— Allons, monseigneur, allons, mais il ne s'agit plus de suivre la même route ; nous tournons le dos à Soria, maintenant. Je me suis renseigné au bourg : nous coupons la montagne à gauche, et nous entrons dans un défilé parallèle à la plaine. Ce défilé nous épargnera le passage de deux rivières et onze lieues de chemin.

— Soit, je consens à t'accepter pour guide ; mais songe à la responsabilité que tu prends, mon pauvre Musaron.

— En songeant à cette responsabilité, je vous dirai, seigneur, que vous eussiez dû passer cette nuit au bourg. Voyez, voici le soir qui vient, la fraîcheur se fait sentir ; encore une heure de marche et les ténèbres vont nous gagner.

— Mettons cette heure à profit, Musaron, et, puisque tu es si bien renseigné, montre-moi le chemin.

— Mais votre dîner, seigneur ? fit Musaron tentant un dernier effort.

— Notre dîner aura lieu lorsque nous aurons trouvé un gîte convenable. Allons, marche, Musaron, marche.

Musaron ne répliqua pas. Il y avait chez Agénor une certaine intonation de voix qu'il reconnaissait parfaitement ; quand cette intonation de voix accompagnait un ordre quelconque, il n'y avait plus rien à dire.

L'écuyer, par un effort de combinaisons plus savantes les unes que les autres, vint tenir l'étrier à son maître, sans débarrasser ses bras d'aucun des fardeaux qui le chargeaient, et toujours chargé, remontant à cheval lui-même par un miracle d'équilibre, il passa le premier, et s'enfonça bravement dans cette gorge de montagnes qui devait leur épargner deux rivières et leur raccourcir le chemin de onze lieues.

XIV.

COMMENT MUSARON TROUVA UNE GROTTE, ET CE QU'IL TROUVA DANS CETTE GROTTE.

Comme l'avait dit Musaron, les voyageurs en avaient encore pour une heure de jour à peu près, et les derniers rayons de soleil purent guider leur marche; mais du moment où le reflet de sa flamme pâlissante eut abandonné le plus haut pic de la sierra, la nuit commença d'arriver à son tour, avec une rapidité d'autant plus effrayante que, pendant cette dernière heure de jour, Musaron et son maître avaient pu remarquer combien était escarpé, et par conséquent dangereux, le chemin qu'ils suivaient.

Aussi, après un quart d'heure de marche au milieu de cette obscurité, Musaron s'arrêta-t-il tout court.

— Oh! oh! seigneur Agénor, dit-il, le chemin devient de plus en plus mauvais, ou plutôt il n'y a plus de chemin du tout. Nous nous tuerons infailliblement, seigneur, si vous exigez que nous allions plus loin.

— Diable! fit Agénor. Je ne suis pas difficile, tu le sais; cependant le gîte me paraît un peu champêtre. Voyons si nous pouvons aller plus avant.

— Impossible ! Nous sommes sur une espèce de plate-forme qui domine le précipice de tous côtés ; arrêtons-nous ici, ou plutôt faisons-y une simple halte, et rapportez-vous-en à mon habitude des montagnes pour vous trouver un endroit où passer la nuit.

— Vois-tu encore quelque bonne fumée bien grasse? demanda Agénor en souriant.

— Non, mais je flaire une jolie grotte avec des rideaux de lierre et des parois de mousse.

— D'où nous aurons à chasser tout un monde de hiboux, de lézards et de serpens.

— Ma foi ! qu'à cela ne tienne, monseigneur ! A l'heure où nous sommes et dans l'endroit où nous nous trouvons, ce n'est pas tout ce qui vole, gratte ou rampe qui m'effraie : c'est ce qui marche. D'ailleurs, vous n'êtes pas assez superstitieux pour avoir peur des hiboux, et je ne crois pas que les lézards ou les couleuvres aient beaucoup à mordre sur vos jambes de fer.

— Soit, dit Agénor, arrêtons-nous donc.

Musaron mit pied à terre et passa la bride de son cheval à une roche, tandis que son maître, debout sur sa monture, attendait, pareil à la statue équestre du courage froid et tranquille.

Pendant ce temps, l'écuyer, avec cet instinct dont la bonne volonté décuple la puissance, se mit à explorer les environs.

Un quart d'heure ne s'était pas écoulé qu'il revint l'épée nue et l'air vainqueur.

— Par ici, seigneur, par ici, dit-il, venez voir notre alcazar.

— Que diable as-tu donc? demanda le chevalier, tu me sembles tout trempé.

— J'ai, monseigneur, que je me suis battu contre une forêt de lianes, qui me voulait faire prisonnier ; mais j'ai tant frappé d'estoc et de taille, que je me suis ouvert un passage. Alors, toutes les feuilles humides de rosée ont plu sur ma tête. Il y a eu en même temps sortie d'une douzaine de chauve-souris, et la place s'est rendue. Figurez-vous une galerie admirable dont le sol est de sable fin.

— Ah ! vraiment, dit Agénor, tout en suivant son écuyer, mais tout en doutant quelque peu de ses belles paroles.

Agénor avait tort de douter. A peine avait-il fait cent pas dans une pente assez rapide, qu'à un endroit où le chemin semblait fermé par un mur, il commença de sentir sous ses pieds une jonchée de feuilles fraîches, un abattis de petites branches, résultat du carnage fait par Musaron ; tandis que çà et là passaient invisibles, se révélant seulement par l'air qu'envoyait au visage du chevalier le battement silencieux de leurs ailes, de grandes chauves-souris, impatientes de reprendre possession de leur demeure.

— Oh ! dit Agénor, c'est la caverne de l'enchanteur Maugis !

— Découverte par moi, monseigneur, et par moi le premier. Du diable si jamais homme a eu l'idée de mettre les pieds ici ! Ces lianes datent du commencement du monde.

— Fort bien, dit Agénor en riant ; mais si cette grotte est inconnue des hommes....

— Oh ! j'en réponds.

— Pourrais-tu en dire autant des loups ?

— Oh ! oh ! fit Musaron.

— De quelques petits ours roux, — de la race montagnarde, tu sais, — comme on en trouve dans les Pyrénées !

— Diable !

— Ou de ces chats sauvages qui ouvrent la gorge des voyageurs endormis pour leur sucer le sang.

— Monsieur, savez-vous ce qu'il faudra faire? l'un de nous veillera pendant le sommeil de l'autre.

— Ce sera prudent.

— Maintenant, vous n'avez rien autre chose contre la caverne de Maugis?

— Absolument rien ; je la trouve même assez agréable.

— Eh bien donc, entrons, dit Musaron.

— Entrons, dit Agénor.

Tous deux descendirent de cheval et entrèrent avec précaution en tâtonnant, le chevalier du bout de la lance, l'écuyer du bout de l'épée. Après avoir fait une vingtaine de pas, ils rencontrèrent un mur solide, impénétrable, qui semblait formé par le rocher lui-même, sans cavité apparente, sans retraite pour les animaux nuisibles.

Cette caverne était divisée en deux parties: on entrait d'abord sous une espèce de porche ; puis ensuite on pénétrait dans la seconde excavation, qui, après une espèce de porte franchie, reprenait toute sa hauteur.

C'était évidemment une de ces grottes qui, dans les premiers temps du christianisme, furent habités par quelqu'un des pieux solitaires qui avaient choisi le chemin de la retraite pour les conduire au ciel.

— Dieu soit loué ! dit Musaron, notre chambre à coucher est sûre.

— En ce cas fais entrer les chevaux à l'écurie, et mets la nappe, dit Agénor ; j'ai faim.

Musaron fit, en effet, entrer les deux chevaux dans ce que son maître appelait l'écurie: c'était le porche de la grotte.

Puis ce soin rempli, il passa aux préparatifs plus importans du souper.

— Que dis-tu? demanda Agénor, qui l'entendait grommeler tout en exécutant les ordres qu'il venait de recevoir.

— Je dis, monsieur, que je suis un grand sot d'avoir oublié de la cire pour nous éclairer. Heureusement que nous pouvons faire du feu.

— Y penses-tu, Musaron? faire du feu?

— Le feu éloigne les animaux féroces, c'est un axiôme dont j'ai plus d'une fois eu l'occasion de reconnaître la justesse.

— Oui, mais il attire les hommes, et dans ce moment, je te l'avoue, je redoute plus l'attaque de quelque bande anglaise ou moresque que celle d'un troupeau de loups.

— Mordieu! dit Musaron; c'est triste cependant, monsieur, de manger de si bonnes choses sans les voir.

— Bah! bah! dit Agénor, ventre affamé n'a pas d'oreilles, c'est vrai, mais il a des yeux.

Musaron, toujours docile quand on savait le persuader ou quand on faisait ce qu'il désirait, reconnut cette fois la solidité des raisons de son maître et alla dresser le repas à la porte de la seconde caverne, afin qu'une dernière lueur du dehors pût pénétrer jusqu'à eux.

Ils commencèrent donc leur repas aussitôt après que les chevaux eurent reçu la permission de plonger la tête dans le sac d'avoine que Musaron portait en croupe.

Agénor, homme jeune et vigoureux, entama les provisions avec une énergie dont rougirait peut-être un amoureux de nos jours, tandis qu'on entendait l'accompagnement enthousiaste de Musaron qui, sous prétexte toujours qu'on n'y voyait pas, croquait les os avec la chair.

Tout à coup le motif continua du côté d'Agénor, mais l'accompagnement cessa du côté de Musaron.

— Eh bien ! qu'y a-t-il? demanda le chevalier.

— Seigneur, j'avais cru entendre, reprit Musaron, mais sans doute je me trompais... Ce n'est rien.

Et il se remit à manger.

Mais bientôt il s'interrompit encore, et comme il tournait le dos à l'ouverture, Agénor put remarquer son immobilité.

— Ah ! çà, dit Agénor, deviens-tu fou?

— Non pas, senor; pas plus que je ne deviens sourd. J'entends, vous dis-je, j'entends.

— Bah ! tu rêves, reprit le jeune homme ; c'est quelque chauve-souris oubliée qui bat les murs.

— Eh bien ! dit Musaron en baissant la voix de manière à ce que son maître lui-même l'entendît à peine ; non seulement j'entends, mais je vois.

— Tu vois !...

— Oui ; et si vous voulez vous retourner, vous verrez vous même.

L'invitation était si positive, qu'Agénor se retourna vivement.

En effet, au milieu du fond obscur de la caverne, scintillait une raie lumineuse ; une lumière, produite par une flamme quelconque, pénétrait dans la grotte à travers la gerçure du roc.

Le phénomène était assez effrayant pour quiconque n'y eût pas appliqué à l'instant même la réflexion.

— Si nous n'avons pas de lumière, dit Musaron, ils en ont, eux.

— Qui, eux?

— Dame ! nos voisins.

— Tu crois donc ta grotte solitaire habitée ?

T. II.   9

— Je ne vous ai répondu que de celle-ci, mais pas de la grotte voisine.

— Voyons, explique-toi.

— Comprenez-vous, monseigneur ? nous sommes sur la crête d'une montagne, ou à peu près : toute montagne a deux versans.

— Très bien !

— Suivez mon raisonnement ; cette grotte a deux entrées. Un hasard a produit la séparation mal jointe que nous voyons. Nous avons pénétré dans la grotte par l'entrée occidentale, eux par l'entrée orientale.

— Mais enfin, qui, eux ?

— Je n'en sais rien. Nous allons voir, monseigneur ; vous aviez raison de ne pas vouloir que je fisse du feu. Je crois que Votre Seigneurie est aussi prudente que brave, ce qui n'est pas peu dire. Mais voyons.

— Voyons ! dit Agénor.

Et tous deux s'avancèrent, non sans sans un certain battement de cœur, dans les profondeurs du souterrain.

Musaron marchait le premier ; il arriva le premier, et le premier appliqua son œil à la fente qui divisait la froide paroi du roc.

— Regardez ! dit-il à voix basse, cela en vaut la peine.

Agénor regarda à son tour et tressaillit.

— Hein ! dit Musaron.

— Chut ! fit à son tour Agénor.

XV.

LES BOHÉMIENS.

Ce que nos voyageurs contemplaient avec surprise méritait en effet l'attention que l'un et l'autre y accordaient.

Voici ce que le regard pouvait embrasser par la gerçure du roc :

D'abord, une caverne à peu près semblable à celle dans laquelle nos deux voyageurs se trouvaient ; puis, au centre de cette caverne, deux figures assises ou plutôt accroupies auprès d'un coffret posé sur une pierre plus large que lui ; à l'un des angles de cette pierre, une des deux figures essayait de faire tenir une cire allumée, laquelle, en éclairant la scène, projetait cette lumière qui avait attiré l'attention des voyageurs.

Ces deux figures étaient habillées misérablement, et encapuchonnées de ce voile épais aux couleurs incertaines qui caractérisait les bohémiennes d'alors ; elles furent donc reconnues par Agénor pour deux femmes de cette nation vagabonde ; elles étaient vieilles, à en juger par leur maintien et leurs gestes.

A deux pas d'elles, se tenait une troisième figure, debout

et pensive; mais comme la vacillante lumière de la cire n'éclairait point son visage, il était impossible de dire à quel sexe cette troisième figure appartenait.

Pendant ce temps, les deux premières figures disposaient quelques paquets de hardes en guise de siéges.

Tout cela était pauvre, misérable, déguenillé ; il n'y avait que le coffret qui jurait singulièrement avec toute cette misère, il était d'ivoire tout incrusté d'or.

Sur ces entrefaites, une quatrième figure entra, s'avançant du fond de la grotte, d'abord dans l'ombre, ensuite dans la pénombre, enfin dans la lumière.

Elle s'approcha, s'inclina vers l'une des deux femmes assises, et lui adressa quelques paroles que ni Agénor ni Musaron ne purent entendre.

La bohémienne assise écouta avec attention, puis congédia du geste le nouveau venu.

Agénor remarqua que ce geste était à la fois plein de noblesse et de commandement.

La figure debout suivit, après s'être inclinée, celle qui avait prononcé quelques paroles, et toutes deux disparurent dans les profondeurs de la grotte.

Alors, la femme au geste impérieux se leva à son tour, et posa son pied sur la pierre.

On voyait clairement les actions de tous ces gens, mais on ne pouvait entendre leurs paroles, qui, ainsi que nous l'avons dit, vagissaient dans la grotte en murmures confus.

Les deux femmes bohèmes étaient restées seules.

— Gageons, monseigneur, dit Musaron à voix basse, que ces deux vieilles sorcières ont trois cents ans à elles deux. Ces bohémiens vivent l'âge des corneilles.

— En effet, dit Agénor, elles ne paraissent pas jeunes.

Pendant ce temps, la seconde femme, au lieu de se lever

comme la première, s'était mise à genoux, et commençait de délacer le brodequin de peau de daim qui enveloppait sa jambe jusqu'au dessus de la cheville.

— Ma foi ! dit Agénor, regarde si tu veux, moi, je me retire ; rien n'est laid comme un pied de vieille.

Musaron, plus curieux que son maître, resta, tandis que le chevalier faisait un mouvement en arrière.

— Ma foi ! monsieur, dit-il, je vous assure que celui-ci est moins affreux qu'on ne le croirait. Oh ! mais c'est que tout au contraire, il est charmant. Regardez donc, monsieur, regardez donc.

Agénor se risqua.

— En effet, dit-il, c'est extraordinaire, et la cheville est d'une exquise perfection. Oh ! ce sont de magnifiques races que ces bohèmes.

La vieille alla tremper, dans une eau claire comme le cristal et qui roulait en gouttes de diamans sur un rocher, un linge d'une finesse parfaite, et elle vint laver le pied de sa compagne.

Puis, elle fouilla dans le coffret incrusté d'or, et en tira des parfums dont elle frotta le pied qui faisait l'admiration et surtout l'étonnement des deux voyageurs.

— Des parfums ! des baumes ! voyez-vous, monsieur, voyez-vous ? s'écria Musaron.

— Que veut dire ceci ? murmura Agénor, qui voyait la bohémienne mettre au jour un second pied non moins blanc et non moins délicat que le premier.

— Monsieur, dit Musaron, c'est la toilette de la reine des bohèmes, et tenez, voilà qu'on la déshabille.

En effet, la bohémienne, après avoir lavé, essuyé et parfumé le second pied comme elle avait fait du premier, venait de passer au voile, qu'elle enleva avec toutes les précautions possibles et une expression infinie de respect.

Le voile en tombant, au lieu de mettre à nu les rides d'une centenaire, comme l'avait prédit Musaron, découvrit une charmante figure, aux yeux bruns, à la peau colorée, au nez busqué selon toute la pureté du type ibérique, et les deux voyageurs purent reconnaître une femme de vingt-six ou vingt-huit ans, resplendissante de l'éclat d'une merveilleuse beauté.

Pendant que les deux spectateurs étaient plongés dans l'extase, la vieille bohémienne étendit sur le sol de la caverne un tapis de poil de chameau qui, quoique long d'une dizaine de pieds, eût passé dans la bague d'une jeune fille; il était composé de ce tissu dont les Arabes avaient seuls le secret à cette époque, et qui se fabriquait avec du poil de chameau mort-né. Alors, la première bohémienne posa ses deux pieds nus sur ce magnifique tapis, tandis qu'après lui avoir ôté, comme nous l'avons dit, le voile qui lui couvrait le visage, la vieille bohémienne s'apprêtait à détacher le voile qui lui couvrait le sein.

Tant que ce dernier tissu fut à sa place, Musaron retint son souffle, mais lorsqu'il tomba il ne put s'empêcher de laisser échapper un cri d'admiration.

A ce cri, qui sans doute fut entendu des deux femmes, la lumière s'éteignit, et l'obscurité la plus profonde ensevelit la caverne, noyant dans ses gouffres, pareils à ceux de l'oubli, la réalité de cette scène mystérieuse.

Musaron sentit que son maître lui détachait dans l'ombre un violent coup de pied, qui, par une manœuvre habile exécutée à temps, porta dans la muraille, accompagné de cette énergique apostrophe:

— Animal!

Il comprit ou crut comprendre que c'était en même temps l'ordre de regagner son gîte, et le châtiment de son indiscrétion.

Il alla donc s'étendre dans son manteau, sur le lit de feuilles préparé par ses soins. Au bout de cinq minutes, et lorsqu'il fut bien certain que la lumière ne se rallumerait point, Agénor alla s'étendre près de lui.

Musaron pensa que c'était le moment de se faire pardonner sa faute à force de perspicacité.

— Voilà ce que c'est, dit-il, répondant tout haut à ce que sans doute Agénor se disait tout bas; elles suivaient sans doute de l'autre côté de la montagne un sentier parallèle au nôtre, et elles auront trouvé sur l'autre versant l'ouverture parallèle à celle-ci de cette caverne où nous sommes, et qui est fermée au milieu par une roche, que le caprice de la nature ou quelque fantaisie des hommes aura placée où elle est comme une gigantesque cloison.

— Animal! se contenta de dire une seconde fois Agénor

Cependant, comme cette seconde apostrophe fut prononcée d'un ton plus radouci, l'écuyer y vit une amélioration.

— Maintenant, continua-t-il tout en rendant hommage à son tact infaillible, maintenant, quelles étaient ces femmes? des bohémiennes, sans doute. Ah! oui; mais pourquoi ces parfums, ces baumes, ces pieds nus si blancs, ce visage si beau, et cette gorge si magnifique sans doute que nous allions voir, — lorsque, — imbécile que je suis!...

Musaron se donna un grand soufflet sur une joue.

Agénor ne put s'empêcher de rire, Musaron l'entendit.

— La reine des bohèmes! continua-t-il de plus en plus satisfait de lui-même, ce n'est guère probable, quoique je ne voie guère d'autre explication à cette vision vraiment féerique, que j'ai fait évanouir par ma stupidité... Oh ! animal que je suis !

Et il se donna un second soufflet sur l'autre joue.

Agénor comprit que Musaron, non moins curieux que lui, était atteint d'un repentir véritable, et il se rappela que l'Evangile veut la conversion et non la mort du pécheur.

D'ailleurs, la réparation était suffisante du moment où Musaron en était arrivé à se donner à lui-même, par réflexion, la qualification que lui avait donnée son maître par emportement.

— Que pensez-vous de ces deux femmes, vous, monsieur ? hasarda enfin Musaron.

— Je pense, dit Agénor, que ces habits sordides que dépouillait la plus jeune des deux vont mal à la beauté brillante que nous n'avons malheureusement fait qu'entrevoir.

Musaron poussa un profond soupir.

— Et, continua Agénor, que les baumes et les parfums de la boîte allaient plus mal encore à ces sales habits, ce qui fait que je pense...

Agénor s'arrêta.

— Oh ! que pensez-vous, monsieur ? demanda Musaron : je serais aise, je l'avoue, d'avoir dans cette occurrence l'avis d'un chevalier aussi éclairé que vous.

— Ce qui fait que je pense, continua Agénor, cédant sans y penser, comme maître Corbeau, à la magie de la louange, que ce sont deux voyageuses, dont l'une est riche et de qualité, se rendant dans quelque ville éloignée ; laquelle voyageuse riche et de qualité a pris cet ajustement et imaginé cette ruse pour ne pas tenter l'avarice des larrons ou la lubricité des soldats.

— Attendez donc, monsieur, attendez donc, reprit Musaron, reprenant dans la conversation la place qu'il avait l'habitude d'y tenir; ou bien une de ces femmes comme en vendent les bohémiens, et dont ils soignent la beauté comme les maquignons pansent et parent des chevaux de prix qu'ils mènent de ville en ville.

Décidément Musaron avait, ce soir-là, l'initiative de la pensée et la palme du raisonnement. Aussi Agénor lui rendit-il les armes, donnant à entendre par son silence qu'il se reconnaissait pour battu.

Le fait est qu'Agénor, séduit, comme doit l'être tout homme de vingt-cinq ans, eût-il un amour au fond du cœur, par la vue d'un joli pied et d'un charmant visage, se renfermait en lui-même, assez mécontent au fond de l'âme. Car l'opinion de l'ingénieux Musaron pouvait avoir du bon, et la belle mystérieuse n'être autre chose qu'une aventurière courant les champs à la suite d'une troupe de bohémiens, et dansant admirablement, avec ces adorables petits pieds blancs et délicats, la danse des œufs ou la danse de corde.

Une seule chose venait combattre cette probabilité : c'étaient les respects des hommes et de la femme pour l'inconnue; mais Musaron, dans cette argumentation dont la logique faisait le désespoir du chevalier, avait rappelé certains exemples de bateleurs fort respectueux pour le singe favori de la troupe, ou pour l'acteur principal gagnant la nourriture de la société.

Le chevalier flotta disgracieusement dans ce vague, jusqu'à ce que le sommeil, ce doux compagnon de la fatigue, vînt lui enlever cette faculté de penser dont il usait sans modération depuis quelques heures.

Vers quatre heures du matin, les premiers rayons du

jour vinrent étendre un manteau violet sur les parois de la grotte, et à leur lueur Musaron se réveilla.

Musaron réveilla son maître.

Agénor ouvrit les yeux, rassembla ses esprits et courut à la fente du rocher.

Mais Musaron secoua la tête, ce qui signifiait qu'il y avait été d'abord.

— Plus personne, murmura-t-il, plus personne.

En effet, il faisait assez jour dans la grotte voisine, exposée aux rayons du soleil levant, pour que l'on distinguât les objets; la grotte était évidemment déserte.

La bohémienne, plus matinale que le chevalier, avait déguerpi avec sa suite; coffre, baumes, parfums, tout avait disparu.

Musaron, toujours préoccupé des choses positives, proposa de déjeuner; mais avant qu'il eût développé les avantages de sa proposition, il avait gagné la crête de la montagne, et de la hauteur où il était perché comme un oiseau de proie, il pouvait découvrir les sinuosités de la montagne, et les bleuâtres étendues de la vallée.

Sur une plate-forme, à trois quarts de lieue à peu près de la hauteur où se trouvait Agénor, on pouvait, avec les yeux de l'oiseau dont il tenait la place, découvrir un âne, sur lequel une personne était montée, tandis que les trois autres cheminaient à pied.

Ces quatre personnes qui, malgré la distance, se présentèrent à Agénor avec une certaine exactitude, ne pouvaient guère être autres que les quatre bohémiens, qui, regagnant le chemin que les deux voyageurs avaient pris la veille, paraissaient suivre le sentier indiqué à Musaron comme conduisant à Soria.

— Allons, allons, Musaron! cria-t-il, à cheval et piquons!

Ce sont nos oiseaux de nuit, voyons un peu leur plumage de jour.

Musaron, qui sentait au-dedans de lui-même qu'il avait bien des choses à réparer, amena au chevalier son cheval tout sellé, monta sur le sien, et suivit en silence Agénor qui mit sa monture au galop.

En une demi-heure tous deux furent à trois cents pas des bohémiens, qu'un bouquet d'arbres leur cachait momentanément.

XVI.

LA REINE DES BOHÈMES.

Deux ou trois fois les bohémiens s'étaient retournés, ce qui prouvait que s'ils avaient été vus des deux voyageurs, ils les avaient vus aussi, ce qui avait amené Musaron à émettre, mais avec une timidité qui n'était pas dans ses habitudes, cette opinion qu'une fois qu'on aurait tourné le petit bouquet d'arbres, on ne verrait plus la petite troupe, attendu qu'elle aurait disparu dans quelque chemin connu d'elle seule.

Musaron n'était pas dans une heureuse veine quant aux suppositions, car, le bouquet d'arbres tourné, on vit les bohémiens, qui en apparence du moins, suivaient tranquillement leur route.

Cependant Agénor remarqua un changement qui s'était opéré : la femme qu'il avait vu de loin à âne, et qu'il ne doutait point être la femme aux pieds blancs et au beau visage, cette femme allait à pied, avec ses compagnons, sans qu'elle offrît rien de plus remarquable qu'eux quant à la tournure et quant à la démarche.

— Holà ! cria Agénor, holà ! bonnes gens !

Les hommes se retournèrent, et le chevalier remarqua qu'ils portaient la main à leur ceinture, à laquelle pendait un long coutelas.

— Monseigneur. dit Musaron toujours prudent, avez-vous vu ?

— Parfaitement, répondit Agénor.

Puis, revenant aux bohémiens :

— Oh ! oh ! dit-il, ne craignez rien. Je viens avec d'amicales dispositions, et je suis bien aise de vous le dire en passant, mes braves ; vos coutelas, s'il en était autrement, seraient de pauvres armes offensives contre ma cuirasse et mon écu ; et de pauvres armes défensives contre ma lance et mon épée. Maintenant, ceci posé, où allez-vous, mes maîtres ?

L'un des deux hommes fronça le sourcil et ouvrit la bouche pour répondre quelque dureté ; mais l'autre l'arrêta aussitôt, et tout au contraire, répondit poliment :

— Est-ce pour que nous vous indiquions votre route que vous voulez nous suivre, seigneur ?

— Assurément, dit Agénor, sans compter le désir que nous avons d'être honorés de votre compagnie.

Musaron fit une grimace des plus significatives.

— Eh bien, seigneur, répondit le bohémien poli, nous allons à Soria.

— Merci, cela tombe à merveille ; c'est à Soria aussi que nous allons.

— Malheureusement, dit le bohémien, Vos Seigneuries vont plus plus vite que de pauvres piétons.

— J'ai entendu dire, répondit Agénor, que les gens de votre nation pouvaient lutter de rapidité avec les chevaux les plus vifs.

— C'est possible, reprit le bohémien ; mais non pas quand ils ont deux vieilles femmes avec eux.

Agénor et Musaron échangèrent un coup d'œil, que Musaron accompagna d'une grimace.

— C'est vrai, dit Agénor, et vous voyagez en pauvre équipage. Comment les femmes qui vous accompagnent peuvent-elles supporter une pareille fatigue ?

— Elles y sont accoutumées, senor, et depuis longtemps, car ce sont nos mères ; nous autres bohèmes, nous naissons dans la douleur.

— Ah ! vos mères, dit Agénor, pauvres femmes !

Un instant le chevalier craignit que la belle bohémienne n'eût pris une autre route ; mais presque aussitôt il réfléchit à cette femme qu'il avait vue montée sur l'âne, et qui n'en était descendue qu'en l'apercevant lui-même. La monture était humble, mais enfin elle suffisait à ménager ces petits pieds délicats et parfumés qu'il avait vus la veille.

Ils s'approcha des femmes, elles doublèrent le pas.

— Que l'une de vos mères, dit-il, monte sur l'âne, l'autre montera en croupe derrière moi.

— L'âne est chargé de nos hardes, dit le bohémien, et il en a bien assez comme cela. Quant à votre cheval, senor, votre excellence veut rire sans doute, car c'est une trop noble et trop fringante monture pour une pauvre vieille bohémienne.

Agénor détaillait pendant ce temps les deux femmes, et aux pieds délurés de l'une d'elles il reconnut la chaussure de peau de daim qu'il avait remarquée la veille.

— C'est elle! murmura-t-il, certain, cette fois, de ne plus se tromper.

— Allons, allons, la bonne mère au voile bleu, acceptez l'offre que je vous fais : montez en croupe derrière moi ; et si votre âne porte un poids suffisant, eh bien ! votre compagne montera derrière mon écuyer.

— Merci, senor, répondit la bohémienne avec une voix dont l'harmonie fit disparaître les derniers doutes qui pouvaient rester dans l'esprit du chevalier.

— En vérité, dit Agénor avec un accent d'ironie qui fit tressaillir les deux femmes et remonter jusqu'aux couteaux es mains des deux hommes, en vérité, voilà une douce voix pour une vieille.

— Senor!... dit d'une voix pleine de courroux le bohémien qui n'avait pas encore parlé.

— Oh! ne nous fâchons pas, continua Agénor avec calme. Si je devine à sa voix que votre compagne est jeune, je devine à l'épaisseur de son voile qu'elle est belle, il n'y a point là de quoi jouer des couteaux.

Les deux hommes firent un pas en avant comme pour protéger leur compagne.

— Arrêtez! dit impérieusement la jeune femme.

Les deux hommes s'arrêtèrent.

— Vous avez raison, senor, dit-elle. Je suis jeune, et qui sait, peut-être même suis-je belle. Mais en quoi cela vous intéresse-t-il, je vous le demande, et pourquoi me gêneriez-vous dans mon voyage parce que j'aurais vingt ou vingt-cinq ans de moins que je ne parais!

Agénor, en effet, était resté immobile aux accens de

cette voix qui révélait la femme supérieure habituée au commandement. Ainsi, l'éducation et le caractère de l'inconnue étaient en harmonie avec sa beauté.

— Senora, balbutia le jeune homme, vous ne vous êtes point trompée; je suis chevalier.

— Vous êtes chevalier, soit; mais moi je ne suis pas une senora, je suis une pauvre bohémienne, un peu moins laide peut-être que les femmes de ma condition.

Agénor fit un geste d'incrédulité.

— Avez-vous vu parfois les femmes de seigneurs voyager à pied? demanda l'inconnue.

— Oh! ceci est une mauvaise raison, répondit Agénor, car il n'y a qu'un instant vous étiez sur l'âne.

— D'accord, répondit la jeune femme. mais au moins vous avouerez que mes habits ne sont pas ceux d'une dame de qualité.

— Les dames de qualité se déguisent parfois, madame, lorsque les femmes de qualité ont intérêt à être prises pour des femmes du peuple.

— Croyez-vous, dit la bohémienne, qu'une femme de qualité, habituée à la soie et au velours, consente à enfermer ses pieds dans une pareille chaussure?

Et elle montrait son brodequin de daim.

— Toute chaussure se détache le soir; et le pied délicat fatigué par la marche du jour se délasse en se parfumant.

Si la voyageuse eût eu son voile levé, Agénor eût pu voir le sang lui monter au visage, et le feu de ses yeux resplendir dans un cercle de pourpre.

— Des parfums, murmura-t-elle en regardant sa compagne avec inquiétude, tandis que Musaron, qui n'avait pas perdu un mot du dialogue, souriait sournoisement.

Agénor n'essaya point de la troubler davantage.

— Madame, dit-il, un parfum très doux s'exhale de votre personne ; c'est cela que j'ai voulu dire et pas autre chose.

— Merci du compliment, seigneur chevalier. Mais puisque c'est là ce que vous vouliez me dire et pas autre chose, vous devez être satisfait me l'ayant dit.

— Cela signifie que vous m'ordonnez de me retirer, n'est-ce pas, madame ?

— Cela veut dire que je vous reconnais pour un Français, à votre accent, seigneur, et surtout à vos propos. Or, il est dangereux de voyager avec les Français, quand on n'est qu'une pauvre jeune femme très sensible aux courtoisies.

— Ainsi donc, vous insistez pour que je me sépare de vous ?

— Oui, seigneur, à mon grand regret, mais j'insiste.

Les deux serviteurs, à cette réponse de leur maîtresse, parurent prêts à soutenir cette insistance.

— J'obéirai, senora, dit Agénor ; non pas, croyez-le bien, à cause de l'air menaçant de vos deux compagnons, que je voudrais rencontrer en moins bonne compagnie que la vôtre pour leur apprendre à toucher trop souvent à leurs couteaux, mais à cause de l'obscurité dont vous vous entourez, et qui sert sans doute quelque projet que je ne veux point contrarier.

— Vous ne contrariez aucun projet, ni ne risquez d'éclairer aucune obscurité, je vous jure, dit la voyageuse.

— Il suffit, madame, dit Agénor ; d'ailleurs, ajouta-t-il piqué du peu d'effet produit par sa bonne mine, d'ailleurs la lenteur de votre marche m'empêcherait d'arriver aussi vite qu'il est urgent pour moi de le faire à la cour du roi don Pedro.

— Ah! vous vous rendez près du roi don Pedro? s'écria vivement la jeune femme.

— De ce pas, senora; et je prends congé de vous en souhaitant toutes sortes de prospérités à votre aimable personne.

La jeune femme parut prendre une résolution subite et releva son voile.

Ce grossier encadrement faisait, s'il était possible, ressortir encore la beauté de son visage et l'élégance de ses traits; elle avait le regard caressant et la bouche riante.

Agénor arrêta son cheval qui avait déjà fait un pas en avant.

— Allons, seigneur, dit-elle, on voit bien que vous êtes un délicat et discret chevalier; car vous avez deviné qui je suis peut-être, et cependant vous ne m'avez point persécutée, comme un autre eût fait à votre place.

— Je n'ai point deviné qui vous êtes, madame, mais j'ai deviné qui vous n'étiez pas.

— Eh bien! seigneur chevalier, puisque vous êtes si courtois, dit la belle voyageuse, je vais vous raconter toute la vérité.

A ces mots, les deux serviteurs s'entre-regardèrent avec étonnement; mais souriant toujours, la fausse bohémienne continua :

— Je suis la femme d'un officier du roi don Pedro; et séparée depuis près d'un an de mon mari, qui a suivi le prince en France, j'essaie de le joindre à Soria; or, vous savez que la campagne est tenue par les soldats des deux partis, et je deviendrais une proie importante pour les gens du prétendant; aussi ai-je pris ce déguisement pour leur échapper, jusqu'à ce que j'aie rejoint mon mari, et que l'ayant rejoint, mon mari me puisse défendre.

— A la bonne heure, fit Agénor convaincu cette fois de la véracité de la jeune femme. Eh bien! senora, je vous eusse offert mes services, sans l'exigence de ma mission qui me commande la plus grande célérité.

— Ecoutez, monsieur, dit la belle voyageuse; maintenant que vous savez qui je suis et moi qui vous êtes, j'irai aussi vite que vous le voudrez, si vous voulez me permettre de me placer sous votre protection et de voyager avec votre escorte.

— Ah! ah! dit Agénor; vous avez donc changé d'avis. madame?

— Oui, senor. J'ai réfléchi que je pourrais faire rencontre de gens aussi perspicaces mais moins courtois que vous.

— Alors, madame, comment ferons-nous? A moins que vous n'acceptiez ma première proposition.

— Oh! ne jugez pas ma monture sur sa mine; tout humble qu'il est, mon âne est de race comme votre cheval; il sort des écuries du roi don Pedro, et pourrait soutenir la comparaison avec le plus vite coursier.

— Mais vos gens, madame?

— Votre écuyer ne peut-il prendre en croupe ma nourrice? Mes gens nous suivront à pied.

— Ce qui vaudrait mieux, madame, c'est que vous laissassiez votre âne à vos deux serviteurs, qui s'en serviraient tour à tour, que votre nourrice montât derrière mon écuyer, comme vous dites, et vous derrière moi, comme je vous le propose; de cette façon, nous ferions une troupe respectable.

— Eh bien! ce sera comme vous voudrez, dit la dame.

Et presque aussitôt, en effet, avec la légèreté d'un oiseau, la belle voyageuse s'élança sur la croupe du cheval d'Agénor.

Les deux hommes placèrent à son tour la nourrice derrière Musaron, qui ne riait plus.

Un des deux hommes monta sur l'âne, l'autre le prit par la croupière, dont il se fit un appui, et toute la troupe partit au grand trot.

XVII.

COMMENT AGÉNOR ET LA VOYAGEUSE INCONNUE FIRENT ROUTE ENSEMBLE, ET DES CHOSES QU'ILS SE DIRENT PENDANT LE VOYAGE.

Il est bien difficile à deux êtres jeunes, beaux, spirituels, qui se tiennent embrassés et qui partagent sur la même monture les soubresauts et les inégalités de la route, il est bien difficile, disons-nous, de ne pas entrer promptement en intimité.

La jeune femme commença par des questions ; elle en avait le droit en sa qualité de femme.

— Ainsi, seigneur chevalier, dit-elle, j'avais deviné juste, et vous êtes Français ?

— Oui, madame.

— Et vous allez à Soria ?

— Oh ! cela, vous ne l'avez point deviné. je vous l'ai dit.

— Soit... Offrir vos services au roi don Pedro, sans doute?

Agénor réfléchit, avant de répondre catégoriquement à cette question, qu'il conduisait cette femme jusqu'à Soria, qu'il verrait le roi avant elle, et qu'il n'avait point par conséquent à redouter d'indiscrétion ; d'ailleurs, il avait bien des choses à dire avant que de dire la vérité.

— Madame, dit-il, cette fois vous vous trompez; je ne vais point offrir mes services au roi don Pedro, attendu que j'appartiens au roi Henri de Transtamare, ou plutôt au connétable Bertrand Duguesclin, et je vais porter au roi vaincu des propositions de paix.

— Au roi vaincu ! s'écria la jeune femme avec un accent altier, qu'elle réprima aussitôt et modifia en surprise.

— Sans doute, vaincu, répondit Agénor, puisque son compétiteur est couronné roi à sa place.

— Ah ! c'est vrai, dit négligemment la jeune femme; ainsi, vous allez porter au roi vaincu des paroles de paix ?

— Qu'il fera bien d'accepter, reprit Agénor, car sa cause est perdue.

— Vous croyez?

— J'en suis sûr.

— Pourquoi cela ?

— Parce que mal entouré et surtout mal conseillé comme il est, c'est impossible qu'il résiste.

— Mal entouré?...

— Sans doute : sujets, amis, maîtresse, tout le monde le pille ou le pousse au mal.

— Ainsi ses sujets ?...

— L'abandonnent.
— Ses amis ?...
— Le pillent.
— Et sa maîtresse ?... dit avec hésitation la jeune femme.
— Sa maîtresse le pousse au mal, répondit Agénor.

La jeune femme fronça le sourcil, et quelque chose comme un nuage passa sur son front.

— Vous voulez sans doute parler de la Moresque? demanda-t-elle.
— De quelle Moresque?
— De la nouvelle passion du roi.
— Plaît-il? demanda Agénor, le regard étincelant à son tour.
— N'avez-vous donc pas entendu dire, demanda la jeune femme, que le roi don Pedro est follement amoureux de la fille du More Mothril?
— D'Aïssa ! s'écria le chevalier.
— Vous la connaissez? dit la jeune femme.
— Sans doute.
— Comment ignorez-vous alors que le mécréant infâme est en train de la pousser dans le lit du roi?
— Un moment! s'écria le chevalier en se retournant pâle comme la mort vers sa compagne ; un instant, ne parlez point ainsi d'Aïssa, si vous ne voulez point que notre amitié meure avant d'être née.
— Mais comment voulez-vous que je parle autrement, senor, puisque je dis la vérité? Cette Moresque est ou va devenir la maîtresse avouée du roi, puisqu'il l'accompagne partout, puisqu'il marche à la portière de sa litière, puisqu'il lui donne des concerts, des fêtes, et amène la cour chez elle.

— Vous savez cela ? dit Agénor tout tremblant, car il se rappelait le rapport fait par l'alcade à Musaron ; c'est donc vrai ce voyage de don Pedro aux côtés d'Aïssa ?

— Je sais bien des choses, seigneur chevalier, dit la belle voyageuse, car nous autres gens de la maison du roi, nous apprenons vite les nouvelles.

— Oh ! madame, madame, vous me percez le cœur ! dit tristement Agénor, en qui la jeunesse déployait toute sa fleur, qui se compose des deux substances les plus délicates de l'âme, la crédulité pour entendre, la naïveté pour parler.

— Moi, je vous perce le cœur ! demanda la voyageuse avec étonnement. Est-ce que par hasard vous connaissez cette femme ?

— Hélas ! je l'aime éperdument, madame ! dit le chevalier au désespoir.

La jeune femme fit un geste de compassion.

— Mais elle, reprit-elle, elle ne vous aime donc pas ?

— Elle disait m'aimer. Oh ! il faut que ce traître Mothril ait usé vis-à-vis d'elle de force ou de magie !

— C'est un grand scélérat, dit froidement la jeune femme, qui a déjà fait beaucoup de mal au roi. Mais dans quel but croyez-vous qu'il agisse ?

— C'est bien simple : il veut supplanter dona Maria Padilla.

— Ainsi, à vous aussi, c'est votre avis ?

— Assurément, madame.

— Mais, reprit la voyageuse, on dit dona Maria très éprise du roi ; croyez-vous qu'elle souffre que don Pedro la délaisse ainsi ?

— Elle est femme, elle est faible, elle succombera, comme a succombé dona Bianca ; seulement, la mort de l'une fut un meurtre, la mort de l'autre sera une expiation.

— Une expiation !... Ainsi, selon vous, Maria Padilla a donc quelque chose à expier?

— Je ne parle pas selon moi, madame ; je parle selon le monde.

— Ainsi, à votre avis, on ne plaindra pas Maria Padilla comme on a plaint Blanche de Bourbon ?

— Assurément non ; quoique, lorsqu'elles seront mortes toutes deux, il est probable que la maîtresse aura été aussi malheureuse que l'épouse.

— Alors, vous la plaindrez, vous ?

— Oui, quoique moins que personne je doive la plaindre.

— Et pourquoi cela ? demanda la jeune femme, en fixant sur Agénor ses grands yeux noirs dilatés.

— Parce que c'est elle qui, dit-on, a conseillé au roi l'assassinat de don Frédéric, et que don Frédéric était mon ami.

— Seriez-vous par hasard, demanda la jeune femme, le chevalier franc à qui don Frédéric a donné rendez-vous ?

— Oui, et à qui le chien a apporté la tête de son maître.

— Chevalier ! chevalier ! s'écria la jeune femme en saisissant le poignet d'Agénor, écoutez bien ceci : sur le salut de son âme ! sur la part que Maria Padilla espère dans le paradis, ce n'est pas elle qui a donné le conseil, c'est Mothril !...

— Mais elle a su que le meurtre devait avoir lieu, et elle ne s'y est point opposée.

La voyageuse se tut.

— C'en est assez pour que Dieu la punisse, dit Agénor, ou plutôt elle sera punie par don Pedro lui-même. Qui sait si ce n'est point parce que le sang de son frère a passé entre lui et cette femme qu'il l'aime déjà moins !

— Peut-être avez-vous raison, dit l'inconnue d'une voix sonore ; mais patience ! patience !

— Vous paraissez haïr Mothril, madame ?

— Mortellement.

— Que vous a-t-il fait ?

— Il m'a fait ce qu'il a fait à tout Espagnol : il a éloigné le roi de son peuple.

— Les femmes vouent rarement à un homme, pour une cause politique, une haine pareille à celle que vous paraissez avoir vouée à Mothril.

— C'est que moi aussi j'ai personnellement à m'en plaindre : depuis un mois il m'empêche d'aller retrouver mon mari.

— Comment cela ?

— Il a établi autour du roi don Pedro une telle surveillance, que nul message ou nul messager n'arrive jusqu'à lui ni jusqu'à ceux qui le servent. Ainsi, j'ai dépêché à mon mari deux émissaires qui ne sont pas revenus ; de sorte que j'ignore si je pourrai entrer à Soria, et si vous-même...

— Oh ! moi, j'entrerai, car je viens en ambassadeur.

La jeune femme secoua ironiquement la tête.

— Vous entrerez, s'il le veut, dit-elle d'une voix rauque qu'enflammait une forte émotion intérieure.

Agénor étendit la main et montra l'anneau que lui avait donné Henri de Transtamare.

— Voici mon talisman, dit-il.

C'était une bague d'émeraude dont la pierre était retenue par deux E entrelacés.

— Oui, en effet, dit la jeune femme, peut-être parviendrez-vous à forcer les gardes.

— Si je parviens à forcer les gardes, vous y parviendrez aussi, car vous êtes de ma suite et l'on vous respectera.

— Vous me promettez donc que si vous entrez, j'entrerai avec vous?

— Je vous le jure, foi de chevalier !

— Eh bien! moi je vous adjure, en échange de ce serment, de me dire ce qui peut le plus vous agréer en ce moment !

— Hélas! ce que je désire le plus, vous ne pouvez me l'accorder.

— Dites toujours, qu'importe !

— Je voudrais revoir Aïssa et lui parler.

— Si j'entre dans la ville, vous la verrez et vous lui parlerez.

— Merci ! oh ! je vous serai bien reconnaissant !

— Qui vous dit que ce n'est pas encore pour moi que vous aurez fait le plus ?

— Cependant, c'est la vie que vous me rendez.

— Et vous, vous m'aurez rendu plus que la vie, dit la jeune femme avec un singulier sourire.

Comme en achevant cet échange d'aveux et en ratifiant ce traité d'alliance on arrivait au village où l'on devait s'arrêter, la belle voyageuse sauta lestement à bas du cheval d'Agénor ; et, comme on eût peut-être trouvé singulière cette compagnie de chrétiens et de bohèmes, il fut convenu qu'on se rejoindrait le lendemain sur la route, à une lieue à peu près du village.

XVIII.

LE VARLET.

Le lendemain, quoique le chevalier fût bien matinal, ce fut cependant lui qui, à une lieue du village, trouva les bohémiens déjeunant près d'une fontaine, à la distance convenue de l'endroit qu'il venait de quitter.

On procéda aux mêmes arrangemens que la veille, et l'on se remit en marche dans le même ordre.

La journée se passa en conversations, auxquelles Musaron et la nourrice prirent une part active. Cependant, malgré tout ce que peuvent contenir de gracieux et de varié les entretiens de ces deux importans personnages, nous nous abstiendrons de les rapporter. Musaron, malgré son adresse, n'ayant réussi à savoir de la vieille femme que ce que la jeune avait dit la veille.

Enfin on arriva en vue de Soria.

C'était une ville de second ordre ; mais, à cette époque belliqueuse, les villes de second ordre elles-mêmes étaient entourées de murailles.

— Madame, dit Agénor, voici la ville ; si vous pensez que le More veille comme vous me l'avez dit, ne croyez pas qu'il se borne à des visites aux portes et aux créneaux ;

il doit y avoir des reconnaissances dans la plaine. Je vous engage donc dès à présent à prendre vos précautions.

— J'y songeais, dit la jeune femme en regardant autour d'elle comme pour prendre connaissance des localités, et si vous voulez bien pousser en avant avec votre écuyer, de façon pourtant à ne point aller vite, mes précautions seront prises avant qu'il ne soit un quart d'heure.

Agénor obéit. La jeune femme descendit, emmenant sa nourrice dans l'épaisseur d'un taillis, tandis que les deux hommes gardaient la route.

— Allons, allons, ne tournez point la tête ainsi, seigneur écuyer, et imitez la discrétion de votre maître, dit la nourrice à Musaron, lequel ressemblait à ces damnés du Dante, dont la tête disloquée regarde en arrière tandis qu'ils vont en avant.

Mais, malgré l'invitation, Musaron ne put prendre sur lui de tourner les yeux d'un autre côté, tant sa curiosité était invinciblement éveillée.

C'est qu'en effet il avait vu les deux femmes disparaître, comme nous l'avons dit, dans un massif de châtaigniers et d'yeuses.

— Décidément, monsieur, dit-il à Agénor lorsqu'il fut bien convaincu que ses yeux ne pouvaient percer le voile de verdure dont venaient de s'envelopper les deux femmes ; décidément, j'ai bien peur qu'au lieu d'être de grandes dames, comme nous le supposions d'abord, nos compagnes ne soient que des bohémiennes.

Malheureusement pour Musaron, ce n'était plus l'avis de son maître.

— Vous êtes un bavard enhardi par ma complaisance, dit Agénor ; taisez-vous.

Musaron se tut.

Après quelques minutes d'un pas si lent qu'ils firent à peine un demi quart de lieue, ils entendirent un cri aigre et prolongé : c'était la nourrice qui appelait.

Ils se retournèrent et virent venir à eux un jeune homme vêtu à la mode espagnole, et portant sur l'épaule gauche le petit manteau de varlet des chevaux ; il faisait des signes avec son chapeau pour qu'on l'attendît.

Au bout d'un instant il fut près d'eux.

— Seigneur, me voici, dit-il à Agénor, lequel fort surpris reconnut sa compagne de voyage ; ses cheveux noirs étaient cachés sous une perruque blonde, ses épaules élargies sous le manteau paraissaient appartenir à un jeune garçon plein de santé, sa démarche était hardie, son teint même semblait plus brun depuis que ses cheveux avaient changé de couleur.

— Vous voyez que mes précautions sont prises, continua le jeune homme, et votre varlet pourra, je le pense, entrer sans difficulté dans la ville avec vous.

Et il sauta, avec la légèreté qu'Agénor lui connaissait déjà, derrière Musaron.

— Mais votre nourrice ? demanda le jeune homme.

— Elle restera au village voisin, avec mes deux écuyers, jusqu'à ce que le moment soit venu de les appeler près de moi.

— Alors tout est bien ; entrons en ville.

Musaron et le varlet précédèrent leur maître, qui se dirigea droit vers la principale porte de Soria, que l'on apercevait par delà une avenue de vieux arbres.

Mais ils n'étaient pas arrivés aux deux tiers de cette avenue, qu'ils furent enveloppés par une troupe de Mores, envoyés contre eux par les sentinelles des remparts qui les avaient aperçus.

On interrogea Agénor sur le but de son voyage.

A peine eut-il déclaré que ce but était d'avoir un entretien avec don Pedro, que la troupe les enferma et les conduisit au gouverneur de la porte, officier choisi par Mothril lui même.

— Je viens, dit Agénor, interrogé de nouveau, de la part du connétable Bertrand Duguesclin pour conférer avec votre prince.

A ce nom, que toute l'Espagne avait appris à respecter, 'officier parut inquiet.

— Et quels sont ceux qui vous accompagnent? demanda-t-il.

— Vous voyez bien, mon écuyer et mon varlet.

— C'est bien, demeurez ici, je référerai de votre demande au seigneur Mothril.

— Faites ce que vous voudrez, dit Agénor; mais je vous préviens que ce n'est ni au seigneur Mothril, ni à tout autre que le roi don Pedro que je parlerai d'abord; seulement, prenez garde de poursuivre plus longtemps un interrogatoire dont je m'offenserais.

L'officier s'inclina.

— Vous êtes chevalier, dit-il, et en cette qualité vous devez savoir que la consigne d'un chef est inexorable; je dois donc exécuter ce qui m'est prescrit.

Puis se retournant :

— Qu'on aille prévenir Son Altesse le premier ministre, dit-il, qu'un étranger demande à parler au roi de la part du connétable Duguesclin.

Agénor tourna les yeux vers son varlet, qu'il trouva fort pâle et qui paraissait fort inquiet. Musaron, plus habitué aux aventures, ne tremblait pas pour si peu.

— Compagnon, dit-il à la jeune femme, voici comment

vos précautions vont réussir : vous serez reconnu malgré votre déguisement, et nous serons tous pendus comme vos complices ; mais qu'importe, si cela convient à mon maître !

L'inconnu sourit ; un moment lui avait suffit pour reprendre sa présence d'esprit, ce qui prouvait qu'elle non plus n'était pas tout à fait étrangère aux dangers.

Elle s'assit donc à quelques pas Agénor et parut parfaitement indifférente à ce qui allait se passer.

Les voyageurs, après avoir traversé deux ou trois pièces pleines de gardes et de soldats, se trouvèrent en ce moment dans un de ces corps-de-garde pris dans l'épaisseur d'une tour ; une seule porte y conduisait.

Tous les yeux étaient fixés sur cette porte par laquelle, d'un moment à l'autre, on s'attendait à voir entrer Mothril.

Agénor continua de causer avec l'officier ; Musaron lia conversation avec quelques Espagnols qui lui parlaient du connétable, et de leurs amis au service de don Henri de Transtamare.

Le varlet fut aussi accaparé par les pages du gouverneur, qui l'emmenaient et le ramenaient comme un enfant sans conséquence.

On ne surveillait avec un soin réel que Mauléon ; encore par sa courtoisie avait-il rassuré tout à fait l'officier ; d'ailleurs que pouvait un seul homme contre deux cents !

L'officier espagnol offrit à l'officier français des fruits et du vin ; pour le servir, les gens du gouverneur traversèrent la haie des gardes.

— Mon maître est habitué à ne rien prendre que de ma main, dit le jeune varlet.

Et il escorta les pages jusqu'aux appartemens.

En ce moment, on entendit la sentinelle appeler aux armes, et le cri : Mothril! Mothril! retentit jusqu'au fond du corps-de-garde.

Chacun se leva.

Agénor sentit comme un frisson courir dans ses veines, il baissa sa visière, et à travers le grillage de fer, il chercha des yeux le jeune varlet pour le rassurer ; il n'était plus là.

— Où est donc notre voyageuse ? demanda tout bas Agénor à Musaron.

Celui-ci répondit en français avec le plus grand calme :

— Seigneur, elle vous remercie beaucoup du service que vous lui avez rendu de la faire entrer dans Soria ; elle m'a chargé de vous dire qu'elle en était on ne peut plus reconnaissante, et que vous vous en apercevriez bientôt.

— Que dis-tu là! fit Agénor étonné.

— Ce qu'elle m'a chargé de vous dire en partant.

— En partant!

— Ma foi! oui, dit Musaron, elle est partie ; une anguille glisse moins vivement par les mailles du filet qu'elle n'a passé à travers les gardes du poste. J'ai vu de loin la plume blanche de sa toque fuir dans l'ombre, puis, comme je n'ai rien revu depuis, je présume qu'elle est sauvée.

— Dieu soit loué! dit Agénor, mais tais-toi.

En effet, dans les chambres voisines retentissaient les pas d'un grand nombre de cavaliers.

Mothril entra précipitamment.

— Qu'y a-t-il? demanda le More, en promenant autour de lui un clair et pénétrant regard.

— Ce chevalier, dit l'officier, envoyé par messire Bertrand Duguesclin, connétable de France, veut parler au roi don Pedro.

Mothril s'approcha d'Agénor qui, la visière baissée, semblait une statue de fer.

— Ceci, dit Agénor tirant son gantelet et montrant la bague d'émeraude que lui avait remise le prince comme signe de reconnaissance.

— Qu'est-ce que ceci ? demanda Mothril.

— Une bague d'émeraude qui vient de dona Éléonore, mère du prince.

Mothril s'inclina.

— Que voulez-vous, alors ?

— Je le dirai au roi.

— Vous désirez voir Son Altesse ?

— Je le veux.

— Vous parlez haut, chevalier.

— Je parle au nom de mon maître le roi don Henri de Transtamare.

— Alors, vous attendrez dans cette forteresse.

— J'attendrai. Mais je vous préviens que je n'attendrai pas longtemps.

Mothril sourit avec ironie.

— Soit, seigneur chevalier, dit-il, attendez donc.

Et il sortit, après avoir salué Agénor, dont les yeux sortaient comme des rayons de flammes à travers le treillage de fer de son casque.

— Bonne garde, dit tout bas Mothril à l'officier, ce sont des prisonniers importans et dont vous me répondez.

— Qu'en ferai-je ?

— Je vous le dirai demain ; en attendant, qu'il ne communique avec personne, entendez-vous ?

L'officier salua.

— Décidément, dit Musaron avec le plus grand calme, je

crois que nous sommes perdus, et que cette boîte de pierres nous servira de cercueil.

— Quelle magnifique occasion j'avais d'étrangler le mécréant! s'écria Agénor; si je n'avais été ambassadeur, murmura-t-il.

— Inconvénient des grandeurs, dit philosophiquement Musaron.

XXXVII.

LA BRANCHE D'ORANGER.

Agénor et son écuyer passèrent, dans la prison provisoire où ils étaient enfermés, une nuit très mauvaise : l'officier, obéissant aux ordres de Mothril, n'avait point reparu.

Mothril comptait revenir le lendemain matin; prévenu au moment où il allait accompagner le roi don Pedro à une fête de taureaux, il avait toute la nuit pour songer à ce qu'il avait à faire ; puis, si rien n'était arrêté dans son esprit, un second interrogatoire déciderait du sort de l'ambassadeur et de son écuyer.

Il était possible encore que l'envoyé du connétable fût autorisé par Mothril à parvenir jusqu'à don Pedro; mais, dans ce cas, c'est que Mothril, par un moyen quelconque, aurait pénétré le but de sa mission.

Le grand secret des improvisateurs en politique est en général de savoir d'avance les matières sur lesquelles ils auront à improviser.

En quittant les deux prisonniers, Mothril prit donc le chemin de l'amphithéâtre où, comme nous l'avons dit, le roi don Pedro donnait à sa cour le spectacle d'une course de taureaux. Ce spectacle, que les rois donnaient ordinairement de jour, avait lieu la nuit, ce qui doublait sa magnificence; trois mille flambeaux de cire parfumée éclairaient l'arène.

Aïssa, assise à la droite du roi et entourée de courtisans, qui adoraient en elle le nouvel astre en faveur, Aïssa regardait sans voir et écoutait sans entendre.

Le roi, sombre et préoccupé, interrogeait le visage de la jeune fille, pour y lire cette espérance que lui donnait sans cesse l'immuable pâleur de ce front si pur et la fixité monotone de ces yeux aux flammes voilées.

Quant à don Pedro, quant au cœur indomptable, quant à ce tempérament fougueux, il ressemblait au coursier contenu par le mors, et dont l'impatience éclate en tressaillemens dont les spectateurs cherchent en vain la cause.

Puis tout à coup son front s'obscurcissait.

C'est que, tout en contemplant la jeune fille aux traits glacés, il songeait à l'ardente maîtresse qu'il avait laissée à Séville ; à cette Maria Padilla, que Mothril lui disait infidèle et changeante comme la fortune, et qui par son silence donnait raison aux suppositions de Mothril ; il y avait une double souffrance dans cette froideur présente d'Aïssa, et dans cet amour passé de dona Maria.

Alors en songeant à cette femme, pour laquelle il avait

eu une adoration telle qu'on attribuait cette adoration à la magie, un soupir amer s'exhalait de sa poitrine et faisait courber comme un souffle d'orage tous les fronts des courtisans attentifs.

Ce fut dans un de ces momens que Mothril entra dans la loge royale et s'assura par un coup d'œil investigateur de la situation des esprits.

Il comprit la tempête qui grondait dans le cœur de don Pedro, il devina que la froideur d'Aïssa en était la cause, et l adressa un regard de menace et de haine à la jeune fille, qui demeura parfaitement calme, quoiqu'elle eût parfaitement compris.

— Ah! te voilà, Mothril, dit le roi; tu arrives mal, je m'ennuie.

L'intonation avec laquelle ces mots avaient été prononcés lui donnait presque la sonorité farouche du rugissement.

— J'apporte des nouvelles à Votre Altesse, dit Mothril.

— Importantes!

— Sans doute; dérangerais-je mon roi pour des bagatelles?

— Parle, alors.

Le ministre se pencha à l'oreille de don Pedro:

— Il s'agit, dit-il, d'une ambassade que vous enverraient les Français.

— Voyez donc, Mothril, dit le roi sans paraître avoir entendu ce que disait le More, voyez donc comme Aïssa se déplaît à la cour. En vérité, je crois que vous feriez bien de envoyer cette jeune femme dans son pays d'Afrique, qu'elle regrette si fort.

— Votre Altesse se trompe, dit Mothril; Aïssa est née à Grenade, et, ne connaissant pas son pays, qu'elle n'a jamais vu, elle ne peut le regretter.

— Regrette-t-elle quelque autre chose? demanda don Pedro en pâlissant.

— Je ne le crois pas.

— Mais alors, si l'on ne regrette rien, l'on se conduit autrement qu'elle ne le fait ; on parle, on rit, on vit à seize ans ; en vérité elle est morte cette jeune fille.

— Rien n'est grave, vous le savez, sire, rien n'est chaste et réservé comme une jeune fille d'Orient ; car je vous l'ai dit, quoique née à Grenade, elle est du plus pur sang du Prophète ; Aïssa porte sur le front une rude couronne, c'est celle du malheur, elle ne peut donc avoir ce sourire dégagé, cette verbeuse hilarité des femmes d'Espagne ; n'ayant jamais entendu ni rire, ni parler, elle ne peut faire ce que font les Espagnoles, c'est-à-dire renvoyer l'écho d'un bruit qu'elle ne connaît pas.

Don Pedro se mordit les lèvres et fixa son œil ardent sur Aïssa.

— Un jour ne change pas une femme, continua Mothril, et celles qui gardent longtemps leur dignité gardent longtemps leur affection. Dona Maria s'est presque offerte à vous, ainsi dona Maria vous a oublié.

Au moment où Mothril prononçait ces paroles, une branche de fleurs d'oranger, lancée des galeries supérieures, tomba sur les genoux de don Pedro, avec l'aplomb d'une flèche qui touche son but.

Les courtisans crièrent à l'insolence ; quelques-uns se penchèrent en avant pour voir d'où venait l'envoi.

Don Pedro ramassa le rameau ; un billet y était attaché. Mothril fit un mouvement pour s'en emparer ; mais don Pedro étendit la main.

— C'est à moi et non à vous que ce billet est adressé.

A la seule vue de l'écriture, il jeta un cri ; aux premières lignes qu'il lut, son visage s'éclaira.

Mothril suivait avec anxiété les effets de cette lecture.

Tout à coup don Pedro se leva.

Les courtisans se levèrent prêts à accompagner le roi.

— Restez, dit don Pedro ; le spectacle n'est pas fini ; je désire que vous restiez.

Mothril, ne sachant que penser de cet événement inattendu, fit un pas pour suivre son maître.

— Restez ! dit le roi, je le veux.

Mothril, rentré dans la loge, se perdit avec les courtisans en conjectures sur cet événement si étrange.

Il fit chercher de tous côtés l'auteur du téméraire envoi ; mais les recherches furent inutiles.

Cent femmes avaient à la main des rameaux d'oranger et de fleurs ; nul ne put donc lui dire d'où partait ce billet.

En rentrant au palais, Mothril interrogea la jeune Arabe ; mais Aïssa n'avait rien vu, rien remarqué.

Il essaya de pénétrer chez don Pedro ; la porte était fermée pour tout le monde.

Le More passa une nuit terrible : pour la première fois, un événement de haute importance échappait à sa sagacité ; sans pouvoir appuyer cette crainte sur aucune probabilité, ses pressentimens lui disaient que son influence venait de recevoir une rude atteinte.

Mothril n'avait point encore fermé l'œil, quand don Pedro le fit appeler ; il fut introduit dans les appartemens les plus reculés du palais.

Don Pedro sortit de sa chambre pour venir au devant du ministre, et en sortant, il ferma la portière avec soin.

Le roi était plus pâle que d'habitude, mais ce n'était point le chagrin qui lui donnait cette apparence de fatigue ; au contraire, un sourire d'intime satisfaction errait sur ses lèvres, et il y avait quelque chose de plus doux et de plus joyeux que d'habitude dans son regard.

Il s'assit en faisant un signe de tête amical à Mothril, et cependant le More crut remarquer sur son visage une fermeté étrangère à ses relations avec lui.

— Mothril, dit-il, vous m'avez parlé hier d'une ambassade envoyée par les Français.

— Oui, monseigneur, dit le More, mais comme vous ne m'avez pas répondu, je n'ai pas cru devoir insister.

— D'ailleurs, vous n'étiez pas pressé de m'avouer, n'est-ce pas, reprit don Pedro, que vous les aviez fait enfermer cette nuit dans la tour de la Porte-Basse !

Mothril frissonna.

— Comment savez-vous, seigneur ?... murmura-t-il.

— Je sais, voilà tout, et c'est l'important. Quels sont ces étrangers?

— Des Francs, à ce que je pense.

— Et pourquoi les enfermez-vous, puisqu'ils se disent ambassadeurs ?

— Ils se disent, c'est le mot, reprit Mothril, à qui un instant avait suffi pour reprendre son sang-froid.

— Et vous, vous dites le contraire, n'est-ce pas?

— Pas précisément, sire, car j'ignore si en effet...

— Dans le doute, vous ne deviez pas les arrêter.

— Alors, Votre Altesse ordonne ?...

— Qu'on me les amène ici à l'instant même.

Le More recula.

— Mais il est impossible... dit-il.

— Par le sang de Notre-Seigneur ! leur serait-il arrivé quelque chose? demanda don Pedro.

— Non, seigneur.

— Alors, hâtez-vous de réparer votre faute, car vous avez violé le droit des gens.

Mothril sourit. Il savait le respect que le roi don Pedro avait, dans ses haines, pour ce droit des gens, qu'il invoquait à cette heure.

— Je ne permettrai pas, dit-il, que mon roi se livre sans défense au danger qui le menace.

— Ne craignez rien pour moi, Mothril, dit don Pedro frappant du pied, craignez pour vous!

— Je n'ai rien à craindre, n'ayant rien à me reprocher, dit le More.

— Rien à vous reprocher, Mothril? rappelez bien vos souvenirs.

— Que veut dire Votre Altesse?

— Je veux dire que vous n'aimez point les ambassadeurs, pas plus ceux qui viennent du côté de l'Occident que ceux qui viennent du côté de l'Orient.

Mothril commença de concevoir quelque inquiétude; peu à peu l'interrogatoire prenait une tournure menaçante; mais comme il ne savait encore de quel côté allait venir l'attaque, il se tut et attendit.

Le roi continua :

— C'est la première fois que vous arrêtez les messagers que l'on m'envoie, Mothril?

— La première fois! répondit le More, jouant le tout pour le tout; il en est venu cent peut-être, et je n'en ai jamais laissé passer un seul.

Le roi se leva furieux.

— Si j'ai failli, continua le More, en écartant du palais de mon roi des assassins gagés par Henri de Transtamare ou par le connétable Bertrand Duguesclin, si j'ai sacrifié quelques innocens, parmi tant de coupables, ma tête est là pour payer la faute de mon cœur.

Le roi se rassit, et en s'asseyant, il dit :

— C'est bien, Mothril ; en faveur de l'excuse que vous me donnez, et qui peut être vraie, je vous pardonne ; mais que cela n'arrive plus, et que tout messager qui me sera adressé m'arrive, entendez-vous ! qu'il vienne de Burgos ou de Séville, peu importe. Quant aux Français, ils sont ambassadeurs réellement, je le sais ; je veux, en conséquence, les traiter en ambassadeurs. Qu'on les fasse donc sortir à l'instant même de la tour, qu'on les conduise, avec les honneurs dus à leur caractère, dans la plus belle maison de la ville ; demain, je les recevrai en audience solennelle dans la grande salle du palais. Allez !

Mothril baissa la tête, et sortit écrasé par la surprise et l'effroi.

XX.

L'AUDIENCE.

Agénor et son fidèle écuyer se lamentaient chacun à sa façon.

Musaron faisait adroitement remarquer à son maître qu'il avait prédit ce qui était arrivé.

Agénor répondait que, sachant ce qui allait arriver, il n'en avait pas moins dû courir la chance.

Ce à quoi Musaron répondait que certains ambassadeurs avaient été vus accrochés à des potences, plus hautes, peut-être, mais certainement non moins désagréables que de plus petites.

Ce à quoi Mauléon ne trouvait rien à répondre.

On connaissait la justice expéditive de don Pedro : quand on fait aussi peu de cas de la vie des hommes, on agit toujours vite.

Les deux prisonniers se livraient donc à ces lugubres pensées, et Musaron examinait déjà les pierres du mur, pour s'assurer si quelqu'une ne se prêtait point à être descellée, lorsque Mothril apparut sur le seuil de la tour, suivi d'une escorte de capitaines qu'il laissa à la porte.

Si vite qu'il eût paru, Agénor avait eu le temps de baisser la visière de son casque.

— Français, dit Mothril, réponds-moi et ne mens pas, si toutefois tu peux parler sans mentir.

— Tu juges les autres d'après toi, Mothril, dit Agénor, qui, tout en désirant ne pas aggraver sa position par un élan de colère, répugnait, surtout d'instinct, à se laisser insulter par l'homme qu'il haïssait le plus au monde.

— Que veux-tu dire, chien ? fit Mothril.

— Tu m'appelles chien, parce que je suis chrétien ; alors ton maître est un chien aussi, n'est-ce pas ?

La riposte atteignit le More.

— Qui te parle de mon maître et de sa religion ? dit-il ; ne mêle pas son nom au tien, et ne crois pas lui ressembler parce qu'il adore le même Dieu que toi.

Agénor s'assit en haussant les épaules.

— Est-ce pour me dire toutes ces misères que tu es venu, Mothril? demanda le chevalier.

— Non, j'ai d'importantes questions à te faire.

— Voyons, fais.

— Avoue d'abord comment tu t'y es pris pour correspondre avec le roi.

— Avec quel roi? demanda Agénor.

— Je n'en reconnais qu'un seul, envoyé des rebelles, et c'est le roi, mon maître.

— Don Pedro? Tu me demandes comment j'ai pu correspondre avec don Pedro?

— Oui.

— Je ne comprends pas.

— Nies-tu avoir demandé audience au roi?

— Non, puisque c'est à toi-même que j'ai fait cette demande.

— Oui, mais ce n'est pas moi qui ai transmis cette demande au roi... et cependant...

— Et cependant?... répéta Agénor.

— Il connaît ton arrivée.

— Ah! fit Agénor avec une stupéfaction qui eut pour écho le : Ah! beaucoup plus accentué encore de Musaron.

— Ainsi, tu ne veux rien m'avouer? dit Mothril.

— Que veux-tu que je t'avoue?

— Par quel moyen d'abord tu as correspondu avec le roi?

Agénor haussa une seconde fois les épaules.

— Demande à nos gardes, dit-il.

— Ne crois pas rien obtenir du roi, chrétien, si tu n'as d'abord mon assentiment.

— Ah! dit Agénor, je verrai donc le roi.

— Hypocrite! fit Mothril avec rage.

— Bon! cria Musaron, nous n'aurons pas besoin de trouer le mur, à ce qu'il paraît.

— Silence! dit Agénor.

Puis, se retournant vers Mothril :

— Eh bien! dit-il, puisque je parlerai au roi, nous verrons, Mothril, si mes paroles ont si peu de poids que tu le supposes.

— Avoue ce que tu as fait pour que le roi ait su ton arrivée, dis-moi les conditions auxquelles tu viens proposer la paix, et tu auras tout mon appui.

— A quoi bon acheter un appui dont ta colère même prouve en ce moment que je puis me passer? dit Agénor en riant.

— Montre-moi ton visage au moins, s'écria Mothril, inquiet de ce rire et du son de cette voix.

— Devant le roi tu me verras, dit Agénor; au roi, je parlerai à cœur et visage découverts.

Tout à coup, Mothril se frappa le front et regarda autour de la chambre :

— Tu avais un page? dit-il.

— Oui.

— Qu'est-il devenu?

— Cherche, demande, interroge, c'est ton droit.

— C'est pour cela que je te questionne.

— Entendons-nous : c'est ton droit sur tes officiers, tes soldats, tes esclaves, mais pas sur moi.

Mothril se retourna vers sa suite :

— Il y avait un page avec le Français, dit-il; qu'on s'informe de ce qu'il est devenu.

Il y eut un instant de silence tandis que les recherches se faisaient ; chacun des trois personnages attendait le résultat de ces recherches avec un aspect différent. Mothril, agité, se promenait devant la porte comme une sentinelle devant son poste, ou plutôt comme une hyène dans sa loge. Agénor, assis, attendait avec l'immobilité et le silence d'une statue de fer. Musaron, attentif à toutes choses, demeurait muet comme son maître, mais dévorait des yeux le More.

La réponse fut que le page avait disparu depuis la veille, et n'avait pas reparu depuis.

— Est-ce vrai ? demanda Mothril à Agénor.

— Dame! fit le chevalier, ce sont des hommes de ta croyance qui le disent. Les infidèles mentent-ils donc aussi?

— Mais pourquoi a-t-il fui?

Agénor comprit tout.

— Pour aller dire au roi, sans doute, que son maître était arrêté, répondit-il.

— On ne parvient pas jusqu'au roi, quand Mothril veille autour du roi, répondit le More.

Puis, tout à coup se frappant le front :

— Oh! la fleur d'oranger ! dit-il. Oh ! le billet !

— Décidément le More devient fou, dit Musaron.

Tout à coup Mothril parut se rasséréner. Ce qu'il venait de découvrir était moins terrible sans doute que ce qu'il avait craint d'abord.

— Eh bien ! dit-il, soit; je te félicite de l'adresse de ton page ; l'audience que tu désirais t'est accordée.

— Et pour quel jour?

— Pour demain, répondit Mothril.

— Dieu soit loué! dit Musaron.

— Mais prends garde, continua le More, s'adressant au

chevalier, que ton entrevue avec le roi n'ait pas l'heureux dénoûment que tu espères.

— Je n'espère rien, dit Agénor; je remplis ma mission, voilà tout.

— Veux-tu un conseil? dit Mothril en donnant à sa voix une expression presque caressante.

— Merci, dit Agénor, je ne veux rien de toi.

— Pourquoi cela?

— Parce que je ne reçois rien d'un ennemi.

A son tour, le jeune homme prononça ces paroles avec un tel accent de haine que le More en frissonna.

— C'est bien, dit-il; adieu, Français.

— Adieu, infidèle, dit Agénor.

Mothril sortit : il savait en somme ce qu'il désirait savoir; le roi avait été instruit, mais par une voix peu redoutable. Ce n'était pas ce qu'il avait craint d'abord.

Deux heures après cette entrevue, une garde imposante vint prendre Agénor au seuil de la tour, et le conduisit, avec de grandes marques de respect, à une maison située sur la place de Soria.

De vastes appartemens, aussi somptueusement meublés qu'il avait été possible de le faire, étaient préparés pour recevoir l'ambassadeur.

— Vous êtes ici chez vous, seigneur envoyé du roi de France, dit le capitaine commandant l'escorte.

— Je ne suis pas l'envoyé du roi de France, dit Agénor, et je ne mérite pas d'être traité comme tel. Je suis l'envoyé du connétable Bertrand Duguesclin.

Mais le capitaine se contenta de répondre au chevalier par un salut et se retira.

Musaron faisait le tour de chaque chambre, inspectant

les tapis, les meubles, les étoffes, et disant à chaque inspection :

— Décidément, nous sommes mieux ici qu'à la tour.

Pendant que Musaron passait sa revue, le grand gouverneur du palais entra, et demanda au chevalier s'il lui plaisait de faire quelques préparatifs pour paraître devant le roi.

— Aucun, dit Agénor; j'ai mon épée, mon casque et ma cuirasse ; c'est la parure du soldat, et je ne suis qu'un soldat envoyé par son capitaine.

Le gouverneur sortit en ordonnant aux trompettes de sonner.

Un instant après, on amena à la porte un superbe cheval, couvert d'une housse magnifique.

— Je n'ai pas besoin d'un autre cheval que le mien, dit Agénor ; on me l'a pris, qu'on me le rende : voilà tout ce que je désire.

Dix minutes après, le cheval d'Agénor lui était rendu.

Une foule immense bordait l'intervalle, d'ailleurs très court, qui séparait la maison d'Agénor du palais du roi. Le jeune homme chercha à retrouver, parmi les femmes entassées au balcon, sa compagne de voyage, qu'il connaissait si bien. Mais ce fut une vaine prétention à laquelle il renonça bien vite.

Toute la noblesse fidèle à don Pedro formait un corps de cavalerie rangé dans la cour d'honneur du palais. C'était un spectacle éblouissant que celui de ces armes couvertes d'or.

A peine Agénor eut-il mis pied à terre, qu'il se trouva quelque peu embarrassé. Les événemens s'étaient succédé avec tant de rapidité, qu'il n'avait pas encore eu le temps de songer à sa mission, persuadé qu'il était que sa mission ne s'accomplirait pas.

Sa langue semblait collée à son palais, il n'avait pas une idée précise dans l'esprit. Toutes ses pensées flottaient vagues, indécises, et se heurtant comme les nuées dans les jours brumeux de l'automne.

Son entrée dans la salle d'audience fut celle d'un aveugle à qui la vue revient tout à coup sous un ardent rayon de soleil, qui illumine pour lui un nuage d'or, de pourpre et de panaches mouvans.

Tout à coup, une voix vibrante retentit, voix qu'il reconnaissait pour l'avoir entendue, une nuit dans le jardin de Bordeaux, un jour dans la tente de Caverley.

— Sire, chevalier, dit cette voix, vous avez désiré parler au roi, vous êtes devant le roi.

Ces paroles fixèrent les yeux du chevalier sur le point qu'ils devaient embrasser. Il reconnut don Pedro. A sa droite était une femme assise et voilée, à sa gauche était Mothril debout.

Mothril était pâle comme la mort; il venait de reconnaître dans le chevalier l'amant d'Aïssa.

Cette inspection avait été rapide comme la pensée.

— Monseigneur, dit Agénor, je n'ai jamais cru un seul instant que je fusse arrêté par les ordres de Votre Seigneurie.

Don Pedro se mordit les lèvres.

— Chevalier, dit-il, vous êtes Français, et, par conséquent, peut-être ignorez-vous que lorsqu'on parle au roi d'Espagne on l'appelle Sire et Altesse.

— En effet, j'ai eu tort, dit le chevalier en s'inclinant, vous êtes roi à Soria.

— Oui, roi à Soria, reprit don Pedro, en attendant que celui qui a usurpé ce titre ne soit plus roi ailleurs.

— Sire, dit Agénor, ce n'est point heureusement sur ces hautes questions que j'ai à discuter avec vous. Je suis venu de la part de don Henri de Transtamare, votre frère, vous proposer une bonne et loyale paix, dont vos peuples ont si grand besoin, et dont vos cœurs de frères se réjouiront aussi.

— Sire chevalier, dit don Pedro, si vous êtes venu pour discuter ce point avec moi, dites-nous alors pourquoi vous venez me proposer aujourd'hui ce que vous m'avez refusé il y a huit jours?

Agénor s'inclina.

— Altesse, dit-il, je ne suis point juge entre Vos puissantes Seigneuries ; je rapporte les paroles qu'on m'a dites, voilà tout. Je suis une voie qui s'étend de Burgos à Soria, d'un cœur de frère à un autre cœur.

— Ah ! vous ne savez pas pourquoi l'on m'offre aujourd'hui la paix, dit don Pedro. Eh bien ! moi, je vais vous le dire.

Il se fit, en attendant les paroles du roi, un profond silence dans l'assemblée ; Agénor profita de ce moment pour reporter de nouveau les yeux sur la femme voilée et sur le More. La femme voilée était toujours muette et immobile comme une statue. Le More était pâle et changé, comme si en une nuit il eût souffert toutes les douleurs qu'un homme peut atteindre en toute une vie.

— Vous m'offrez la paix au nom de mon frère, dit le roi, parce que mon frère veut que je la refuse, et sait que je la refuserai aux conditions que vous allez me faire.

— Sire, dit Agénor, Votre Altesse ignore encore quelles sont ces conditions.

— Je sais que vous venez m'offrir la moitié de l'Espagne ; je sais ce que vous venez me demander des ôtages, au nombre desquels doit être mon ministre Mothril et sa famille.

Mothril, de pâle qu'il était, devint livide ; son œil ardent semblait vouloir lire jusqu'au fond du cœur de don Pedro, pour s'assurer s'il persévérerait dans son refus.

Agénor tressaillit, il ne s'était ouvert de ses conditions à personne, excepté à la bohémienne, à laquelle il en avait dit quelques mots.

— En effet, dit-il, Votre Altesse est bien instruite, quoique je ne sache pas comment et par qui elle a pu l'être.

En ce moment, sans affectation et d'un mouvement naturel, la femme assise auprès du roi leva son voile brodé d'or et le rejeta sur ses épaules.

Agénor faillit pousser un cri d'effroi ; dans cette femme qui siégeait à la droite de don Pedro, il venait de reconnaître sa compagne de voyage.

Le sang afflua à son visage, il comprit d'où le roi tenait les renseignemens qui lui avaient épargné la peine d'exposer les conditions de la paix.

— Sire chevalier, dit le roi, apprenez ceci de ma bouche, et répétez-le à ceux qui vous ont envoyé : quelles que soient les conditions que l'on me propose, il y en a une que je repousserai toujours ; c'est celle de partager mon royaume, attendu que mon royaume est à moi, et que je veux être libre d'en disposer à mon gré ; vainqueur, j'offrirai à mon tour des conditions.

— Alors son Altesse veut donc la guerre ? demanda Agénor.

— Je ne la veux pas, je la subis, répondit don Pedro.

— C'est la volonté immuable de Votre Altesse ?

— Oui.

Agénor détacha lentement son gantelet d'acier, et le jeta dans l'espace qui le séparait du roi.

— Au nom de Henri de Transtamare, roi de Castille, dit-il, j'apporte ici la guerre.

Le roi se leva au milieu d'un grand murmure et d'un effroyable froissement d'armes.

— Vous avez fidèlement rempli votre mission, sire chevalier, dit-il ; il nous reste à faire loyalement notre devoir de roi. Nous vous offrons vingt-quatre heures d'hospitalité dans notre ville, et s'il vous convient, notre palais sera votre demeure, notre table sera la vôtre.

Agénor, sans répondre, fit un profond salut au roi, et en relevant la tête, il jeta les yeux sur la femme assise aux côtés du roi.

Elle le regardait en souriant avec douceur. Il lui sembla même qu'elle appuyait son doigt sur ses lèvres comme pour lui dire :

— Patience ! Espérez !

XXI.

LE RENDEZ-VOUS.

Malgré cette espèce de promesse tacite dont Agénor, d'ailleurs, ne se rendait pas bien compte, il sortit de l'audience dans un état d'anxiété facile à décrire. Tout ce qui demeurait vraisemblable pour lui, sans aucun doute, c'est que cette bohémienne inconnue, avec laquelle il avait familièrement voyagé, n'était autre que la célèbre Maria Padilla.

La résolution de don Pedro, qui, pour éclater, n'avait pas même attendu ses paroles, n'était pas ce qui l'inquiétait le plus; car, au bout du compte, don Pedro avait su la veille ce qu'il n'aurait dû savoir que le lendemain; voilà tout. Mais Agénor se souvenait encore d'avoir livré à la bohémienne son plus cher, son plus intime secret : l'amour d'Aïssa.

Une fois la jalousie de cette femme terrible éveillée contre la pauvre Aïssa, qui pouvait savoir où s'arrêterait la frénésie qui avait déjà sacrifié tant de têtes innocentes?

Toutes ces funèbres pensées, éveillées à la fois dans l'esprit d'Agénor, l'empêchèrent de remarquer les foudroyans regards de Mothril et des nobles Mores, que la proposition faite au nom de Henri de Transtamare avait blessés à la fois dans leur orgueil et dans leurs intérêts.

Vif et brave comme il l'était, le chevalier franc n'eût probablement pas conservé en face de leurs provocantes œillades tout le calme et toute l'impassibilité nécessaires à un ambassadeur.

Au moment où il allait peut-être les remarquer et y répondre, une autre distraction lui survint. A peine était-il hors du palais et avait-il dépassé la haie des gardes qui l'entouraient, qu'une femme, enveloppée d'un long voile lui toucha le bras avec un signe mystérieux pour l'engager à la suivre.

Agénor hésita un instant; il savait de combien de piéges don Pedro et sa vindicative maîtresse entouraient leurs ennemis, quelle fertilité de moyens ils développaient lorsqu'il s'agissait d'une vengeance; mais en ce moment, le chevalier, tout bon chrétien qu'il fût, se sentit un peu crédule à cette fatalité des Orientaux, qui ne laisse pas à l'homme son libre arbitre, et lui enlève ainsi, — n'est-ce pas un bonheur parfois? — et lui enlève ainsi la faculté de prévoir et de repousser le mal.

Le chevalier étouffa donc toute crainte; il se dit qu'il luttait depuis assez longtemps, qu'il était bon d'en finir d'une façon ou de l'autre, et que si le destin avait fixé cette heure pour sa dernière heure elle serait la bienvenue.

Il suivit donc la vieille, qui traversa ce grand concours de peuple, le même dans toutes les grandes villes, et qui, certaine sans doute de ne pas être reconnue, enveloppée comme elle l'était, s'achemina tout droit vers la maison qui avait été donnée comme logis au chevalier.

Sur le seuil de cette maison, Musaron attendait.

Une fois entré, ce fut Agénor qui guida la vieille jusqu'à la chambre la plus reculée. La vieille, à son tour, le suivait, et Musaron, se doutant qu'il allait se passer quelque chose de nouveau, fermait la marche.

La vieille une fois entrée, leva son voile, et Agénor et son écuyer reconnurent la nourrice de la bohémienne.

Après tout ce qui venait de se passer au palais, cette apparition n'étonna aucunement Agénor; mais Musaron, dans son ignorance, poussa un cri de surprise.

— Seigneur, dit la vieille, dona Maria Padilla veut causer avec vous, et désire, en conséquence, que vous vous rendiez ce soir au palais. Le roi passe en revue les troupes nouvellement arrivées, pendant ce temps dona Maria sera seule, peut-elle compter sur vous? La viendrez-vous voir?

— Mais, dit Agénor, qui ne pouvait afficher pour dona Maria les bons sentimens qu'il n'avait point, pourquoi dona Maria désire-t-elle me voir?

— Croyez-vous, seigneur chevalier, que ce soit un bien grand malheur d'être choisi par une femme comme dona Maria pour lui venir parler secrètement? dit la nourrice avec ce sourire complaisant des vieilles servantes du Midi.

— Non, dit Agénor; mais je l'avoue, j'aime les rendez-vous en plein air, les endroits où l'espace ne manque point, et où un homme puisse aller avec son cheval et sa lance.

— Et moi avec mon arbalète, dit Musaron.

La vieille sourit à ces marques d'inquiétude.

— Je vois, dit-elle, qu'il faut que j'accomplisse mon message jusqu'au bout.

Et elle tira de son aumônière un petit sachet renfermant une lettre.

Musaron, à qui en pareille circonstance le rôle de lecteur appartenait toujours, s'empara du papier et lut :

« Ceci, chevalier, est un gage de sécurité donné par votre
» compagne de voyage. Venez me trouver à l'heure et au
» lieu que vous dira ma nourrice, afin que nous parlions
» d'Aïssa. »

A ces mots, Agénor tressaillit, et comme le nom de la maîtresse est la religion de l'amant, ce nom d'Aïssa parut une sauvegarde solennelle à Agénor, et il s'écria aussitôt qu'il était prêt à suivre la nourrice partout où elle voudrait aller.

— En ce cas, dit-elle, rien n'est plus simple, et j'attendrai Votre Seigneurie ce soir à la chapelle du château. Cette chapelle est publique aux officiers de notre seigneur le roi, mais à huit heures du soir on ferme les portes. Vous entrerez à sept heures et demie, et vous vous cacherez derrière l'autel.

— Derrière l'autel ! dit Agénor en secouant la tête, avec ses préjugés de l'homme du nord, je n'aime pas le rendez-vous donné derrière un autel.

— Oh ! ne craignez rien, dit naïvement la vieille ; Dieu ne s'offense point en Espagne de ces petites profanations dont il a l'habitude. D'ailleurs vous ne resterez pas longtemps à attendre ; derrière cet autel est une porte par laquelle, de ses appartemens, le prince et les personnes de sa maison peuvent se rendre à la chapelle. Cette porte, je l'ouvrirai pour vous, et vous disparaîtrez, sans qu'on vous voie, par ce chemin inconnu.

— Sans qu'on vous voie. Hum ! hum ! fit en français Musaron, cela sent terriblement le coupe-gorge, seigneur Agénor, qu'en dites-vous ?

— Ne crains rien, répliqua le chevalier dans la même langue ; nous avons la lettre de cette femme, et quoique signée de son nom de baptême seulement, c'est une garantie. S'il m'arrivait malheur, tu retournerais avec cette lettre près du connétable et de don Henri de Transtamare ; tu expliquerais mon amour, mes malheurs, la ruse dont on se serait servi pour m'attirer dans le piége ; et, je les connais tous deux, il serait tiré des traîtres une vengeance qui ferait frémir l'Espagne.

— Très bien, repartit Musaron ; mais en attendant vous n'en seriez pas moins égorgé.

— Oui ; mais si c'est réellement pour me parler d'Aïssa que dona Maria me demande ?...

— Monsieur, vous êtes amoureux, c'est-à-dire que vous êtes fou, répondit Musaron, et un fou a toujours raison, là surtout où il extravague. Pardonnez-moi, monsieur, mais c'est la vérité. Je me rends, allez là-bas.

Et l'honnête Musaron soupira profondément en achevant cette péroraison.

— Mais, au fait, reprit-il tout à coup, pourquoi n'irais-je pas avec vous, moi ?

— Parce qu'il y a une réponse à porter au roi de Castille, don Henri de Transtamare, dit le chevalier, et que, moi mort, toi seul peux redire le résultat de ma mission.

Et Agénor raconta succinctement et clairement à l'écuyer la réponse de don Pedro.

— Mais au moins, dit Musaron, qui ne se tenait point pour battu, je puis veiller autour du palais.

— Pourquoi faire ?

— Pour vous défendre, corps de Saint-Jacques ! s'écria

l'écuyer, pour vous défendre avec mon arbalète, qui jettera bas une demi-douzaine de ces visages jaunes, tandis que vous en abattrez une autre demi-douzaine avec votre épée. Ce sera toujours une douzaine d'infidèles de moins, ce qui ne peut nuire à notre salut.

— Mon cher Musaron, dit Agénor, fais-moi au contraire le plaisir de ne point te montrer. Si l'on me tue, les murs de l'alcazar seuls en sauront quelque chose ; mais écoute, continua-t-il avec la confiance des cœurs droits : je crois n'avoir point insulté cette dona Maria Padilla, elle ne peut donc m'en vouloir, peut-être même lui ai-je rendu service ?

— Oui, mais le More, mais le seigneur Mothril, vous l'avez insulté suffisamment, lui, n'est-ce pas, ici et ailleurs ? Or, si je ne me trompe, il est gouverneur du palais, et pour vous donner une idée de ses bonnes dispositions à votre égard, c'est lui qui voulait vous faire arrêter aux portes de la ville et jeter dans une cave. Ce n'est pas la favorite qu'il faut craindre, j'en conviens, mais c'est le favori.

Agénor était quelque peu superstitieux, il entremêlait volontiers la religion de ces sortes de capitulations de conscience à l'usage des amoureux ; il se retourna vers la vieille en disant :

— Si elle sourit, j'irai.

La vieille souriait.

— Retournez près de dona Maria, dit le chevalier à la nourrice, c'est chose convenue ; ce soir, à sept heures, je serai à la chapelle.

— Bien, et moi j'attendrai avec la clef de la porte, répondit celle-ci. Adieu, seigneur Agénor ; adieu, gracieux écuyer.

Musaron hocha la tête, la vieille disparut.

— Maintenant, dit Agénor en se retournant vers Musaron, pas de lettres pour le connétable, on pourrait t'arrêter et te les prendre. Tu lui diras que la guerre est résolue, qu'il faut commencer les hostilités ; tu as notre argent, tu t'en serviras pour aller aussi vite que possible.

— Mais vous, seigneur ?... car enfin il faut bien supposer que vous ne serez pas tué.

— Moi, je n'ai besoin de rien. Si je suis trahi, j'ai fait le sacrifice d'une vie de fatigues et de déceptions, dont je suis las. Si dona Maria, au contraire, me protége, elle me fera trouver chevaux et guides. Pars, Musaron, pars à l'instant même, les yeux sont fixés sur moi et non sur toi ; on sait que je reste, c'est tout ce qu'il faut. Pars, ton cheval est bon et ton courage est grand. Quant à moi, je passerai le reste du jour en prières. Va !

Ce projet, tout aventureux qu'il était, une fois adopté, était sage, selon la situation. Aussi Musaron cessa-t-il de le discuter, non par courtoisie pour son maître, mais par conviction.

Musaron partit un quart d'heure après la résolution prise, et sortit sans difficulté de la ville. Agénor se mit en prières, comme il l'avait dit, et à sept heures et demie il se dirigea vers la chapelle.

La vieille l'attendait ; elle lui fit signe de se hâter, et elle ouvrit la petite porte, entraînant avec elle le chevalier.

Après une longue enfilade de corridors et de galeries, Agénor entra dans une salle basse à demi éclairée, et autour de laquelle régnait une terrasse couverte de fleurs.

Sous une espèce de dais une femme était assise avec une esclave, qu'elle renvoya aussitôt qu'elle vit le chevalier.

La vieille se retira aussi par discrétion, aussitôt qu'elle eut introduit le chevalier.

— Merci de votre exactitude, dit dona Maria à Mauléon. Je savais bien que vous étiez généreux et brave. J'ai voulu vous remercier après vous avoir fait en apparence une perfidie.

Agénor ne répondit rien. C'était pour parler d'Aïssa qu'on l'avait appelé et qu'il était venu.

— Approchez-vous, dit dona Maria. Je suis tellement attachée au roi don Pedro, que j'ai dû prendre ses intérêts en blessant les vôtres ; mais mon excuse est dans mon amour, et vous qui aimez, vous devez me comprendre.

Maria se rapprochait du but de l'entrevue. Agénor, néanmoins, se contenta de s'incliner, et resta muet.

— Maintenant, continua Maria, que mes affaires sont faites, nous allons parler des vôtres, seigneur chevalier.

— Desquelles ? demanda Agénor.

— De celles qui vous intéressent le plus vivement.

Agénor, à la vue de ce sourire franc, de ce geste gracieux, de cette éloquence toute cordiale, se sentit désarmé.

— Voyons, asseyez-vous là, dit l'enchanteresse en lui indiquant de la main une place auprès d'elle.

Le chevalier fit ce qu'on lui ordonnait.

— Vous m'avez cru votre ennemie, dit la jeune femme ; cependant il n'en est rien, et la preuve, c'est que je suis prête à vous rendre des services égaux au moins à ceux que vous m'avez rendus.

Agénor la regarda étonné. Maria Padilla reprit :

— Sans doute, n'avez-vous pas été pour moi un bon défenseur pendant le chemin, un bon conseiller indirect?

— Bien indirect, dit Agénor, car j'ignorais complétement à qui je parlais.

— Je n'en ai pas moins réussi à servir le roi, grâce aux renseignemens que vous m'avez donnés, ajouta Maria Padilla en souriant : cessez donc de nier que vous m'ayez été utile.

— Eh bien ! je l'avouerai, madame... Mais quant à vous...

— Vous ne me croyez point capable de vous servir. Oh ! chevalier, vous suspectez ma reconnaissance !

— Peut-être en auriez-vous le désir, madame, je ne dis pas le contraire.

— J'en ai le désir et la possibilité. Admettez, par exemple, que vous soyez retenu à Soria.

Agénor tressaillit.

— Je puis, moi, continua Maria, faciliter votre sortie de la ville.

— Ah ! madame, dit Agénor, en agissant ainsi, vous servez les intérêts du roi don Pedro autant que les miens ; car vous empêchez qu'on ne taxe le roi de trahison et de lâcheté.

— J'admettrais cela, répondit la jeune femme, si vous étiez un simple ambassadeur inconnu à tous, et si vous fussiez venu pour accomplir une mission toute politique, et ne pouvant exciter la haine ou la défiance que chez le roi ; mais cherchez bien, n'avez-vous pas quelqu'autre ennemi à Soria, quelque ennemi tout personnel ?

Agénor se troubla visiblement.

— Ne comprendriez-vous point, si cela était, poursuivit dona Maria, que cet ennemi, si vous en avez un, ne consultant pas le roi, ne s'inquiétant que de son ressentiment privé, vous tendît un piège en se vengeant sur vous, sans que le roi fût pour rien dans cette vengeance? Ce qui serait facile à prouver à vos compatriotes, dans le cas où on en viendrait à une explication. Car, rappelez-vous-le bien, chevalier, vous êtes ici autant pour veiller à vos intérêts privés qu'à ceux de don Henri de Transtamare.

Agénor laissa échapper un soupir.

— Ah ! je crois que vous m'avez comprise, dit Maria. Eh bien ! si j'écartais de vous le danger qui peut vous menacer en cette rencontre ?...

— Vous me conserveriez la vie, madame, et c'est pour beaucoup un grand intérêt que celui de la conservation ; mais quant à moi, je ne sais si j'en serais bien reconnaissant à votre générosité.

— Pourquoi ?

— Parce que je ne tiens pas à la vie.

— Et vous ne tenez pas à la vie...

— Non, dit Agénor, en secouant la tête.

— Parce que vous avez quelque grand chagrin, n'est-ce pas ?

— Oui, madame.

— Et si je connaissais ce chagrin ?

— Vous ?

— Si je vous en montrais la cause ?

— Vous ? vous pourriez me dire... vous pourriez me faire voir...

Maria Padilla se dirigea vers la tenture de soie qui fermait la terrasse.

— Voyez ! dit-elle en écartant cette tenture.

On apercevait en effet une terrasse inférieure séparée de la première par des massifs d'orangers, de grenadiers et de lauriers roses. Sur cette terrasse, au milieu des fleurs, et baignée dans la poudre d'or d'un soleil couchant, une femme se balançait dans un hamac de pourpre.

— Eh bien ? dit dona Maria.

— Aïssa ! s'écria Mauléon en joignant les mains avec extase.

— La fille de Mothril, je crois, dit dona Maria.

— Oh ! madame, s'écria Mauléon, dévorant du regard l'espace qui le séparait d'Aïssa. Oui, là ! là ! vous avez raison ; là est le bonheur de ma vie !

— En effet, si près, dit en souriant dona Maria, et si loin !

— Vous railleriez-vous de moi, senora ? demanda Agénor avec inquiétude.

— Dieu m'en préserve, seigneur chevalier ! Je dis seulement que dona Aïssa est en ce moment l'image du bonheur. Souvent il semble qu'on n'ait qu'à étendre la main pour le toucher, et l'on est séparé par quelque obstacle invisible, mais insurmontable.

— Hélas ! je le sais : elle est surveillée, gardée.

— Enfermée, seigneur franc, enfermée par de bonnes grilles aux fortes serrures.

— Si je pouvais au moins attirer son attention ! s'écria Agénor, la voir, me faire voir d'elle !

— Ce serait donc déjà un grand bonheur pour vous ?

— Suprême !

— Eh bien ! je veux vous le procurer. Dona Aïssa ne vous a pas vu ; elle vous verrait même que sa douleur n'en serait que plus grande, car pour les amans, c'est une triste ressource que de se tendre les bras, et de confier un baiser à l'air. Faites mieux, seigneur chevalier.

— Oh! que faut-il que je fasse? dites, dites, madame; ordonnez, ou plutôt conseillez-moi.

— Voyez-vous cette porte? dit dona Maria en montrant une sortie placée sur la terrasse même; en voici la clef, la plus grande des trois clefs passées dans cet anneau; vous n'avez qu'à descendre un étage; un long corridor, pareil à celui que vous avez suivi pour venir ici, aboutit au jardin de la maison voisine, dont les arbres apparaissent au niveau de la terrasse de dona Aïssa. Ah! vous commencez à comprendre, je crois...

— Oui, oui, dit Mauléon, dévorant les paroles à mesure qu'elles sortaient de la bouche de dona Maria.

— Ce jardin, continua celle-ci, est fermée d'une grille dont voici la clef près de la première. Une fois là, vous pouvez vous rapprocher encore de dona Aïssa, car vous pouvez parvenir jusqu'au pied de la terrasse où elle se balance en ce moment; seulement, le mur de cette terrasse est à pic, il est impossible de l'escalader; mais du moins pourrez-vous, une fois là, appeler votre maîtresse et lui parler.

— Merci! merci! s'écria Mauléon.

— Vous êtes déjà plus satisfait, tant mieux! dit dona Maria l'arrêtant; toutefois, il y a danger à converser ainsi à distance, on peut être entendu. Je vous dis cela bien que Mothril soit absent; il accompagne le roi à la revue des troupes qui nous arrivent d'Afrique, et il ne rentrera qu'à neuf heures et demie au moins ou à dix heures, et il en est huit.

— Une heure et demie! Oh! madame, donnez vite, donnez-moi cette clef, je vous en supplie.

— Oh! il n'y a pas de temps de perdu. Laissez s'éteindre ce dernier rayon de soleil qui rougit encore le couchant;

c'est l'affaire d'une minute ou deux. Puis, voulez-vous que je vous dise ?... ajouta-t-elle en souriant.

— Dites.

— Je ne sais comment séparer cette clef de la troisième, car cette troisième, qui avait été donnée par Mothril au roi don Pedro lui-même, j'ai eu bien de la peine à me la procurer.

— Au roi don Pedro ! dit Agénor tout frissonnant.

— Oui, reprit Maria. Figurez-vous que cette troisième clef ouvre la porte qui conduit à un escalier fort commode, lequel aboutit lui-même à la terrasse où rêve à vous sans doute en ce moment Aïssa.

Agénor poussa un cri de folle joie.

— De sorte, continua dona Maria, que cette porte une fois fermée sur vous, vous serez libre de converser une heure et demie avec la fille de Mothril, et cela sans crainte d'être importunés. Car si l'on vient, et l'on ne peut venir que par la maison, vous aurez votre retraite sûre et ouverte de ce côté.

Agénor tomba à genoux et dévora de baisers la main de sa protectrice.

— Madame, dit-il, demandez-moi ma vie le jour où elle pourra vous être utile, et je vous la donnerai.

— Merci, gardez-la pour votre maîtresse, seigneur Agénor. Le soleil est disparu, dans quelques instans il fera nuit sombre, vous n'avez qu'une heure. Allez, et ne me compromettez pas près de Mothril.

Agénor s'élança par le petit escalier de la terrasse et disparut.

— Seigneur Franc, lui cria dona Maria tandis qu'il fuyait, dans une heure on vous tiendra votre cheval prêt à la porte de la chapelle; mais que Mothril ne se doute de rien, ou nous serions perdus tous deux.

— Dans une heure, je le jure, répondit la voix déjà lointaine du chevalier.

XXII.

L'ENTREVUE.

C'était en effet Aïssa qui, pensive et seule, se tenait sur la terrasse inférieure du palais attenant aux appartemens de son père et aux siens, et qui, nonchalante et rêveuse comme une vraie fille d'Orient, aspirait la brise du soir et poursuivait du regard les derniers rayons du soleil.

Lorsque le soleil fut couché, sa vue s'égara sur les jardins magnifiques de l'Alcazar, cherchant par-delà les murailles, par-delà les arbres, ce qu'elle avait cherché par-delà l'horizon, tant que l'horizon avait existé. Cette idée, ce souvenir vivace, qui ne tient compte ni des lieux, ni des temps, et qu'on appelle amour, c'est-à-dire éternel espoir.

Elle rêvait aux campagnes de France, plus vertes et plus touffues sinon plus parfumées; à ces riches jardins de Bordeaux, dont les ombrages protecteurs avaient abrité la plus douce scène de sa vie; et comme en toute chose à laquelle il s'arrête, l'esprit humain cherche une analogie riste ou joyeuse, elle songeait en même temps au jardin de Séville, où pour la première fois elle avait vu de près Agénor, lui avait parlé, avait touché sa main, qu'à présent elle brûlait de serrer encore.

Il y a des abîmes dans la pensée des amans. Comme dans l'esprit des fous, les extrêmes s'y croisent avec l'incohérente rapidité des songes, et le sourire de la jeune fille qui aime se résout parfois, comme celui d'Ophélie, en larmes amères et en sanglots déchirans.

Aïssa, toute subjuguée par ses souvenirs, sourit, soupira, versa des larmes.

Elle en était aux larmes et peut-être allait passer aux sanglots, quand un pas précipité retentit dans l'escalier de pierre.

Elle crut que Mothril, déjà de retour, se hâtait, comme il faisait quelquefois, de la venir surprendre au milieu de ses plus doux rêves, comme si, chez cet homme clairvoyant jusqu'à la magie, une intelligence veillait, pareille à un flambeau infernal, pour éclairer toutes choses à l'entour de lui, et ne lui laissait d'obscur que sa pensée, immuable, profonde et toute-puissante.

Et cependant il lui semblait que ce pas n'était point celui de Mothril, que ce bruit venait d'un côté opposé à celui par lequel venait Mothril.

Alors elle songea en frissonnant au roi; au roi qu'elle avait complétement cessé de craindre, et par conséquent oublié depuis l'arrivée de dona Maria. Cet escalier par lequel venait le bruit était celui que Mothril avait ménagé comme un passage secret à son souverain.

Elle se hâta donc, non pas de sécher ses larmes, ce qui

eût senti la dissimulation vulgaire, ce qui eût été au-dessous de sa fière pensée, mais de chasser un souvenir trop doux en présence de l'ennemi qui allait s'offrir à ses yeux ; si c'était Mothril, elle avait sa volonté ; si c'était don Pedro, elle avait son poignard.

Puis, elle affecta de tourner le dos à la porte, comme si rien d'heureux ou de menaçant ne pouvait parvenir à elle en l'absence d'Agénor, préparant son oreille à entendre la dure parole en harmonie avec le pas sinistre qui l'avait déjà fait frémir.

Soudain, elle sentit autour de son cou deux bras armés de fer ; elle poussa un cri de colère et de dégoût ; mais ses lèvres furent closes par deux lèvres avides. Alors, à la sensation dévorante qui passa dans ses veines, plus encore qu'au regard qu'elle jeta sur lui, elle reconnut Agénor agenouillé sur le marbre à ses pieds.

A peine put-elle étouffer le second cri de joie qui s'exhala de sa bouche et dégonfla son cœur. Elle se leva, toujours enlacée à son amant, et forte comme la jeune panthère qui traîne sa proie dans les broussailles de l'Atlas, elle emmena, elle emporta pour ainsi dire Agénor dans l'escalier, qui déroba dans son ombre mystérieuse la joie des deux amans.

La chambre aux longs stores d'Aïssa venait aboutir au pied de cet escalier ; elle s'y réfugia dans les bras de son amant, et comme la lumière des cieux était absorbée par les épaisses tentures, comme nul bruit ne traversait les murailles tapissées, on n'entendit pendant quelques instans que des baisers dévorans et des soupirs de flamme perdus dans les longues tresses noires d'Aïssa, qui s'étaient dénouées dans l'étreinte, et qui les enveloppaient tous deux comme un voile.

Étrangère à nos mœurs européennes, ignorant l'art de doubler les désirs par la défense, Aïssa s'était livrée à son amant, comme avait dû se livrer la première femme, sous l'empire de l'instinct, et avec l'abandon et l'entraînement d'un bonheur qu'on sent être soi-même le suprême bonheur.

— Toi ! toi ! murmurait-elle enivrée ; toi, dans le palais du roi don Pedro ! toi, rendu à mon fol amour ! Oh ! les jours sont trop longs dans l'absence, et Dieu a deux mesures pour le temps : les minutes où je te vois et qui passent comme l'ombre ; les jours où je ne te vois pas et qui sont des siècles.

Puis, leurs deux voix se perdirent dans un doux et long baiser.

— Oh ! tu es donc à moi ! s'écria enfin Agénor. Que m'importe la haine de Mothril, que m'importe l'amour du roi ! Je puis mourir maintenant.

— Mourir ! dit Aïssa les yeux humides et les lèvres frémissantes ; mourir ! Oh ! non, tu ne mourras pas, mon bien-aimé. Je t'ai sauvé à Bordeaux et te sauverai encore ici. Quant à l'amour du roi, regarde comme mon cœur est petit, comme il soulève une imperceptible partie de ma poitrine. Crois-tu que dans ce cœur tout rempli de toi, ne battant que pour toi, il y ait place même pour l'ombre d'un autre amour?

— Oh ! Dieu me garde de pouvoir penser un instant que mon Aïssa m'oublie, dit Agénor. Mais là où la persuasion échoue, la violence est parfois toute-puissante. N'as-tu pas entendu raconter l'aventure de Lénor de Ximénès, à qui la brutalité du roi n'a laissé d'autre asile qu'un couvent !

— Lénor de Ximénès n'était point Aïssa, seigneur. 11

n'en serait donc point, je te le jure, de l'une comme de l'autre.

— Tu te défendrais, je le sais bien, mais en te défendant, tu mourrais peut-être !

— Eh bien ! ne m'aimerais-tu pas mieux morte qu'appartenant à un autre ?

— Oh ! oui ! oui ! s'écria le jeune homme en la serrant sur son cœur. Oh ! oui, meurs, meurs s'il le faut ! mais ne sois qu'à moi !

Et il l'enveloppa de nouveau dans ses bras avec un mouvement d'amour qui ressemblait presque à de la terreur.

La nuit qui déjà brunissait les murailles extérieures, avait dans la chambre enlevé toute forme aux objets : comment, dans cette obscurité pleine de paroles d'amour et d'haleines brûlantes, comment ne pas se brûler de ce feu qui dévore sans éclairer, pareil à ces flammes terribles qui vivent sous les ondes.

Pendant un long espace de temps, le silence de la mort ou celui de l'amour régna dans la chambre où venaient de retentir deux voix, et de se heurter deux cœurs aux battemens confondus.

Agénor s'arracha le premier de ce bonheur ineffable, il ceignit son épée dont le fourreau de fer résonna sur le marbre.

— Que fais-tu ! s'écria la jeune fille en saisissant le bras du chevalier.

— Tu l'as dit, répondit Agénor, le temps a deux mesures ; des minutes pour le bonheur, des siècles pour le désespoir. Je pars.

— Tu pars, mais tu m'emmènes, n'est-ce pas ? mais nous partons ensemble ?

Le jeune homme se dégagea avec un soupir des bras de sa maîtresse.

— Impossible, dit-il.

— Comment, impossible?

— Oui, je suis venu ici avec le titre sacré d'ambassadeur, c'est lui qui me protége; je ne puis le violer.

— Mais moi! s'écria Aïssa, moi, je ne te quitte point.

— Aïssa, dit le jeune homme, je viens au nom du bon connétable; je viens au nom de Henri de Transtamare, qui m'ont confié, l'un, les intérêts de l'honneur français; l'autre, les intérêts du trône castillan; que diraient-ils quand ils verraient qu'au lieu de remplir cette double mission, je ne me suis occupé que des intérêts de mon amour?

— Qui le leur dira! Qui t'empêche de me cacher à tous les yeux!

— Il faut que je retourne à Burgos. Il y a trois journées de chemin de Soria à Burgos.

— Je suis forte, habituée aux marches rapides.

— Tu as raison; car la marche des cavaliers arabes est rapide, plus rapide que ne pourra l'être la nôtre. Dans une heure, Mothril s'apercevra de ton évasion; dans une heure, il sera à notre poursuite, Aïssa; je ne puis regagner Burgos en fugitif.

— Oh! mon Dieu! mon Dieu! nous séparer encore, dit Aïssa.

— Cette fois, du moins, la séparation sera courte, je te le jure. Laisse-moi m'acquitter de ma mission, laisse-moi rejoindre le camp de don Henri, laisse-moi dépouiller l'emploi dont il m'a chargé, laisse-moi redevenir Agénor, le cavalier franc qui t'aime, qui n'aime que toi, que ne vit que pour toi, et alors, je te le jure, Aïssa, sous un déguisement quelconque, fût-ce sous celui d'un Infidèle, je reviens à toi, et cette fois, c'est moi qui t'emmène de force, si tu ne veux pas venir.

— Non! non! dit Aïssa, d'aujourd'hui seulement a commencé ma vie; jusqu'aujourd'hui, je ne vivais pas, car je ne t'appartenais pas; d'aujourd'hui, je ne pourrais vivre sans toi; comme autrefois, je ne pourrais plus soupirer et pleurer en attendant; non, je rugirais, je me déchirerais dans ma douleur : d'aujourd'hui, je suis ta femme! Eh bien! meurent tous ceux qui s'opposeront à ce que la femme suive son époux!

— Et quoi! même notre protectrice, Aïssa! même cette femme généreuse qui m'a guidé jusqu'à toi, même cette pauvre Maria Padilla, sur laquelle Mothril se vengerait? Et tu sais de quelle façon se venge Mothril!

— Oh! mon âme s'en va, murmura la jeune fille en pâlissant; car elle sentait qu'une force supérieure, celle de la raison, la détachait de son amant. Mais laisse-moi te rejoindre; j'ai deux mules si rapides qu'elles dépassent à la course les plus rapides chevaux. Tu m'indiqueras un endroit où je puisse t'attendre ou te rejoindre; et, sois, tranquille, je te rejoindrai.

— Aïssa, nous revenons au même but par un autre chemin, impossible! impossible!

La jeune fille se laissa glisser sur ses deux genoux. La fière Moresque était aux pieds d'Agénor, priant, suppliant.

En ce moment, le son triste et plaintif d'une guzla traversa les airs au-dessus de leurs têtes en imitant le cri d'un ami inquiet qui appelle; tous deux tressaillirent.

— D'où vient ce bruit? dit Aïssa.

— Je devine, moi, dit Agénor; viens, viens.

Tous deux remontèrent sur la terrasse.

Les yeux d'Agénor se portèrent aussitôt vers la terrasse de Maria.

L'ombre était épaisse, mais cependant, à la sombre clarté des étoiles, les deux jeunes gens purent distinguer une robe blanche penchée sur le parapet et tournée de leur côté.

Seulement peut-être eussent-ils pu rester dans le doute de savoir si c'était un fantôme ou si c'était une femme. Mais au même instant la vibration de la corde sonore retentit dans la même direction.

— Elle m'appelle, murmura Agénor; elle m'appelle, tu l'entends.

— Venez! venez! cria, comme venant du ciel, la voix assourdie de dona Maria.

— L'entends-tu, Aïssa? l'entends-tu? fit Agénor.

— Oh! je ne vois rien, je n'entends rien, balbutia la jeune fille.

En même temps retentirent les trompettes, qui, d'habitude, escortaient le roi à sa rentrée au palais

— Grand Dieu! s'écria Aïssa transformée tout à coup en femme inquiète et faible; ils viennent; fuis, mon Agénor, fuis!

— Encore un adieu, fit Agénor.

— Un dernier peut-être, murmura la jeune fille en appuyant ses lèvres sur les lèvres de son amant.

Et elle poussa le jeune homme dans l'escalier.

Son pas n'avait pas cessé de retentir, que celui de Mothril se faisait entendre; et la porte qui conduisait chez Maria Padilla se refermait à peine, que celle de la chambre d'Aïssa s'ouvrait.

XXIII.

LES PRÉPARATIFS DE LA BATAILLE.

Trois jours après les événemens que nous venons de raconter, Agénor, par la même route qu'il avait suivie en venant, avait rejoint Musaron, et rendait compte de sa mission à Henri de Transtamare.

Nul ne se dissimulait les dangers qu'avait courus Agénor dans l'accomplissement de sa mission d'ambassadeur. Aussi, le connétable le remercia, le loua, et lui enjoignit de prendre place à côté des plus braves Bretons, sous la bannière que portait Sylvestre de Budes.

De tous côtés, on se préparait à la guerre. Le prince de Galles avait obtenu passage sur les terres du roi de Navarre, et il avait rejoint don Pedro, lui amenant une bonne armée pour joindre à ses belles troupes d'Afrique.

De leur côté, les aventuriers anglais, ralliés décidément à don Pedro, se proposaient de bons coups contre les Bretons et les Gascons, leurs ennemis acharnés.

Il va sans dire que les plans téméraires, et partant les

plus lucratifs, fermentaient dans la tête de notre ami, messire Hugues de Caverley.

Henri de Transtamare n'était point en arrière de tous ces préparatifs belliqueux. Il avait été joint par ses deux frères, don Tellez et don Sanche, leur avait confié un commandement, et marchait à petites journées au devant de son frère don Pedro.

On sentait par toute l'Espagne cette ardeur fébrile qui passe pour ainsi dire dans l'air et qui précède les grands événemens. Musaron, toujours prévoyant et philosophe à la fois, exhortait son maître à manger le plus fin gibier et à boire le meilleur vin, pour être plus fort dans la bataille et se faire d'autant plus d'honneur.

Enfin Agénor, livré à lui-même, rendu plus amoureux que jamais par la possession d'un instant, combinait tous les moyens possibles et impossibles de se rapprocher d'Aïssa, de l'enlever, afin de ne pas être obligé d'attendre cet événement si chanceux d'une bataille, où l'on arrive fier et fort, mais d'où l'on peut sortir fuyard ou blessé à mort.

A cet effet, des libéralités de Bertrand, il avait acheté deux chevaux arabes, que Musaron dressait chaque jour à faire de longues traites et à supporter la faim et la soif.

Enfin on apprit que le prince de Galles venait de dépasser les défilés et d'entrer dans la plaine. Il se porta, avec l'armée qu'il avait amené de la Guyenne, près de la ville de Vittoria, à peu de distance de Navarette.

Il avait trente mille cavaliers et quarante mille fantassins. C'était à peu près une force égale à celle que commandait don Pedro.

De son côté, Henri de Transtamare avait sous ses ordres soixante mille hommes de pied et quarante mille chevaux.

Bertrand, campé à l'arrière-garde avec ses Bretons, laissait les Espagnols faire leurs rodomontades, et célébrer déjà de part et d'autre la victoire que ni l'un ni l'autre n'avait encore gagnée.

Mais il avait ses espions, qui lui rapportaient jour par jour ce qui se faisait dans l'armée de don Pedro, et même dans celle de don Henri ; mais il savait tous les projets de Caverley lui-même au moment où la féconde imagination de l'aventurier les enfantait.

Il savait en conséquence que le digne capitaine, affriandé par les captures de rois qu'il avait déjà faites, s'était offert au prince de Galles pour terminer d'un seul coup la guerre.

Son plan était on ne peut plus simple, c'était celui de l'oiseau de rapine qui plane si haut dans les airs qu'il est invisible, qui fond tout à coup sur sa proie, et l'enlève dans ses serres au moment où elle s'y attend le moins.

Messire Hugues de Caverley se liguait avec Jean Chandos, le duc de Lancastre, et une partie de l'avant-garde anglaise, donnait inopinément sur le quartier de don Henri, l'enlevait, lui et sa cour, faisait ainsi d'un seul coup vingt rançons, dont une seule eût suffi à la fortune de six aventuriers.

Le prince de Galles avait accepté ; il n'avait rien à perdre et tout à gagner au marché qu'on lui proposait.

Malheureusement, messire Bertrand Duguesclin avait, comme nous l'avons dit, des espions qui lui rapportaient tout ce qui se faisait dans l'armée ennemie.

Plus malheureusement encore, il avait contre les Anglais, en général, une vieille rancune de Breton, et contre messire Caverley en particulier, une haine toute neuve.

Il recommanda donc à ses espions de ne pas s'endormir

un seul instant, ou, s'ils s'endormaient, de ne dormir au moins que d'un œil.

Il fut, en conséquence, prévenu des moindres mouvemens de messire Hugues de Caverley.

Une heure avant que le digne capitaine quittât le camp du prince de Galles, le connétable prit six mille chevaux bretons et espagnols, et envoya, par un chemin opposé au sien, Agénor et Le Bègue de Vilaine prendre un poste dans un bois qui séparait un défilé.

Chacune des deux troupes devait occuper la portion de bois parallèle, puis quand les Anglais seraient passés, fermer le défilé derrière eux.

De son côté, Henri de Translamare, prévenu, tenait tout son monde sous les armes.

Caverley devait donc se heurter à une muraille de fer, puis, lorsqu'il voudrait battre en retraite, il se trouverait enveloppé par une autre muraille de fer.

Hommes et chevaux étaient embusqués à la tombée de la nuit. Chaque cavalier, couché ventre à terre, tenait à la main la bride de son cheval.

Vers dix heures, Caverley et toute sa troupe s'engagea dans le défilé. Les Anglais marchaient avec une telle sécurité, qu'ils ne firent pas même sonder le bois, ce que d'ailleurs la nuit rendait sinon impossible, du moins fort difficile.

Derrière les Anglais, les Bretons et les Espagnols se réunirent comme les deux tronçons d'une chaîne que l'on joint.

Vers minuit, on entendit un grand bruit : c'était Caverley qui fondait sur le quartier du roi don Henri, et celui-ci qui le recevait aux cris de : Don Henri et Castille !

Alors Bertrand, ayant Agénor à sa droite, et Le Bègue de

Vilaine à sa gauche, mit toute sa troupe au galop, au cri de : Notre-Dame-Guesclin !

En même temps, de grands feux s'allumèrent sur les flancs et éclairèrent la scène, montrant à Caverley ses cinq ou six mille aventuriers pris entre deux armées.

Caverley n'était pas homme à chercher une mort glorieuse mais inutile. A la place d'Edouard III, à Crécy, il eût fui ; à la place du prince de Galles, à Poitiers, il se fût rendu.

Mais, comme on ne se rend qu'à la dernière extrémité, surtout lorsqu'en se rendant on risque d'être pendu, il mit son cheval au galop, et par une des ouvertures latérales, il disparut, comme au théâtre disparaît le traître par une des coulisses mal fermées.

Tout son bagage, une somme considérable en or, une cassette de pierreries et de joyaux, fruit de trois ans de rapines, pendant lesquels, pour échapper à la corde, il avait fallu au digne capitaine plus de génie que n'en avaient jamais déployé Alexandre, Annibal ou César, tombèrent aux mains du bâtard de Mauléon.

Musaron en fit le compte, tandis qu'on dépouillait les morts et qu'on enchaînait les prisonniers; il se trouva alors qu'il était au service d'un des plus riches chevaliers de la chrétienté.

Ce changement, et il était immense, ce changement s'était fait en moins d'une heure.

Les aventuriers avaient été taillés en pièces; deux ou trois cents seulement s'étaient sauvés à grand'peine.

Ce succès inspira tant d'audace aux Espagnols, que don Tellez, le jeune frère de don Henri de Transtamare, poussant son cheval en avant, voulait marcher à l'instant même et sans autre préparation à l'ennemi.

— Un moment, seigneur comte, dit Bertrand, vous n'allez pas, je présume, marcher tout seul à l'ennemi, et risquer de vous faire prendre sans gloire.

— Mais toute l'armée marchera avec moi, je suppose, répondit don Tellez.

— Non pas, seigneur, non pas, répondit Bertrand.

— Que les Bretons restent s'ils veulent, dit don Tellez, mais je marcherai avec les Espagnols.

— Pourquoi faire ?

— Pour battre les Anglais.

— Pardon, dit Bertrand, les Anglais ont été battus par les Bretons, mais ils ne le seraient point par les Espagnols.

— Plaît-il ! s'écria impétueusement don Tellez en marchant sur le connétable, et pourquoi ?

— Parce que, dit Bertrand sans s'émouvoir, parce que les Bretons sont meilleurs soldats que les Anglais, mais que les Anglais sont meilleurs soldats que les Espagnols.

Le jeune prince sentit la colère lui monter au front.

— C'est chose étrange, dit-il, que le maître ici, en Espagne, soit un Français ; mais nous allons savoir tout à l'heure si don Tellez obéira au lieu de commander. Çà ! qu'on me suive !

— Mes dix-huit mille Bretons ne bougeront que si je leur fais signe de bouger, dit Bertrand. Quant à vos Espagnols, je n'en suis le maître que si votre maître et le mien, don Henri de Transtamare, leur commande de m'obéir.

— Que ces Français sont prudents ! s'écria don Tellez exaspéré. Quel sang-froid ils conservent, non seulement dans le danger, mais encore devant l'injure. Je vous en fais mon compliment, seigneur connétable.

— Oui, monseigneur, répliqua Bertrand, mon sang est froid quand il se contient, mais il est chaud quand il coule.

Et tout prêt à s'emporter, le connétable serra ses larges poings contre sa cotte de mailles.

— Il est froid, vous dis-je! continua le jeune homme, et cela parce que vous êtes vieux. Or, quand on vieillit on commence à avoir peur.

— Peur! s'écria Agénor en poussant son cheval au devant de don Tellez. Quiconque dira une fois que le connétable a peur, ne le dira pas deux fois!

— Silence! ami, dit le connétable, laissons les fous faire leurs folies, et patience, patience!

— Respect au sang royal! s'écria don Tellez; respect, entendez-vous!

— Respectez-vous vous-même, si vous voulez que l'on vous respecte, dit tout à coup une voix qui fit tressaillir le jeune prince, car c'était celle de son frère aîné que l'on avait prévenu de cette altercation fâcheuse; et n'insultez pas surtout notre allié, notre héros.

— Merci, sire, dit Bertrand; votre langue est généreuse de m'épargner une besogne toujours triste, celle de châtier les insolens. Mais ce n'est pas pour vous que je parle, don Tellez : vous comprenez déjà combien vous avez tort.

— Tort... moi! d'avoir dit que nous allions livrer bataille? N'est-il pas vrai, sire, que nous allons marcher à l'ennemi? dit don Tellez.

— Marcher à l'ennemi... en ce moment! s'écria Duguesclin, mais c'est impossible.

— Non, mon cher connétable, dit don Henri, si peu impossible, qu'au point du jour nous en serons aux mains.

— Seigneur, nous serons battus.

— Et pourquoi cela?

— Parce que la position est mauvaise.

— Il n'y a pas de position mauvaise ; il n'y a que des braves ou des lâches ! s'écria don Tellez.

— Seigneur connétable, dit le roi, ma noblesse demande la bataille, et je ne puis refuser ce qu'elle me demande. Elle a vu descendre le prince de Galles, elle aurait l'air de reculer.

— Au reste, reprit don Tellez, le connétable sera libre de nous regarder faire et de se reposer quand nous combattrons.

— Monsieur, répondit Duguesclin, je ferai tout ce que feront les Espagnols, et plus encore, je l'espère ; car, remarquez bien ceci : dans deux heures vous attaquez, n'est-ce pas ?

— Oui.

— Eh bien ! dans quatre heures vous fuirez là-bas par la plaine devant le prince de Galles, et moi et mes Bretons, nous serons là où je suis, sans qu'un seul homme de pied ait reculé d'une semelle, sans qu'un seul cavalier ait reculé d'un fer de cheval. Restez-y et vous verrez.

— Allons ! sire connétable, dit Henri, modérez-vous.

— Je dis la vérité, sire. Vous voulez livrer bataille, dites-vous ?

— Oui, connétable, je le veux, parce que je le dois.

— Soit, donc !

Puis se retournant vers les Bretons :

— Mes enfans, on va livrer bataille. Çà, qu'on se prépare... Tous ces braves gens et moi, continua-t-il, sire, nous serons ce soir tués ou pris, mais votre volonté soit faite avant toute chose ; seulement, rappelez-vous bien que je n'y perdrai, moi, que la vie ou la liberté, tandis que vous, vous y perdrez un trône.

Le roi baissa la tête, et se tournant vers ses amis :

— Le bon connétable est dur pour nous ce matin, dit-il; néanmoins, faites vos préparatifs, seigneurs.

— Il est donc vrai que nous serons tués aujourd'hui ? dit Musaron assez haut pour être entendu du connétable.

Celui-ci se retourna.

— Oh ! mon Dieu! oui, bon écuyer, dit-il avec un sourire, c'est la vérité pure.

— C'est contrariant, dit Musaron en frappant sur ses chausses pleines d'or, tués juste au moment où nous allions être riches et jouir de la vie.

XXIV.

LA BATAILLE.

Une heure après cette lugubre réflexion du bon écuyer, comme Bertrand appelait Musaron, le soleil se leva sur la plaine de Navarrette, aussi pur, aussi calme et ausssi tranquille que s'il ne devait pas éclairer bientôt l'une des plus célèbres batailles qui ensanglantent les annales du monde.

Lorsque le soleil se leva, la plaine était occupée par l'armée du roi Henri, disposée en trois corps.

Don Tellez, avec son frère Sanche, tenait la gauche, à la tête de vingt-cinq mille hommes.

Duguesclin, avec six mille hommes d'armes, c'est-à-dire dix-huit mille chevaux à peu près, tenait l'avant-garde.

Enfin don Henri lui-même, placé à droite, à peu près sur le même plan que ses deux frères, tenait la droite avec vingt-et-un mille chevaux et trente mille fantassins.

Cette armée était disposée comme les trois gradins d'un escalier.

Il y avait une réserve d'Aragonais bien montés et commandés par les comtes d'Aigues et de Roquebertin.

C'était le 3 avril 1368, et la journée de la veille avait été accablante de chaleur et de poussière.

Le roi Henri monta sur une belle mule d'Aragon et parcourut les vides de ses escadrons, encourageant les uns, louant les autres, et leur représentant surtout le danger qu'il y avait pour eux de tomber vivans entre les mains du cruel don Pedro.

Quant au connétable, qui se tenait froid et résolu à son poste, il l'était allé embrasser en disant :

— Ce bras va me donner à jamais la couronne. Que n'est-ce la couronne de l'univers ! je vous l'offrirais, car c'est la seule qui soit digne de vous.

Les rois trouvent toujours de ces paroles-là au moment du danger. Il est vrai que le danger, en passant, les emporte avec lui comme fait le tourbillon de la poussière.

Puis il se mit à genoux, la tête nue, pria Dieu, et tout le monde l'imita.

En ce moment les rayons du soleil levant jaillirent derrière la montagne de Navarette, et les soldats, en le regardant, aperçurent les premières lances anglaises hérissant le coteau, d'où elles commencèrent à descendre lentement, et s'étageant sur différens plateaux aux flancs de la montagne.

13.

Agénor reconnut dans les bannières placées au premier rang celle de Caverley, plus raide et plus fière qu'elle ne l'était au moment même de l'attaque nocturne. Lancastre et Chandos qui, comme notre capitaine, avaient échappé à la défaite de la nuit, commandaient avec lui, d'autant plus résolus qu'ils avaient à prendre une terrible revanche.

Tous trois allèrent prendre position en face de Duguesclin.

Le prince de Galles et le roi don Pedro se placèrent en face de don Sanche et de don Tellez.

Le captal de Buch, Jean Grailly, se porta devant le roi don Henri de Transtamare.

Pour toute exhortation à ses troupes, le prince Noir, touché de la vue de tant de milliers d'hommes qui allaient s'égorger, le prince de Galles versa des larmes, et demanda à Dieu, non la victoire, mais ce droit qui est la devise de la couronne d'Angleterre.

Alors les trompettes sonnèrent.

Aussitôt on sentit trembler la plaine sous les pieds des chevaux, et un bruit pareil à celui de deux tonnerres roulant au-devant l'un de l'autre gronda dans l'air.

Cependant les deux avant-gardes, composées d'hommes résolus et surtout expérimentés, n'avançaient qu'au pas.

Après les flèches dont l'air fut d'abord obscurci, les chevaliers s'élancèrent l'un sur l'autre, combattirent corps à corps et en silence; c'était pour la partie de l'armée qui n'en était pas encore venue aux mains un spectacle terrible et excitant.

Le prince Noir s'y laissa entraîner comme un simple homme d'armes.

Il poussa au galop tout son corps d'armée contre don Tellez.

C'était la première bataille rangée à laquelle se trouvait le jeune homme, et il voyait venir à lui les hommes qui, avec les Bretons, passaient pour les premiers soldats du monde.

Il eut peur : il recula.

Ses cavaliers le voyant reculer tournèrent bride, et en un instant toute l'aile gauche de l'armée fut en déroute sous l'influence d'une de ces paniques dont les plus braves partagent parfois l'entraînement et la honte.

En repassant devant les Bretons, qui, quoique formant d'abord l'avant-garde, se trouvaient maintenant en arrière par le mouvement qu'avait fait don Tellez en se portant en avant, don Tellez précipita sa course en détournant la tête.

Quant à don Sanche, il rencontra le regard méprisant du connétable, et, sous ce regard tout-puissant s'arrêtant court, il se retourna contre l'ennemi et se fit prendre.

Don Pedro, qui était à la poursuite des fuyards avec le prince de Galles, ardent à profiter de ce premier succès, voyant l'aile gauche en déroute, se tourna aussitôt contre son frère Henri, qui luttait bravement contre le captal de Buch.

Mais, attaqué en flanc par sept mille lances fraîches et insolentes du succès, il plia.

On entendait, au milieu du bruit du fer froissé contre le fer, des chevaux hennissans, et des combattans qui hurlaient de rage, la voix du roi don Pedro dominant tout ce bruit, et criant : Pas de quartier aux rebelles ! pas de quartier !

Il combattait avec une hache dorée, dont la dorure,

depuis le tranchant jusqu'au manche, avait déjà disparu sous le sang.

Pendant ce temps, la réserve, atteinte aux derniers rangs par Olivier de Clisson et le sire de Retz, qui avaient tourné la bataille, était culbutée et mise en fuite. Il n'y avait que Duguesclin avec ses Bretons, qui, ainsi qu'ils l'avaient promis, n'avaient pas reculé d'un pas, et, formés en bloc inattaquable, semblaient un rocher de fer autour duquel venaient s'enrouler, comme de longs et avides serpens, les bataillons vainqueurs.

Duguesclin jeta un regard rapide vers la plaine; il reconnut la bataille perdue.

Il vit fuir trente mille soldats dans toutes les directions, il vit l'ennemi partout où une heure auparavant étaient des alliés et des amis. Il comprit qu'il n'y avait plus qu'à mourir en faisant le plus de mal possible à l'ennemi.

Il jeta les yeux à gauche, et aperçut un vieux mur, rempart d'une ville détruite. Deux compagnies d'Anglais le séparaient de cet appui, qui une fois gagné ne permettait plus de l'attaquer que par devant. Il donna un ordre de sa voix pleine et sonore; les deux compagnies anglaises furent écrasées, et les Bretons se trouvèrent appuyés à la muraille.

Là, Bertrand reforma sa ligne et respira un instant.

Le Bègue de Vilaine et le maréchal d'Andreghem reprenaient haleine avec lui.

Agénor, dont le cheval avait été tué dans l'affaire, attendait derrière un des éperons du mur le cheval de main que Musaron lui amenait.

Le connétable profita de ce moment de répit pour lever la visière de son casque, essuyer son visage suant et poudroux, et regarder autour de lui, en comptant tranquillement ce qui lui restait d'hommes.

— Le roi? demanda-t-il; où est le roi? est-il mort? a-t-il fui?

— Non, messire, dit Agénor, il n'est ni tué ni en fuite; le voilà qui se replie et qui vient à nous.

Don Henri, couvert du sang ennemi mêlé au sien, la couronne de son casque brisée par un coup de hache, rejoignait le connétable, combattant en brave chevalier.

En effet, harcelé, essoufflé, reculant sans fuir sur les jarrets pliés de son cheval, qui n'avait pas cessé un moment de regarder l'ennemi, le brave roi venait doucement aux Bretons, attirant sur ces fidèles alliés la nuée d'Anglais qui, comme des corbeaux, convoitaient cette riche proie.

Bertrand donna l'ordre à cent hommes d'aller soutenir don Henri et de le dégager.

Ces cent hommes se ruèrent sur dix mille, s'ouvrirent un passage, et formèrent autour du prince une ceinture au milieu de laquelle il put respirer.

Mais aussitôt libre, don Henri changea de cheval avec un écuyer, jeta son casque moulu de coups, en prit un autre des mains d'un page, s'assura que son épée tenait toujours ferme à la poignée, et, fort comme un autre Antée à qui il suffit de toucher la terre :

— Amis! dit-il, vous m'avez fait roi ; voyez si je suis digne de l'être !

Et il se rejeta dans la mêlée.

On le vit alors lever quatre fois son épée, et à chaque coup on vit tomber un ennemi.

— Au roi! au roi! dit le connétable ; sauvons le roi !

En effet, il était temps : les Anglais se refermaient sur

don Henri, comme la mer se referme sur le nageur. Il allait être pris, quand le connétable parvint à ses côtés.

Bertrand le prit par le bras, et jetant quelques Bretons entre le roi et l'ennemi :

— Assez de courage comme cela : plus serait folie. La bataille est perdue, fuyez! c'est à nous de mourir ici en protégeant votre retraite.

Le roi refusait; Bertrand fit un signe : quatre Bretons saisirent Henri de Transtamare.

— Maintenant, Notre-Dame-Guesclin! cria le connétable; à l'ennemi! à l'ennemi!

Et abaissant sa lance, avec ce qui lui restait d'hommes, il attendit le choc de trente mille cavaliers, choc effroyable, qui semblait devoir renverser jusqu'au mur contre lequel la petite troupe était appuyée.

— C'est ici qu'il faut se dire adieu, dit Musaron en envoyant à l'ennemi le dernier vireton qui restait dans sa trousse. Ah! seigneur Agénor, voici ces affreux Mores derrière les Anglais.

— Eh bien! adieu, mon cher Musaron, dit Agénor remonté, et qui était allé se placer côte à côte du connétable.

Le nuage d'hommes arrivait grondant et près d'éclater : on voyait seulement à travers la poussière s'avancer une forêt de lances baissées horizontalement.

Mais tout à coup, dans l'espace vide encore, au risque d'être broyé entre ces deux masses, s'élança un chevalier à l'armure noire, au casque noir, à la couronne noire, et tenant en main un bâton de commandement.

— Arrêtez! dit le chevalier Noir en levant le bras ; qui fait un pas est mort!

On vit à cette voix puissante les chevaux lancés se tordre

sous le mors ; quelques-uns touchèrent la terre de leurs jarrets nèrveux.

Le prince, alors seul dans l'epsace demeuré libre, regarda avec cette tristesse particulière dont la postérité lui a fait une auréole, ces intrépide Bretons prêts à disparaître sous l'effort du nombre.

— Bonnes gens, dit-il, braves chevaliers, je ne veux pas que vous mouriez ainsi ! Regardez : un Dieu n'y résisterait pas.

Puis, se retournant vers Duguesclin, vers lequel il fit un pas en le saluant :

— Bon connétable, continua-t-il, je suis le prince de Galles, et je désire que vous viviez : votre mort ferait un trop grand vide parmi les braves. Votre épée à moi, je vous en supplie.

Duguesclin était homme à comprendre la vraie générosité ; celle du prince le toucha.

— C'est un loyal chevalier qui parle, dit-il, et je comprends l'anglais parlé de cette façon.

Et il inclina son épée.

A la voix de leur prince, les Anglais avancèrent, la lance basse, sans précipitation, sans colère.

Le connétable prit son épée par la lame.

Il allait la rendre au prince.

Tout à coup, don Pedro couvert de sang, avec son armure faussée en dix endroits, apparut sur son cheval écumant.

Il avait quitté ceux qui fuyaient pour venir à ceux qui résistaient encore.

— Quoi ! s'écria-t-il en s'élançant sur le connétable, quoi ! vous laissez vivre ces gens-là ! mais nous ne serons jamais les maîtres tant qu'ils vivront. Pas de quartier ! A mort ! à mort !

— Ah ! celui-ci est une bête brute, s'écria Duguesclin, et comme une bête brute il mourra.

Puis, comme le prince fondait sur lui, il leva son épée par la lame, et asséna de la poignée de fer un tel coup sur la tête de don Pedro, que celui-ci, pliant sous le coup, qui eût abattu un taureau, tomba sur la croupe de son cheval, étourdi, à demi-mort.

Duguesclin releva son terrible fléau.

Mais en s'élançant de son côté au-devant du prince, il avait laissé un espace vide derrière lui ; deux Anglais s'y étaient glissés, et tandis qu'il levait les deux bras, ils le saisirent l'un par le casque, l'autre par le milieu du corps.

Celui qui le tenait par le casque l'attirait en arrière, celui qui le tenait par le milieu du corps essayait de l'enlever de sa selle.

— Messire connétable, crièrent-ils ensemble, se rendre ou mourir.

Bertrand releva la tête, et, fort comme un taureau sauvage, il arracha de ses arçons l'Anglais qui avait saisi son casque, tandis que glissant la pointe de son épée sur le gorgerin de l'Anglais qui le tenait à bras le corps, il lui traversait le col, étouffant la menace avec le sang.

Mais cent autres Anglais se ruèrent sur lui, prêts à frapper chacun un coup sur le géant.

— Voyons, cria le prince Noir d'une voix de tonnerre, voyons qui sera assez hardi pour le toucher du doigt.

Aussitôt les plus acharnés firent un pas en arrière, et Duguesclin se trouva libre.

— Assez, mon prince, dit-il, je vous dois deux fois mon épée ; vous êtes le plus généreux vainqueur du monde.

Et il tendit son épée au prince

Agénor tendait la sienne.

— Êtes-vous fou ? lui dit Bertrand ; vous avez un bon cheval frais entre les jambes. Fuyez, gagnez la France, dites au bon roi Charles que je suis prisonnier ; et s'il ne veut rien faire pour moi, allez trouver mon frère Olivier : il fera, lui.

— Mais monseigneur... objecta Agénor.

— On ne fait pas attention à vous, partez, je le veux.

— Alerte ! alerte ! dit Musaron, qui ne demandait pas mieux que de gagner aux champs. Profitons de ce que nous sommes petits, nous reviendrons grands.

En effet, Le Bègue de Vilaine, le maréchal, les grands capitaines étaient disputés par les Anglais. Agénor se glissa entre eux, Musaron se glissa derrière son maître, et tous deux, mettant leurs montures au galop, s'éloignèrent sous une grêle de flèches, dont les saluèrent, mais trop tard, Caverley et Mothril.

XXV.

APRÈS LA BATAILLE.

Le nombre des prisonniers faits en cette journée avait été considérable.

Les vainqueurs comptaient et additionnaient les hommes comme on compte des sacs d'écus étiquetés.

Avec Caverley, le Vert-Chevalier, quelques Français aventuriers se distinguaient dans cette louable occupation, qui consistait à dépouiller le prisonnier, après avoir soigneusement fait inscrire par le profès, ses nom, prénoms, titres et grade.

Les vainqueurs avaient donc fait leurs lots de prisonniers. Duguesclin était dans le lot du prince de Galles.

Ce prince l'avait donné en garde au captal de Buch.

Jean de Grailly s'approcha de Bertrand, et lui prenant la main, commença poliment à lui tirer le gantelet, en sorte que ses écuyers se mirent à dépouiller le connétable des différentes pièces de son armure.

Bertrand se laissait faire tranquillement ; on n'usait envers lui d'aucune sorte de violence ; il comptait toujours et recomptait ses amis, soupirant chaque fois qu'il en manquait un à cet appel tacite.

— Brave connétable, lui dit Grailly, vous me fîtes prisonnier à Cocherel ; voyez comme la fortune est inconstante : aujourd'hui vous êtes le mien.

— Oh ! oh ! dit Bertrand, vous vous trompez, seigneur ; à Cocherel je vous pris, à Navarette vous me gardez ; vous étiez mon prisonnier à Cocherel, à Navarette vous êtes mon gardien.

Jean de Grailly rougit ; mais tel était le respect qu'on accordait en ce temps au malheur, qu'il préféra ne pas répondre.

Duguesclin s'assit au revers d'un fossé, et invita Le Bègue de Vilaine, Andreghem et les autres à s'approcher de lui, car le prince de Galles venait de faire sonner les trompettes et de rassembler ses soldats.

— On va prier, dit le connétable ; c'est un brave prince, et très pieux, que son Altesse. Prions aussi, nous autres.

— Pour remercier Dieu de ce qu'il vous a sauvé? dit Le Bègue de Vilaine.

— Pour lui demander revanche ! répliqua Bertrand.

En effet, le prince de Galles, après avoir adressé à genoux ses remercîmens au Seigneur pour cette grande victoire, appela don Pedro, qui promenait autour de lui des regards farouches, et n'avait pas fléchi le genou un seul instant, perdu qu'il était dans une contemplation sinistre.

— Vous voilà victorieux, dit le prince Noir, et cependant vous avez perdu une grande bataille.

— Comment? dit don Pedro.

— Un roi est vaincu, qui ne recouvre la couronne qu'en versant le sang de ses sujets.

— Des rebelles ! s'écria don Pedro.

— Eh bien ! Dieu ne les a-t-il pas punis de vous avoir abandonnés ! Sire, tremblez qu'il ne vous punisse comme eux, si vous abandonnez ceux qu'il vous confie.

— Seigneur ! murmura don Pedro en s'inclinant, je vous dois ma couronne, mais par grâce, ajouta-t-il en pâlissant de colère et de honte, ne soyez pas plus imiséricordieux que le Tout-Puissant... ne me frappez point, moi qui vous remercie.

Et il plia le genou. Le prince Edouard le releva.

— Remerciez Dieu, dit-il... à moi vous ne devez rien.

Alors le prince tourna le dos et rentra dans sa tente pour prendre un peu de nourriture.

— Enfans, s'écria don Pedro, lâchant enfin les rênes à son farouche désir, dépouillez les morts : à vous tout le butin de la journée !...

Et le premier, lancé sur un cheval frais, il parcourut la plaine, interrogeant chaque monceau de cadavres et se dirigeant de préférence vers les bords de la rivière à l'endroit où don Henri de Transtamare avait combattu le captal de Buch.

Une fois là, il mit pied à terre, passa une dague longue, affilée, dans sa ceinture, et, les pieds dans le sang, il chercha silencieusement.

— Vous êtes bien sûr, dit-il à Grailly, de l'avoir vu tomber ?...

— J'en suis sûr, répondit le captal ; son cheval s'abattit frappé d'une hache que mon écuyer lance avec une habileté sans rivale.

— Mais lui, mais lui ?...

— Lui, disparut sous un nuage de flèches. J'ai vu du sang sur ses armes, et une montagne tout entière de corps écrasés roula sur lui et l'engloutit.

— Bien ! bien !... cherchons, répondit don Pedro avec une joie sauvage... Ah ! voilà là-bas un cimier d'or !

Et avec l'agilité d'un tigre, il sauta sur les cadavres, dont il dérangea ceux qui couvraient le chevalier au cimier doré.

La main tremblante, l'œil dilaté, il leva la visière du casque.

— Son écuyer ! dit-il, rien que l'écuyer !

— Mais ce sont les armes du prince, dit Grailly, il est vrai qu'il n'a pas de couronne au casque.

— Rusé ! rusé ! Le lâche aura donné ses armes à l'écuyer pour mieux fuir... Mais j'avais tout prévu ; j'avais fait cerner la plaine, il n'a pu traverser le fleuve... Et voilà des personnes que mes Mores fidèles me ramènent... il se trouve certainement parmi eux.

— Cherchez toujours parmi les autres cadavres, dit Grailly aux soldats qui redoublèrent d'ardeur, et cinq cents piastres à qui le trouvera vivant !

— Et mille ducats à qui le trouvera mort ! ajouta don Pedro. Nous allons au-devant des personnes que ramène Mothril.

Don Pedro remonta sur son cheval, et, suivi de nombreux cavaliers avides de voir la scène qui se préparait, il piqua vers les limites de la plaine, où l'on voyait un cordon de Mores aux habits blancs pousser devant eux une troupe de fuyards qu'ils avaient ramassés au loin.

— Je crois le voir ! je crois le voir ! hurla don Pedro en se hâtant.

Il prononça ces mots en passant devant les prisonniers bretons. Duguesclin l'entendit, se souleva, et d'un œil perçant, interrogeant la plaine :

— Ah ! mon Dieu ! dit-il, quel malheur !

Ces mots parurent à don Pedro la confirmation du bonheur qu'il espérait.

Il voulut, pour mieux savourer ce bonheur, en accabler le connétable, c'est-à-dire frapper à la fois ses deux plus puissans ennemis l'un par l'autre.

— Demeurons, dit-il... Vous, sénéchal, ordonnez à Mothril qu'il vienne avec ses prisonniers me trouver ici... en face de ces seigneurs bretons, fidèles amis de l'usurpateur, du vaincu !... champions d'une cause qui ne les intéressait en rien et qu'ils n'ont pas su faire triompher.

A ces sarcasmes, à cette fureur vindicative, indigne d'un homme, le héros breton n'opposa pas même une réponse qui pût faire supposer qu'il eût entendu.

Il était assis, il resta assis, et causa indifféremment avec le maréchal d'Andreghem.

Cependant don Pedro avait mis pied à terre, il s'appuyait sur une longue hache, et tourmentait la poignée de sa dague, remuant le pied avec autant d'impatience que s'il eût hâté ainsi l'arrivée de Mothril et de ses prisonniers.

Du plus loin que sa voix put se faire entendre :

— Eh bien ! mon brave Sarrasin, cria le roi à Mothril, mon vaillant faucon blanc, quelle chasse m'apportes-tu ?

— Bonne chasse, monseigneur, répliqua le More, voyez cette bannière.

En effet, il tenait roulé autour de son bras un morceau de drap d'or, brodé aux armes de Transtamare.

— C'est donc lui ! s'écria don Pedro transporté de joie, lui !...

Et son geste menaçait et désignait un chevalier armé de toutes pièces, avec une couronne sur la tête, mais sans épée, sans lance, garrotté dans les mille replis d'une corde de soie, aux deux bouts de laquelle pendait une grosse balle de plomb.

— Il fuyait, dit Mothril, j'ai lancé après lui vingt chevaux du désert; mon chef d'archers l'a joint et a reçu le coup mortel; mais un autre l'a enveloppé dans les nœuds de la corde, il est tombé avec son cheval, et nous le tenons. Il avait sa bannière en main. Malheureusement un de ses amis nous a échappé pendant qu'il faisait face tout seul.

— A bas la couronne, à bas! cria don Pedro en brandissant sa hache.

Un archer s'approcha, et coupant les nœuds du gorgerin, fit brutalement sauter le casque à la couronne d'or.

Un cri d'effroi, de rage, s'échappa de la bouche du roi; un cri de joie immense partit du groupe des Bretons.

— Le bâtard de Mauléon! criaient ceux-ci: Noël! Noël!

— L'ambassadeur!... Malédiction! murmura don Pedro.

— Le Franc! balbutia Mothril avec rage.

— Moi! fit simplement Agénor, en saluant du regard Bertrand et ses amis.

— Nous! dit Musaron, un peu pâle, mais qui distribuait encore à droite, à gauche, des coups de pieds aux Mores.

— Il est donc sauvé, alors? dit don Pedro.

— Mon Dieu, oui, sire, répliqua Agénor. J'ai pris derrière un buisson le casque de Sa Majesté, et je lui ai donné mon cheval qui était frais.

— Tu mourras! hurla don Pedro aveuglé par la rage.

— Touchez-le donc! s'écria Bertrand, qui fit un bond terrible et vint tomber entre Agénor et don Pedro. Tuer un prisonnier désarmé! oh! vous êtes bien assez lâche pour cela!

— Alors, misérable aventurier, c'est toi qui mourras, dit don Pedro, tremblant et la bouche écumante.

Il se précipita la dague haute sur Bertrand, qui ferma le poing comme s'il eût voulu assommer un taureau.

Mais une main se posa sur l'épaule de don Pedro, pareille à la main de Minerve qui, dans Homère, saisit Achille aux cheveux.

— Arrêtez! dit le prince de Galles, vous allez vous déshonorer, roi de Castille! Arrêtez, et jetez la dague, je le veux!

Son bras nerveux avait cloué don Pedro sur la place, le fer échappa des mains de l'assassin.

— Vendez-le moi, au moins! vociféra le furieux, je le paierai son pesant d'or.

— Vous m'insultez!... prenez-y garde, répliqua le prince Noir; je suis homme à vous payer Duguesclin son poids de pierreries, s'il était à vous, et vous me le vendriez, j'en suis sûr. Mais il est à moi, souvenez-vous-en! arrière!

— Roi! murmura Duguesclin que l'on contenait à peine, mauvais roi! qui massacre tes prisonniers, nous nous reverrons!

— Je le crois, dit don Pedro.

— J'y compte, fit Bertrand.

— Conduisez tout à l'heure le connétable de France à ma tente, dit le prince Noir.

— Encore un instant, mon digne prince; le roi resterait avec le bâtard de Mauléon, et l'égorgerait.

— Oh! je ne dis pas non, répliqua don Pedro avec un sourire féroce, mais celui-là, je pense, est bien à moi?

Duguesclin frémit; il regarda le prince de Galles.

— Sire, dit celui-ci à don Pedro, il ne sera pas tué en ce jour un seul prisonnier.

— En ce jour, je le veux bien, répondit don Pedro, lançant à Mothril un regard d'intelligence.

— C'est un trop beau jour de victoire, n'est-ce pas? continua le prince de Galles.

— Assurément, seigneur.

— Et vous ferez bien quelque chose pour moi ?

Don Pedro s'inclina.

— Je vous demande ce jeune homme, dit le prince.

Un profond silence accompagna ces mots, auxquels don Pedro, pâle de colère, ne répondit pas sur le champ.

— Oh! seigneur, dit-il, vous me faites sentir que vous êtes le maître... Perdre ma vengeance !

— Si je suis le maître, j'ordonne donc, s'écria le prince Noir indigné, qu'on détache les liens de ce chevalier, qu'on lui rende ses armes, son cheval !...

— Noël! Noël! au bon prince de Galles! crièrent les chevaliers bretons.

— Rançon, au moins, dit Mothril pour gagner du temps.

Le prince jeta un regard oblique sur le More.

— Combien ? dit-il avec dégoût.

Le More ne répondit pas.

Le prince détacha de sa poitrine une croix de diamans et la tendit à Mothril.

— Prends, Infidèle ! dit-il.

Mothril baissa la tête et murmura tout bas le nom du Prophète.

— Vous êtes libre, sire chevalier, dit le prince à Mauléon. Libre vous retournerez en France, et vous annoncerez que le prince de Galles, content d'avoir eu l'honneur de posséder par force, durant une saison, le plus redoutable chevalier du monde, renverra Bertrand Duguesclin après la campagne, et le renverra sans rançon.

— L'aumône à ces gueux de France! murmura don Pedro.

Bertrand l'entendit.

— Seigneur, dit-il au prince, ne soyez pas généreux avec moi, vos amis m'en feraient rougir. J'appartiens à un maître qui paierait ma rançon dix fois, si dix fois je me laissais prendre, et si je m'estimais chaque fois le prix d'un roi.

— Fixez votre rançon alors, dit le prince avec courtoisie.

Bertrand réfléchit un moment.

— Prince, dit-il, je vaux soixante-dix mille florins d'or.

— Dieu soit loué ! s'écria don Pedro, l'orgueil le perd. Il n'y a pas en France la moitié de cette somme chez le roi Charles V.

— C'est possible, dit Bertrand ; mais puisque le chevalier de Mauléon va en France, il voudra bien, avec un écuyer, parcourir la Bretagne, et, dans chaque village, sur chaque route, crier ces mots : Bertrand Duguesclin est prisonnier des Anglais !... Filez, femmes de Bretagne, il attend de vous sa rançon !

— Je le ferai, de par Dieu ! s'écria Mauléon.

— Et vous rapporterez la somme à monseigneur avant que je n'aie eu le temps de m'ennuyer ici, dit Bertrand, ce que, du reste, je ne crois pas, dût ma captivité durer toute ma vie, étant dans la compagnie d'un prince aussi généreux.

Le prince de Galles tendit la main à Bertrand.

— Chevalier, dit il à Mauléon, devenu libre et tout heureux de tenir son épée, vous vous êtes conduit en cette journée comme un loyal soldat. Vous nous ôtez le grand gain de la bataille en sauvant Henri de Transtamare, nous ne vous en voulons pas de nous ouvrir d'autres carrières pour combattre. Prenez cette chaîne d'or et cette croix dont l'Infidèle n'a pas voulu.

Il vit don Pedro parler bas à Mothril, et celui-ci lui répondre par un sourire dont Duguesclin semblait redouter la signification.

— Que personne ne bouge, cria le prince. Je punirai de mort quiconque franchira l'enceinte de mon camp... fût-il prince, fût-il roi !

— Chandos, ajouta-t-il, vous êtes le connétable d'Angleterre, et en brave chevalier, vous conduirez le sire de Mauléon jusqu'à la première ville, et vous lui donnerez le sauf-conduit nécessaire.

Mothril, encore une fois terrassé par cette intelligente et persévérante interprétation de ses hideux complots, tourna vers son maître un œil découragé.

Don Pedro était tombé du haut de sa joie triomphante ; il ne pouvait plus se venger.

Agénor mit un genou en terre devant le prince de Galles, alla baiser la main de Duguesclin, qui le serra dans ses bras, et lui dit tout bas :

— Annoncez au roi que nos dévorateurs se sont gorgés, qu'ils vont dormir un peu, et que s'il m'envoie ma rançon je les mènerai où j'ai promis. Dites à ma femme qu'elle vende notre dernière pièce de terre, je vais avoir bien des Bretons à racheter.

Agénor, attendri, monta sur un bon cheval, dit un dernier adieu à ses compagnons, et partit.

Musaron grommelait :

— Qui m'eût dit que j'aimerais mieux un Anglais qu'un More ?...

XXVI.

TRAITÉ D'ALLIANCE.

En même temps que la victoire se décidait en faveur de don Pedro, que Duguesclin tombait aux mains de l'ennemi, et que Mauléon, sur l'invitation du connétable, quittait le champ de bataille où il devait être ramené avec le casque et le manteau du roi Henri, un courrier quittait le champ de bataille, et se dirigeait vers le village de Cuello.

Là, deux femmes placées à cent pas l'une de l'autre, l'une dans sa litière avec une escorte d'Arabes, l'autre montée sur une mule andalouse, avec une suite de chevaliers castillans, attendaient avec toutes les angoisses de la crainte et de l'espoir.

Dona Maria redoutait que la perte de la bataille ne ruinât les affaires de don Pedro et ne lui fît perdre la liberté.

Aïssa désirait qu'un événement quelconque, victoire ou défaite, ramenât son amant auprès d'elle. Peu lui importait, ou la chûte de don Pedro, ou l'élévation de Henri, pourvu qu'à la suite du cerceuil de l'un, ou du char triomphal de l'autre, elle vît reparaître Agénor.

Les deux femmes se rencontrèrent un soir avec cette

douleur. Maria était plus qu'inquiète : elle était jalouse. Elle savait que Mothril vainqueur n'aurait plus à s'occuper que des plaisirs du roi. Elle avait deviné toute sa politique, et Aïssa, dans sa simplicité, lui avait confirmé ses soupçons instinctifs.

Aussi, bien que la jeune fille fût gardée par vingt esclaves affidés de Mothril, bien que le More l'eût, selon sa coutume, enfermée dans sa litière, Maria ne la perdait pas de vue.

Le More, ne voulant pas exposer le précieux trésor aux risques du combat et à la brutalité des Anglais auxiliaires, avait laissé la litière au village de Cuello, peuplé d'une vingtaine de masures et distant de deux lieues à peu près du champ de bataille de Navarette.

Il avait donné à ses esclaves des ordres formels.

C'était d'abord de l'attendre, et de n'ouvrir qu'à lui la litière soigneusement fermée.

S'il ne revenait pas, s'il était tué dans le combat, il avait donné d'autres injonctions, comme on le verra plus tard.

Aïssa attendait donc l'issue de la bataille au village de Cuello.

Quant à Maria, don Pedro, en quittant Burgos, l'avait laissée bien gardée. Elle devait attendre là de ses nouvelles; elle avait une grande somme d'argent, des pierreries, et don Pedro se fiait assez à cet amour dévoué pour connaître qu'en cas de revers Maria lui serait plus loyalement attachée que dans la bonne fortune.

Mais Maria ne voulait pas souffrir le tourment des femmes vulgaires : la jalousie ! Elle avait pour principe qu'il vaut mieux toucher un malheur que d'ignorer une trahison. Elle se défiait de la faiblesse de don Pedro, elle savait Cuello à une trop petite distance de Navarette.

14.

Aussi, prenant avec elle six écuyers, vingt hommes d'armes, plutôt amis que serviteurs, elle monta une mule choisie d'Aragon, et vint camper sans être devinée au pied d'une colline derrière laquelle s'élèvent les masures de Cuello.

Montée sur la colline, elle vit s'avancer les bataillons des deux armées ; elle aurait pu voir le combat, mais le cœur lui faillit, à cause de l'importance des événemens.

C'était là qu'elle avait rencontré Aïssa.

Elle avait envoyé sur le champ de bataille même un courrier intelligent, et elle l'attendait, placée à une faible distance d'Aïssa, que les esclaves gardaient, couchés sur l'herbe.

Ce courrier arriva. Il annonçait le gain de la bataille. Homme d'armes et l'un des chambellans du palais de don Pedro, il connaissait les principaux chevaliers de l'armée ennemie. Il avait vu Mauléon lors de la réception en audience solennelle à Soria. D'ailleurs, Maria le lui avait désigné particulièrement, et il était bien reconnaissable à la barre qui écartelait sur son écu un lion de gueules issant.

Il vint donc annoncer que Henri de Transtamare était vaincu, Mauléon en fuite, Duguesclin prisonnier.

Cette nouvelle, tout en comblant chez Maria Padilla tous les désirs de l'ambition et de l'orgueil, éveilla dans son esprit toutes les craintes de la jalousie.

En effet, don Pedro vainqueur, rétabli sur le trône, c'était le rêve de son amour et de son orgueil ; mais don Pedro heureux, envié, exposé aux tentations de Mothril, c'était le spectre de ce même amour si inquiet, si dévoué.

Maria prit son parti avec l'audace qui la caractérisait.

Elle ordonna aux hommes d'armes de la suivre, et descendit la montagne en s'entretenant avec son messager.

— Vous dites que le bâtard de Mauléon a fui? demanda-t-elle.

— Comme fuit le lion, oui, madame, sous une nuée de flèches.

C'était de la première fuite de Mauléon que parlait le messager, car il était déjà parti lorsqu'on avait ramené le bâtard revêtu des armes de Henri.

— Où suppose-t-on qu'il aille?

— En France, comme l'oiseau échappé s'enfuit vers le nid.

— En effet, pensa-t-elle.

— Chevalier, combien compte-t-on de journées d'ici en France?

— Douze, madame, pour une dame comme vous.

— Mais pour n'être pas rejoint si l'on s'échappait... comme le bâtard de Mauléon, par exemple?

— Oh! madame, en trois jours on défierait l'ennemi le plus acharné. D'ailleurs, on n'a plus poursuivi ce jeune homme, on tenait le connétable.

— Mais Mothril, qu'est-il devenu?

— Il a reçu l'ordre de cerner la plaine pour empêcher l'évasion des fuyards, et surtout celle de Henri de Transtamare, s'il vit encore.

— Il ne s'occupera donc plus de Mauléon, pensa encore Maria. Suivez-moi, chevalier.

Elle s'approcha de la litière d'Aïssa ; mais à l'approche de sa troupe les gardiens mores s'étaient levés de dessus l'herbe qu'ils foulaient dans un demi-sommeil plein de nonchalance.

— Holà! dit-elle, qui commande ici?

— Moi, senora, dit le chef, reconnaissable à la pourpre de son turban et de sa ceinture flottante.

— Je veux parler à la jeune femme qui est cachée dans cette litière.

— Impossible, senora, dit laconiquement le chef.

— Vous ne me connaissez pas peut-être?

— Oh! si bien, dit le More avec un demi-sourire, vous êtes dona Maria Padilla.

— Vous devez savoir alors que j'ai tout pouvoir, de par le roi don Pedro.

— Sur les gens du roi don Pedro, dit le More gravement, non sur ceux du sarrasin Mothril.

Dona Maria vit avec inquiétude ce commencement de résistance.

— Avez-vous des ordres contraires? dit-elle doucement.

— J'en ai, senora.

— Lesquels, au moins?

— A toute autre, senora, je refuserais de le dire ; mais à vous toute-puissante, je le dirai. Si la bataille est perdue et que le seigneur Mothril tarde à venir, je ne dois remettre dona Aïssa qu'à lui seul ; par conséquent, j'ai à me retirer avec ma troupe.

— La bataille est gagnée, dit dona Maria.

— Alors, Mothril va venir.

— S'il est mort?

— Je dois, continua imperturbablement le More, conduire dona Aïssa au roi don Pedro ; car ce sera bien le moins que le roi don Pedro se fasse tuteur de la fille de l'homme qui sera mort pour lui.

Maria frémit.

— Mais il vit, il va venir, et en attendant, je puis bien dire deux mots à dona Aïssa. — M'entendez-vous, senora? dit-elle.

— Madame, dit vivement le chef en s'approchant de la

litière, ne forcez pas la senora à vous parler, car j'ai un ordre bien plus terrible en pareil cas.

— Et lequel !

— Je dois la tuer de ma main, si quelque communication entre elle et un étranger souillait l'honneur de mon maître et contrariait sa volonté.

Doña Maria recula épouvantée. Elle connaissait les mœurs du pays et du peuple, mœurs farouches, intraitables, sourdes exécutrices de toute volonté supérieure au service de laquelle elles se mettent avec la fougue du sang et la brutalité du climat.

Elle revint vers son chevalier, qui attendait la lance au poing, avec ses autres gens d'armes, tous immobiles comme des statues de fer.

— Il me faudrait cette litière, dit-elle ; mais elle est bien défendue, et le chef des Mores menace de tuer la femme qui est sous ces rideaux, si l'on approche.

Le chevalier était Castillan, c'est-à-dire plein d'imagination et de galanterie ; il avait l'esprit qui invente, le courage et la force qui exécutent.

— Senora, dit-il, ce drôle à face jaune me fait rire, et je lui en veux d'avoir épouvanté Votre Seigneurie. Il ne réfléchit donc pas que si je le clouais sur le brancard de sa litière, il ne pourrait tuer la dame qu'elle renferme ?

— Oh ! tuer cet homme qui a une consigne !

— Voyez comme il fait bon guet : il fait apporter les armes de ses compagnons.

Ces mots étaient prononcés en pur castillan. Les Mores regardaient avec de gros yeux étonnés, car s'ils comprenaient l'arabe que leur avait parlé doña Maria, s'ils comprenaient les gestes assez effrayans des chevaliers, ils ne comprenaient pas l'espagnol, obéissant en cela aux routinières pratiques de la religion mahométane, qui concentrent dans la langue arabe et dans le Koran, toute puissance, toute supériorité.

— Voyez, madame, ils vont nous attaquer les premiers, si nous ne nous retirons ; ce sont des chiens altérés que ces Mores, dit le chevalier, éprouvant une forte envie de fournir un bon coup de lance sous les yeux d'une belle et noble dame.

— Attendez ! dit Maria, attendez ! vous pensez qu'ils ne comprennent pas le castillan !

— J'en suis sûr ; essayez de leur parler, senora.

— J'ai une autre idée, dit Maria Padilla.

— Dona Aïssa, dit-elle en espagnol à haute voix, mais en se tournant vers le chevalier, vous m'entendez sans doute ? si vous m'entendez, agitez les rideaux de la litière.

A ces mots, on vit trembler à plusieurs reprises les rideaux de brocard.

Les Mores ne bougèrent pas, absorbés qu'ils étaient dans leur surveillance.

— Vous voyez que pas un ne s'est retourné, dit le chevalier.

— C'est peut-être une ruse, dit dona Maria, attendons encore.

Puis elle continua de s'adresser de la même manière à la jeune femme.

— Vous n'êtes observée que d'un côté de la litière, les Mores, tout entiers à nous surveiller, vous laissent libre le côté opposé à celui où nous sommes. Si la litière est fermée, coupez les rideaux avec votre couteau et glissez à bas de la litière. Il y a là-bas, à deux cents pas d'ici, un gros arbre derrière lequel vous pouvez vous réfugier. Obéissez promptement, il s'agit de rejoindre qui vous savez ; je vous en apporte les moyens.

A peine Padilla, toujours indifférente en apparence, eut-elle prononcé ces paroles, qu'on vit osciller la litière sous un balancement imperceptible. Les chevaliers firent une manifestation hostile en apparence vers les Mores, qui s'avançaient de leur côté en bandant leurs arcs et en détachant leurs masses.

Cependant les Castillans, le visage tourné vers les Mores, avaient vu, de l'autre côté de la litière, fuir comme une colombe la belle Aïssa, dans l'espace resté vide entre la litière et l'arbre aux épais rameaux.

Lorsqu'elle fut là :

— Soit! ne craignez rien, dit dona Maria aux Mores ; gardez votre trésor, nous n'y toucherons pas, seulement, rangez-vous et nous livrez passage.

Le chef, dont les traits se déridèrent aussitôt, se rangea en s'inclinant ; ses compagnons l'imitèrent.

Il en résulta que l'escorte de dona Maria passa vite et en sûreté, pour aller se placer entre Aïssa et ceux qui l'instant d'auparavant étaient ses gardiens.

Aïssa avait tout compris, lorsqu'elle vit s'étendre devant elle ce mur protecteur de vingt hommes de fer ; elle se jeta dans les bras de dona Maria, lui baisant les mains avec effusion.

Le chef des archers mores vit la litière vide, comprit la ruse et poussa un cri de rage ; il se voyait joué, perdu !... Un instant il eut l'idée de se jeter tête baissée contre les gens d'armes de Maria, mais, épouvanté par l'inégalité de la lutte, il préféra sauter sur un cheval que lui tenait l'écuyer de Mothril, et partit au galop vers le champ de bataille.

— Il n'y a pas de temps à perdre, dit dona Maria au chevalier ; seigneur, toute ma reconnaissance si vous parvenez à éloigner cette jeune femme de Mothril, et à la conduire sur la route qu'a prise le bâtard de Mauléon.

— Madame, répliqua le chevalier, Mothril est le favori de notre roi, cette femme est sa fille et par conséquent lui appartient, je lui vole donc sa fille.

— Vous m'obéissez, seigneur chevalier.

— C'est plus qu'il n'en faut, madame, et si je dois périr j'aurai donné ma vie pour vous... Mais si le roi don Pedro me rencontre hors du poste que j'ai l'ordre d'occuper près de vous, que répondrai-je? la faute sera plus grave, j'aurai désobéi à mon roi.

— Vous avez raison, seigneur, il ne sera pas dit que la vie et l'honneur d'un brave chevalier tel que vous seront compromis par le caprice d'une femme !... Indiquez-nous le chemin, dona Aïssa va monter à cheval, m'accompagner jusqu'à la route qu'a suivie le bâtard de Mauléon, et là... eh bien ! là, nous la quitterons et vous me ramènerez.

Mais tel n'était pas le dessein de dona Maria, elle comptait seulement gagner du temps en ménageant le scrupules du chevalier. Elle était femme accoutumée à vouloir et à réussir ; elle comptait sur sa bonne fortune.

Le chevalier mit son cheval au pas de la haquenée de dona Maria. On amena pour Aïssa une mule blanche d'une vigueur et d'une beauté rares, l'escorte prit le galop, et coupant la plaine à gauche du champ de bataille, se dirigea bride abattue vers la route de France, tracée à l'horizon par de grands bouleaux ondoyans sous le vent d'est.

Nul ne parlait, nul ne songeait qu'à doubler la rapidité des chevaux écumans. Déjà les deux lieues étaient dévorées ; le champ de bataille diapré de sang, de morts et de moissons écrasées, d'arbres broyés, apparaissait comme un gigantesque linceul rempli de cadavres, quand au détour d'une haie, Maria vit venir à elle un chevalier au galop.

Elle reconnut le panache et la ceinture d'épée.

— Don Ayalos! cria-t-elle au prudent messager, qui faisait déjà un détour pour éviter une rencontre suspecte, est-ce vous?

— Oui, noble dame, c'est moi, répondit le Castillan, reconnaissant la maîtresse du roi.

— Quelles nouvelles? dit Maria en arrêtant court sa haquenée aux jarrets d'acier.

— Une étrange: on a cru avoir pris le roi Henri de Transtamare. Mothril s'était mis à la poursuite des fuyards; mais en levant la visière de cet inconnu qui portait le casque du roi, on s'est aperçu qu'il n'était autre que le chevalier de Mauléon, cet ambassadeur français qui, après avoir fui, s'est laissé prendre pour sauver don Henri.

Aïssa poussa un cri.

— Il est pris! dit-elle.

— Il est pris, et lorsque je suis parti, le roi, transporté de colère, le menaçait de sa vengeance.

Aïssa leva les yeux au ciel avec désespoir.

— Il le tuerait? dit-elle, impossible!

— Il a bien failli tuer le connétable.

— Mais je ne veux pas qu'il meure! s'écria la jeune femme en poussant sa mule vers le champ de bataille.

— Aïssa! Aïssa! vous me perdez! vous vous perdez vous-même, dit dona Maria.

— Je ne veux pas qu'il meure! répéta fanatiquement la jeune fille, et elle continua sa course.

Dona Maria, incertaine, haletante, cherchait à reprendre

le sentiment et la raison, quand on entendit gronder la terre sous le poids d'une troupe de cavaliers rapides.

— Nous sommes perdus, dit le chevalier en se haussant sur les étriers ; c'est une escouade de Mores qui viennent plus prompts que le vent, et voilà le chef qui la précède.

En effet, avant qu'Aïssa se fût écartée de la route, cette furieuse cavalcade, s'ouvrant comme une onde précipitée sur l'angle d'une arche, l'entoura, l'étreignit, enveloppa ses compagnons, et dona Maria elle-même, qui, malgré toute sa résolution, resta défaillante et pâle à la gauche du chevalier, dont l'intrépidité ne se démentit pas.

Alors Mothril, sur son cheval arabe, sortit du groupe, saisit la bride de la mule d'Aïssa, et d'une voix étranglée par la fureur.

— Où alliez-vous ? dit-il.

— Je cherchais don Agénor que vous voulez tuer, dit-elle.

Mothril aperçut alors dona Maria

— Ah !... en compagnie de dona Maria, s'écria-t-il avec un affreux grincement de dents. Je devine ! je devine !...

L'expression de son visage devint si effrayante que le chevalier mit sa lance en arrêt.

— Vingt contre cent vingt, nous sommes perdus, pensa le Castillan.

XXVII.

LA TRÊVE.

Mais le combat n'était pas ce que désirait Mothril.

Il se tourna lentement vers la plaine, donna un dernier regard au champ de bataille, et s'adressant à Maria Padilla :

— Je croyais, dit-il, madame, que notre seigneur le roi vous avait fixé un endroit de retraite ; serait-ce qu'il a changé d'avis, et que vous obéissez à un nouvel ordre ?

— Des ordres ! répliqua la fière Castillane, oublies-tu, Sarrasin, que tu parles à celle qui a l'habitude non d'en recevoir, mais d'en donner.

Mothril s'inclina.

— Mais, madame, dit-il, si vous avez le don d'agir à votre désir, vous ne supposez pas pouvoir disposer de dona Aïssa selon votre volonté... Dona Aïssa est ma fille.

Aïssa se préparait à répondre par quelque exclamation furieuse, Maria l'interrompit :

— Seigneur Mothril, dit-elle, à Dieu ne plaise que je porte le trouble dans votre famille ! ceux-là qui veulent être respectés respectent les autres. J'ai vu dona Aïssa seule, éplorée, mourant d'inquiétude, je l'ai emmenée avec moi.

Aïssa ne put se retenir plus longtemps.

— Agénor ! cria-t-elle, qu'avez-vous fait de mon chevalier don Agénor de Mauléon ?

— Ah ! fit Mothril, n'est-ce pas ce seigneur dont ma fille était inquiète ?

Et un funeste sourire éclaira sa physionomie contractée. Maria ne répondit pas.

— N'est-ce pas à ce seigneur que charitablement vous meniez ma fille éplorée ? continua Mothril, s'adressant à Maria : dites ? madame.

— Oui, dit Aïssa, et je persiste à l'aller trouver. Oh ! ton regard ne m'effraie pas, mon père. Quand Aïssa veut, elle veut bien. Je veux aller trouver don Agénor de Mauléon ; conduis-moi vers lui.

— Vers un infidèle, fit Mothril, dont les traits de plus en plus altérés, devinrent livides.

— Vers un infidèle, oui, car cet infidèle est...

Maria l'interrompit.

— Voici le roi, s'écria-t-elle, il vient à nous.

Aussitôt le More fit un signe à ses esclaves, Aïssa fut entourée, séparée de Maria Padilla.

— Vous l'avez tué ! s'écria la jeune fille, eh bien ! je mourrai aussi !

Elle tira de son fourreau d'or une petite lame acérée comme la langue des vipères, et qui fit jaillir un éclair au soleil de la plaine.

Mothril se précipita vers elle... Toute sa fureur l'avait abandonné, toute sa férocité avait fait place à la plus douloureuse anxiété.

— Non ! dit-il, non ; il vit ! il vit !

— Qui me l'assurera? répliqua la jeune fille en interrogeant le More de son regard de feu.

— Demande au roi lui-même : croiras-tu le roi?

— C'est bien! demandez-le lui, et qu'il réponde.

Don Pedro s'était approché.

Maria Padilla s'était jetée dans ses bras.

— Seigneur, dit tout à coup Mothril, dont la tête semblait près de s'égarer, est-il vrai que ce Français, ce Mauléon soit mort?

— Non, par l'enfer! dit le roi d'une voix sombre, non ; je n'ai pu seulement frapper ce traître, ce démon : non, il fuit, le misérable, renvoyé en France par le prince Noir; il fuit, libre, heureux, moqueur, comme le passereau échappé au vautour.

— Il fuit, répéta dona Aïssa, il fuit! est-ce bien vrai?

Et son regard interrogeait tous les assistans.

Mais dans l'intervalle, Maria Padilla, qui avait recueilli des nouvelles positives, et qui savait à quoi s'en tenir sur le salut de Mauléon, fit signe à la jeune fille qu'elle pouvait rester, et que son amant était sain et sauf.

Soudain, tout le délire de la jeune Moresque s'apaisa comme s'apaisent les tempêtes au retour du soleil. Elle se laissa conduire par Mothril, qu'elle suivit en baissant le front, sans s'apercevoir que le roi don Pedro fixait sur elle un regard enflammé, absorbée qu'elle était par cette seule pensée qu'Agénor était vivant, par cette seule espérance qu'elle pouvait encore le revoir.

Ce regard du roi, Maria Padilla le surprit et en devina le sens; mais en même temps elle lut aussitôt sur le visage de la jeune Moresque le dégoût profond que les paroles cruelles de don Pedro, au sujet d'Agénor, avaient soulevé chez elle.

— N'importe, dit-elle, Aïssa ne restera pas à la cour ; elle partira, je la réunirai à Mauléon. Il le faut ! Mothril s'y opposera de tout son pouvoir ; mais tout est là, Mothril ou moi nous devons succomber dans la lutte.

Et comme elle achevait de former ce projet, elle entendit le roi soupirer à l'oreille du More :

—Le fait est qu'elle est bien belle ! Je ne l'ai jamais vue si belle qu'aujourd'hui.

Mothril sourit.

— Oui ! continua Maria, pâle de jalousie, voilà toute la cause de la guerre !

La rentrée de don Pedro à Burgos se fit avec toute la splendeur qu'une victoire décisive donne à la puissance légitime.

Les rebelles ne pouvaient plus rien espérer, ils se soumirent, et l'enthousiasme de leur palinodie fut aussi puissant que les exhortations du prince de Galles pour changer en mansuétude la cruauté ordinaire de don Pedro.

Ce prince se contenta donc de faire pendre une douzaine de bourgeois, de faire étriller par les soldats une centaine des plus signalés mutins, et de lever quelques bonnes confiscations pour son trésor sur une des plus riches villes de l'Espagne.

Et puis, comme il était las de ces luttes acharnées, comme il voyait la fortune lui sourire, comme il éprouvait le besoin de réchauffer au soleil joyeux des fêtes son esprit et son cœur, il fit de Burgos une ville royale. Les bals et les tournois se succédèrent sans interruption ; on distribua des dignités, des récompenses, on oublia la guerre, on oublia presque la haine.

Cependant Mothril veillait, mais au lieu de s'occuper, en ministre prudent, des événemens, d'une résurrection probable de la guerre, il endormait le roi dans une sécurité profonde.

Déjà don Pedro avait congédié, mécontens, les Anglais ; quelques places-fortes, demeurées au pouvoir de ces derniers, les indemnisaient mal, et dangereusement, des frais énormes de la guerre.

Le prince de Galles avait fait et présenté son compte à son allié. La somme était effrayante. Don Pedro sentant qu'il était périlleux de lever des impôts au moment d'une restauration, demandait du temps pour payer. Mais le prince anglais connaissait son allié, il ne voulait pas attendre. Il y avait donc très réellement autour de don Pedro, même dans sa prospérité, des germes de malheur tels, que le plus malheureux prince, le plus ruiné de tous les vaincus, eût préféré sa condition.

Mais c'était le moment que Mothril attendait et peut-être avait prévu. Sans affecter d'être ému, il sourit des prétentions de l'Anglais, en suggérant au prince espagnol que cent mille Sarrasins vaudraient bien dix mille Anglais, coûteraient moins, ouvriraient à l'Espagne le passage vers une domination africaine, et qu'une double couronne serait le résultat de cette politique.

Puis il lui soufflait en même temps, que le seul moyen de réunir solidement les deux couronnes sur une seule tête était une alliance; qu'une fille des anciens princes arabes du sang vénéré des califes, assise aux côtés de don Pedro, sur le trône de Castille, rallierait en un an toute l'Afrique, tout l'Orient même à ce trône.

Et cette fille des califes, on le comprend bien, c'était Aïssa.

Désormais la voie s'aplanissait pour le More. Il touchait à la réalisation de ses rêves. Mauléon n'était plus un obstacle, puisqu'il était parti. D'ailleurs, cet obstacle en était-il vraiment un ? Qu'était-ce que ce Mauléon ? Un chevalier, un rêveur, franc, loyal et crédule ! était-ce donc là un antagoniste à craindre pour le sombre et rusé Mothril ?...

L'obstacle sérieux venait donc d'Aïssa, d'Aïssa seulement.

Mais la force dompte toute résistance. Il ne s'agissait que de prouver à la jeune fille une infidélité de Mauléon. C'était chose facile. Depuis quand les Arabes ne pratiquaient-ils plus soit l'espionnage pour découvrir la vérité, soit le faux témoignage pour établir le mensonge?

Un autre empêchement plus grave, et qui faisait froncer les sourcils du More, c'était cette femme altière et belle, cette femme encore toute-puissante sur l'esprit de don Pedro par l'habitude et la domination du plaisir.

Maria Padilla, depuis qu'elle avait compris les plans de Mothril, travaillait à les contreminer avec une habileté digne en tout point de sa rare et exquise nature.

Elle savait jusqu'au moindre désir de don Pedro, elle captivait son attention, elle éteignait jusqu'au moindre feu qu'elle n'avait pas allumé.

Docile, quand elle était seule avec don Pedro, impérieuse devant tous, maîtresse toujours, elle continuait d'entretenir avec Aïssa, dont elle avait fait son amie, une secrète intelligence.

Lui parlant sans cesse de Mauléon, elle l'empêchait de songer à don Pedro ; et d'ailleurs l'ardente et fidèle jeune fille n'avait pas besoin que l'on entretînt son amour. Son amour, on le sentait bien, ne devait mourir qu'avec sa vie.

Mothril n'avait pu encore surprendre ces entretiens mystérieux ; sa défiance sommeillait ; il ne voyait qu'un des fils de l'intrigue, celui qu'il tenait ; l'autre lui échappait perdu dans une ombre pleine d'artifice.

Aïssa n'avait plus reparu à la cour ; elle attendait silencieusement la réalisation d'une promesse faite par Maria, de lui donner des nouvelles certaines de son amant.

Et de fait, Maria avait expédié en France un émissaire chargé de retrouver Mauléon, de lui apprendre la situation des affaires, et de rapporter de lui un souvenir à la pauvre Moresque languissant dans l'attente d'une réunion prochaine.

Cet émissaire, montagnard adroit, et sur lequel elle pouvait compter, n'était autre que le fils de la vieille nourrice avec lequel Mauléon l'avait rencontrée déguisée en bohémienne.

Voilà où en étaient les choses tant en Espagne qu'en France ; ainsi se tenaient en présence deux intérêts vivans, ennemis furieux, qui n'attendaient, pour se ruer l'un contre l'autre, que le moment où ils auraient acquis par le repos et l'étude toute la plénitude de leurs forces.

Nous pouvons donc, dès à présent, revenir au bâtard de Mauléon, qui, sauf l'amour tenace qui devait le ramener en Espagne, s'en retournait vers sa patrie, léger, joyeux et fier d'être libre, comme ce passereau dont parlait le roi de Castille.

XXVIII.

VOYAGE.

Agénor comprenait toute la difficulté de sa position.

Être libre par la générosité du prince de Galles, c'était un privilége dont beaucoup de gens pouvaient lui envier la continuité. Agénor poussa son cheval tant qu'il put, grâce aux exhortations pressantes de Musaron, qui, secouant ses oreilles dans la joie de les posséder encore, usait toute son éloquence à peindre le danger d'une poursuite et les charmes du retour dans la patrie.

Mais l'honnête Musaron perdait son temps ; Agénor ne l'écoutait pas. Séparé d'Aïssa, le chevalier n'avait plus que son corps. Son âme était en Espagne, inquiète, souffrante, éperdue !

Cependant, tel était à cette époque le sentiment du devoir, que Mauléon, dont le cœur s'indignait à l'idée de quitter sa maîtresse et palpitait de joie à l'idée d'aller secrètement la retrouver, que Mauléon, disons-nous, continuait bravement sa route au risque de perdre à jamais sa belle Moresque, pour accomplir la mission dont l'avait chargé le connétable.

Le pauvre cheval avait été trop peu ménagé. Le noble animal, qui avait supporté les fatigues de la guerre et obéi aux caprices amoureux de son maître, manqua de forces à Bordeaux, où l'abandonna Mauléon pour le reprendre à son retour.

Dès lors, changeant de chevaux en inventant le système de la poste bien avant Louis XI, d'ingénieuse mémoire, notre voyageur vint tomber, inattendu, épuisé, effrayant, aux pieds du bon roi Charles, qui palissait ses pêchers dans le beau jardin de l'hôtel Saint-Paul.

— Oh! oh! qu'est-ce cela, et que venez-vous m'annoncer, sire de Mauléon? dit le roi Charles, à qui la nature avait donné ce privilége, quand il avait vu un homme une seule fois, de le reconnaître toujours.

— Sire roi, répondit Agénor en mettant un genou en terre, je viens vous annoncer une triste nouvelle: votre armée a été vaincue en Espagne.

— La volonté de Dieu soit faite! répliqua le prince en pâlissant. Mais l'armée se ralliera.

— Il n'y a plus d'armée, sire!

— Dieu est miséricordieux, fit le roi plus bas. Comment se porte le connétable?

— Sire, le connétable est prisonnier des Anglais

Le roi poussa un soupir étouffé, mais ne proféra pas une parole. Puis, presque aussitôt, son front se rasséréna.

— Raconte-moi la bataille, dit-il un moment après. Où a-t-elle eu lieu, d'abord?

— A Navarette, sire.

— J'écoute.

Agénor raconta le désastre, l'anéantissement de l'armée, la prise du connétable, et comment il avait été presque miraculeusement sauvé par le prince Noir.

— Il faut que je rachète Bertrand, dit Charles V, si toutefois on veut le laisser mettre à rançon.

— Sire, la rançon est consentie.

— A combien ?

— A soixante-dix mille florins d'or.

— Et qui a fixé cette rançon ? dit le roi, tressaillant à la pesanteur de ce chiffre.

— Le connétable lui-même.

— Le connétable ! Il me semble bien généreux.

— Trouvez-vous, sire, qu'il se soit plus estimé qu'il ne vaille ?

— S'il s'était estimé ce qu'il vaut, dit le roi, tous les trésors de la chrétienté n'auraient pu nous le rendre.

Mais, tout en rendant cette justice à Bertrand, le roi tomba dans une sombre rêverie, dont Agénor ne put méconnaître le sens.

— Sire, dit-il aussitôt, que Votre Majesté ne se mette pas en peine de la rançon du connétable. Sire Bertrand m'a dépêché vers sa femme, madame Tiphaine Raguenel, qui tient cent mille écus à lui, et qui les donnera pour racheter son mari.

— Ah ! bon chevalier, dit Charles en s'épanouissant, il est donc aussi bon trésorier que bon homme de guerre. Je ne l'aurais pas cru. Cent mille écus !... Eh ! mais il est plus riche que moi. Qu'il me prête donc ces soixante-dix mille florins. Je les lui rendrai bientôt... Mais crois-tu bien qu'il les possède ?... S'il allait ne les plus trouver.

— Pourquoi, sire ?

— Parce que madame Tiphaine Raguenel est très jalouse de la gloire de son mari, et qu'elle se conduit là-bas en dame charitable et magnifique.

— Alors, sire, au cas où elle n'aurait plus d'argent, le bon connétable m'a donné une autre commission.

— Laquelle ?

— Celle de parcourir la Bretagne en criant : Le connétable est prisonnier de l'Anglais, payez sa rançon, hommes de Bretagne ! et vous, femmes de Bretagne, filez !

— Et, dit le roi vivement, tu prendras une de mes bannières avec trois de mes gens d'armes, pour faire le cri dans toute la France ! Mais, ajouta Charles V, ne fais cela qu'à la dernière extrémité. Il est possible qu'on puisse réparer ici le malheur de Navarette. Vilain nom ! ce mot de Navarre porte toujours malheur à qui est Français.

— Impossible, sire, vous allez bientôt voir, sans doute, le prince fugitif, Henri de Transtamare. Les Anglais feront chanter victoire par toutes leurs trompettes de Gascogne, et puis de pauvres Bretons, enfin, blessés, mendians, vont revenir dans leur patrie, racontant à tous leur lamentable histoire.

— C'est vrai ! pars donc, Mauléon, et si tu revois le connétable...

— Je le reverrai.

— Dis-lui que rien n'est perdu s'il m'est rendu lui-même.

— Sire, j'avais encore un mot de lui pour vous.

— Quoi donc ?

— Dis au roi, me glissa-t-il à l'oreille, que notre projet marche à bien, que par les chaleurs d'Espagne bien des rats de France sont morts sans avoir pu s'acclimater.

— Brave Bertrand, il riait donc même en ce cruel moment ?

— Toujours invincible, sire : aussi beau dans la défaite que grand dans la victoire.

Agénor prit ainsi congé du roi Charles V, qui lui fit donner trois cents livres, don magnifique, à l'aide duquel Agénor acheta deux bons chevaux de guerre du prix de 50 livres chacun. Il donna dix livres à Musaron, lequel, tout émerveillé, les enfouit dans sa ceinture de cuir et renouvela son équipage rue de la Draperie. Agénor acheta également rue de la Heaumerie un de ces casques d'invention nouvelle, qui se fermaient avec un ressort, et il en fit présent à l'écuyer, dont la tête se prêtait si facilement aux coups chez les Sarrasins.

Cet utile et agréable présent rehaussa la bonne mine de Musaron. et lui donna vis-à-vis de son maître un tendre orgueil d'écuyer gentilhomme.

On se mit en route. La France est si belle ! Il est si doux d'être jeune, fort, vaillant, d'aimer, d'être aimé, d'avoir cent cinquante livres à l'arçon de la selle et de porter une salade toute neuve, que Mauléon aspirait à longs traits l'air pur ; que Musaron bondissait sur la selle et se cambrait en manière de gendarme ; et comme s'ils eussent voulu dire, l'un : — Regardez-moi, j'aime la plus belle fille d'Espagne; l'autre, j'ai vu les Mores, la bataille de Navarette, et j'ai un casque de huit livres, acheté chez Poincrot, rue de la Heaumerie.

Dans cette joie, dans ce bel équipage, Agénor arriva aux frontières de Bretagne, où il fit demander au duc Jean de Montfort, prince régnant, la permission d'accomplir sur ses terres la visite à dame Raguenel, et la levée d'argent nécessaire à la rançon du connétable.

La commission de Musaron, négociateur ordinaire d'Agénor, était délicate. Le comte de Montfort, fils du vieux comte de Montfort, lequel avait fait la guerre contre la France avec le duc de Lancastre, après avoir conservé de mauvaises rancunes contre Bertrand, principale cause de la levée du siége de Dinan; (mais nous l'avons dit, c'était le temps des belles actions et des nobles cœurs); le jeune comte de Montfort, apprenant le malheur de Bertrand, oublia toute inimitié.

— Si je le permets! dit-il; mais je le demande, au contraire. Qu'on lève sur mes terres toute contribution que l'on voudra. Non-seulement je veux le voir libre, mais je veux le voir mon ami, s'il revient en Bretagne. Notre terre est honorée de lui avoir donné le jour.

Ayant ainsi parlé, le comte reçut Agénor avec distinction, lui donna le peésent dû à tout ambassadeur royal, et l'ayant honoré d'une escorte, le fit conduire chez dame Tiphaine Raguenel, qui habitait à La Roche-Derrien, dans un des domaines de la famille.

XXIX.

MADAME TIPHAINE RAGUENEL.

Tiphaine Raguenel, fille de Robert Raguenel, seigneur de La Bellière, vicomte et homme de la première qualité, était une de ces femmes accomplies comme les héros n'en rencontrent guère, soit que Dieu ne réunisse pas sur une même famille tous ses dons précieux, soit que le mérite de l'un des époux absorbe ordinairement celui de l'autre.

Tiphaine Raguenel, dans sa jeunesse, était surnommée par les Bretons Tiphaine la fée. Elle était savante dans la médecine et l'astrologie ; c'est elle qui dans deux combats célèbres de Bertrand lui avait pronostiqué la victoire, au grand ébahissement des Bretons inquiets ; elle qui, lorsque Bertrand se fatigua du service et voulut rentrer en ses terres, le rejeta par ses conseils et ses prédictions dans la vie glorieuse d'où il retira fortune et impérissable renommée. En effet, jusqu'à la guerre faite par Charles de Blois contre Jean de Montfort, guerre dans laquelle Bertrand fut appelé au commandement de l'armée, le héros breton n'avait eu l'occasion de déployer que les forces, l'adresse et le courage à toute épreuve du champion duelliste et du chef de partisans.

Aussi Tiphaine Raguenel jouissait-elle auprès de son époux, et dans toute la contrée, d'une influence égale à celle d'une grande reine.

Elle avait été belle, elle était de haut lignage. Son esprit cultivé lui donnait la supériorité sur beaucoup de prud'hommes dans les conseils, et elle avait ajouté à ces qualités précieuses le désintéressement sans exemple de son époux.

Lorsqu'elle apprit qu'un messager de Bertrand lui venait, elle sortit à sa rencontre avec ses demoiselles et ses pages.

L'inquiétude se peignait sur son visage ; elle avait comme involontairement revêtu des habits de deuil, ce qui, dans l'état des circonstances présentes, car on ignorait généralement le désastre de Navarette, avait frappé d'une superstitieuse terreur les commensaux et les serfs du manoir de La Roche-Derrien.

Tiphaine vint donc à la rencontre de Mauléon, et le reçut au pont-levis.

Mauléon avait oublié toute sa gaîté pour prendre le visage cérémonieux d'un messager de triste augure.

Il s'inclina d'abord, puis mit un genou en terre, subjugué par l'extérieur imposant de la noble dame, plus encore que par la gravité des nouvelles qu'il apportait.

— Parlez, sire chevalier, dit Tiphaine, je sais que vous m'apportez de très mauvaises nouvelles de mon époux, parlez !

Il se fit un lugubre silence autour du chevalier, et sur ces mâles visages bretons se peignit l'anxiété la plus douloureuse. On remarqua cependant que le chevalier n'avait point attaché de crêpe à sa bannière ou à son épée, comme il était d'usage en cas de mort.

Agénor recueillit ses esprits et commença le triste récit que la dame Raguenel écouta sans donner le moindre signe d'étonnement. Seulement l'ombre qui obscurcissait ses traits envahit, plus épaisse et plus douloureuse, son noble visage. La dame Tiphaine Ragnenel écouta, disons-nous, la douloureuse histoire.

— Eh bien ! dit-elle, quand tous les Bretons consternés eurent poussé leurs cris de détresse et entamé leurs prières, vous venez de le part de mon époux, sire chevalier?

— Oui, dame, répliqua Mauléon.

— Et, prisonnier dans la Castille, il sera mis à rançon?

— Il s'est mis à rançon lui-même.

— A combien ?

— A soixante-dix mille florins d'or.

— Ce n'est pas exagéré, pour un si grand capitaine... Mais cette somme, où compte-t-il la prendre ?

— Il l'attend de vous, dame.

— De moi ?

— Oui ; n'avez-vous pas cent mille écus d'or que le connétable a rapportés de la dernière expédition, et confiés en dépôt aux religieux du Mont-Saint-Michel?

— C'est vrai, la somme était de cent mille livres, sire messager; mais elle est dissipée.

— Dissipée! s'écria involontairement Mauléon, qui se rappelait les paroles du roi... dissipée!...

—Comme il convenait qu'elle le fût, je crois, continua la dame. J'ai pris la somme aux religieux pour équiper cent vingt gens d'armes, secourir douze chevaliers de notre pays, élever neuf orphelins, et comme il ne me restait rien pour marier deux filles d'un de nos amis et voisins, j'ai engagé ma vaisselle et mes joyaux. Il n'y a plus à la maison que le strict nécessaire. Cependant, si dénués que nous soyons, j'espère m'être conduite selon le gré de messire Bertrand, et je crois qu'il m'approuverait et me remercierait s'il était là.

Ce mot, s'il était là, prononcé avec attendrissement par cette noble bouche, avec ce noble langage, tira des larmes de tous les yeux.

— Il ne reste au connétable, madame, dit Mauléon, qu'à vous remercier, en effet, comme vous le méritez, et à attendre un secours de Dieu.

— Et de ses amis, dirent quelques-uns dans leur enthousiasme.

— Et comme j'ai l'honneur d'être le serviteur fidèle de messire le connétable, dit Mauléon, je vais commencer à accomplir la tâche que m'imposa messire Duguesclin, dans la prévision où il était de ce qui arrive. J'ai la trompette du roi, une bannière aux armes de France, et je vais courre le pays en annonçant la nouvelle. Ceux qui voudront voir messire le connétable libre et sauf se lèveront et contribueront.

— Je l'eusse fait moi-même, dit Tiphaine Raguenel; mais il vaut mieux que vous le fassiez, avec la permission de monseigneur le duc de Bretagne d'abord.

— J'ai cette permission, madame.

— Or, chers sires, continua Tiphaine Raguenel en promenant ses regards assurés sur la foule qui grossissait, vous l'entendez, ceux qui voudront témoigner au chevalier que voici l'intérêt qu'ils portent au nom de Duguesclin, voudront bien regarder son messager comme un ami.

— Et d'abord, cria la voix d'un cavalier qui venait de s'arrêter derrière le groupe, moi, Robert, comte de Laval, je donnerai quarante mille livres pour la rançon de mon ami Bertrand. Cet argent me suit, mes pages l'apportent.

— Que la noblesse de Bretagne vous imite, généreux ami, dans la proportion de ses richesses, et le connétable sera libre ce soir, dit Tiphaine Raguenel, doucement émue de cette libéralité.

— Venez, sire chevalier, dit le comte de Laval à Mauléon. Je vous offre l'hospitalité dans ma maison... Vous commencerez dès aujourd'hui votre collecte, et, sur ma foi ! elle sera ample. Laissons dame Tiphaine à sa douleur.

Mauléon baisa respectueusement la main de la noble dame, et suivit le comte au milieu des bénédictions d'un grand concours de peuple attiré par la nouvelle.

Musaron ne se sentait pas de joie. Il avait failli être étouffé par le populaire, qui lui serrait la cuisse et baisait l'étrier, ni plus ni moins que s'il eût été seigneur banneret.

L'hospitalité du comte de Laval promettait quelques bons jours au très sobre et très vigilant écuyer, et puis Musaron, avouons-le, avait le faible d'aimer voir, ne fût-ce que pour sa couleur, une grande quantité d'or.

Déjà les collectes de commune en commune allaient grossissant la masse. L'humble masure donnait une journée de travail, le château donnait le prix de deux bœufs, ou cent livres, le bourgeois non moins généreux, non moins national, retranchait un plat de sa table, un ornement des jupes de sa femme. Agénor, en huit jours, ramassa dans Rennes cent soixante mille livres, et, le rayon épuisé, il se résolut à commencer l'exploitation d'une autre veine.

De plus, il est certain, comme le dit la légende, que les femmes de Bretagne filèrent plus activement leur quenouille pour la liberté de Duguesclin, qu'elles ne le faisaient pour nourrir leurs fils et vêtir leurs maris.

XXX.

MESSAGER.

Il y avait huit jours que Mauléon habitait près de Rennes, chez le comte de Laval, lorsqu'un soir, au moment où il rentrait chargé d'un sac d'or, dûment enregistré par le scribe ducal et l'agent de la dame Tiphaine Raguenel, le bon chevalier se trouvant entre la ville et le château, dans un ravin bordé de haies, aperçut deux hommes d'un étrange aspect et d'une attitude inquiétante.

— Quels sont ces gens? demanda Agénor à son écuyer.

— Sur mon âme! on dirait des gens de Castille, s'écria Musaron en regardant de travers un cavalier suivi d'un page, lesquels montaient chacun un petit cheval andalous à tous crins, et, salade en tête, écu sur la poitrine, s'étaient adossés à la haie pour regarder les Français et les interroger au passage.

— En effet, c'est l'armure d'un Espagnol; et les longues épées fines et plates sentent le Castillan.

— Cela ne vous fait-il pas certain effet, messire? demanda Musaron.

— Oui, certes... Mais ce cavalier veut me parler, je crois.

— Ou vous prendre votre sac, seigneur. Heureusement, j'ai mon arbalète.

— Laisse en repos ton arbalète ; vois, ni l'un ni l'autre n'a touché à ses armes.

— Senor ! cria l'étranger en espagnol.

— Est-ce à moi que vous parlez ? dit Agénor dans la même langue.

— Oui.

— Que me voulez-vous ?

— Indiquez-moi le chemin du château de Laval, s'il vous plaît, demanda le cavalier avec cette politesse qui distingue l'homme de condition partout, mais le simple Castillan quel qu'il soit.

— J'y vais, senor, dit Agénor, et je puis vous servir de guide ; mais je vous avertis que le seigneur du lieu est absent : il est parti ce matin pour une excursion dans le voisinage.

— Il n'y a personne au château ? dit l'étranger avec un désappointement visible. Quoi ! encore chercher ! murmura-t-il.

— Mais je n'ai pas dit qu'il n'y eût personne, senor.

— Peut-être vous défiez-vous, dit l'étranger en levant la visière de son casque ; car cette visière, ainsi que celle de Mauléon, était baissée, habitude prudente adoptée par tous les voyageurs qui, dans ces temps de défiance et de brigandages, craignaient toujours l'attaque et la trahison.

Mais à peine le Castillan eut-il laissé voir son visage à découvert, que Musaron s'écria :

— Oh ! Jésus !

— Qu'y a-t-il ? fit Agénor surpris.

L'étranger regarda, étonné aussi de cette exclamation.

— Gildaz ! murmura Musaron à l'oreille de son maître.

— Qu'est-ce que Gildaz ? demanda Mauléon du même ton.

— L'homme que nous avons rencontré en voyage, et qui accompagnait madame Maria ! le fils de cette bonne vieille bohémienne qui est venue vous donner le rendez-vous de la chapelle.

— Bonté divine ! fit Agénor saisi d'inquiétude, que viennent-ils faire ici ?

— Nous poursuivre, peut-être.

— De la prudence !

— Oh ! vous savez qu'il n'est pas besoin de me recommander cela.

Pendant ce colloque, le Castillan examinait les deux interlocuteurs, en se reculant peu à peu avec crainte.

— Bah ! que peut nous faire l'Espagne au centre de la France? dit Agénor rassuré après un instant de réflexion.

— Au fait, quelque nouvelle seulement, dit Musaron.

— Oh ! c'est cela qui me fait frémir. Je crains plus les événemens que les hommes. N'importe ! questionnons-le.

— Soyons prudens, au contraire. Si c'étaient des émissaires de Mothril !

— Mais tu te rappelles avoir vu cet homme près de Maria Padilla.

— N'avez-vous pas vu Mothril près de don Frédéric ?

— C'est vrai.

— Soyons donc sur nos gardes, dit Musaron en ramenant sur sa poitrine l'arbalète qui se balançait en bandoulière.

Le Castillan vit le mouvement.

— De quoi vous défiez-vous ? dit-il, nous sommes-nous

présentés discourtoisement, ou est-ce la vue de mon visage qui a pu vous déplaire ?

— Non, dit Agénor balbutiant, mais... qu'allez-vous faire au château du sire de Laval ?

— Je veux bien vous le dire, senor, j'ai besoin de rencontrer un chevalier qui loge chez le comte.

Musaron, par les trous de sa visière, décocha un regard parlant à son maître.

— Un chevalier ?... qui se nomme ?...

— Oh ! senor, ne me demandez pas une indiscrétion en échange du service que vous me rendez ; j'aimerais mieux attendre qu'il passât sur cette route un autre voyageur moins curieux.

— C'est vrai, senor, c'est vrai. Je ne vous questionnerai plus.

— J'avais conçu un grand espoir en vous entendant me répondre dans la langue de mon pays.

— Quel espoir ?

— Celui du prompt succès de ma mission.

— Près de ce chevalier ?

— Oui, senor.

— Quel tort cela vous fait-il de le nommer, puisque je vais savoir son nom quand nous arriverons au château ?

— Alors, senor, je serai sous le toit d'un seigneur qui ne souffrira pas qu'on me maltraite.

Musaron eut une heureuse inspiration. Il était toujours brave quand un danger menaçait son maître.

Il leva résolument sa visière et s'approcha du Castillan.

— Vala me Dios ! s'écria celui-ci.

— Eh bien ! Gildaz, bonjour, dit-il.

— Vous êtes l'homme que je cherche ! s'écria le Castillan.

— Et me voici, fit Musaron, dégaînant son lourd coutelas.

— Il s'agit bien de cela, dit Gildaz ; ce seigneur est-il votre maître ?

— Quel seigneur et quel maître ?

— Ce chevalier est-il don Agénor de Mauléon ?

— Je le suis, dit Agénor ; voyons ! s'accomplisse mon sort : j'ai hâte de savoir le bien ou le mal.

Gildaz regarda aussitôt le chevalier avec une sorte de défiance.

— Mais si vous me trompez? dit-il.

Agénor fit un brusque mouvement.

— Ecoutez donc, dit le Castillan, bon messager doit craindre.

— Tu reconnais mon écuyer, drôle !

— Oui, mais je ne connais pas le maître.

— Tu te défies donc de moi, coquin ? cria Musaron furieux.

— Je me défie de toute la terre quand il s'agit de bien faire mon devoir.

— Prends garde, face jaune, que je te corrige ! Mon couteau est pointu.

— Eh ! dit le Castillan, ma rapière aussi... Vous n'êtes pas raisonnable... Moi mort, ma commission sera-t-elle faite ? et vous autres tués, le sera-t-elle davantage ? Allons, s'il vous plaît, doucement jusqu'au manoir de Laval ; que là, sans être prévenu, quelqu'un nomme devant moi le seigneur de Mauléon, et aussitôt j'accomplis l'ordre de ma maîtresse.

Ce mot fit bondir Agénor ; il s'écria :

— Bon écuyer, tu as raison, nous avions tort ; tu viens à moi de la part de dona Maria, peut-être ?

— Vous le saurez tout à l'heure, si vous êtes bien don Agénor de Mauléon, dit le Castillan opiniâtre.

— Viens donc ! s'écria le jeune homme avec la fièvre de l'impatience, viens... les tours du château sont là-bas, viens vite !... Tu auras toute satisfaction, bon écuyer...

— Piquons, Musaron, piquons !

— Laissez-moi passer devant, alors, dit Gildaz, je vous en prie.

— Comme tu voudras ; va, mais va vite.

Et les quatre cavaliers hâtèrent le pas de leurs montures.

XXXI.

LES DEUX MESSAGES.

Agénor était à peine entré dans le manoir de Laval, que l'écuyer castillan, qui ne perdait de vue ni un geste ni une parole, entendit le gardien de la tour lui dire :

— Soyez le bienvenu, sire de Mauléon !

Ces paroles, jointes au regard plein de reproches que Musaron lui adressait de temps en temps, suffirent au messager.

— Puis-je dire deux mots à l'écart à Votre Seigneurie ? demanda-t-il aussitôt au jeune homme.

— Cette cour plantée d'arbres vous convient-elle ? demanda Agénor.

— Parfaitement, senor.

— Vous savez, continua Mauléon, que je ne me défie pas de Musaron, qui est plutôt un ami qu'un serviteur pour moi ; quant à votre compagnon...

— Seigneur, vous le voyez, c'est un jeune More que je trouvai, voilà tantôt deux mois, dans le chemin qui conduit de Burgos à Soria. Il mourait de faim ; il avait été battu jusqu'au sang par les gens de Mothril et par Mothril lui-même, lequel l'avait menacé du poignard à cause du penchant que ce pauvre enfant témoignait pour la religion du Christ. Je le trouvai donc pâle et tout sanglant ; je l'emmenai chez ma mère, que peut-être Votre Seigneurie connaît, ajouta l'écuyer en souriant, et nous le pansâmes, nous lui donnâmes à manger. Depuis, il est pour nous un chien dévoué jusqu'à la mort. Aussi, quand il y a deux semaines, mon illustre maîtresse, dona Maria...

L'écuyer baissa la voix.

— Dona Maria !... murmura Mauléon.

— Elle-même, senor ; lorsque mon illustre maîtresse dona Maria me fit appeler pour me confier une mission importante et dangereuse : — Gildaz, me dit-elle, tu vas monter à cheval et te rendre en France ; mets beaucoup d'or dans ta valise, et prends une bonne épée ; tu chercheras sur la route de Paris un gentilhomme (et ma maîtresse me dépeignit Votre Seigneurie) qui se rend certainement à la cour du grand roi Charles-le-Sage ; prends avec toi un compagnon fidèle, car la mission, je te le dis, est périlleuse.

— Je songeai aussitôt à Hafiz, et je lui dis : Hafiz, monte à cheval et prends ton poignard.

— Bien, maître, me répondit Hafiz, le temps seulement d'aller à la mosquée. — Car chez nous Espagnols, vous le savez, seigneur, dit Gildaz en soupirant, il y a aujourd'hui églises pour les Chrétiens, mosquées pour les Infidèles, comme si Dieu avait deux demeures.

Je laissai l'enfant courir à sa mosquée ; je préparai moi-même son cheval avec le mien, je mis à l'arçon le grand poignard que vous y voyez attaché par la chaîne de soie, et lorsqu'il revint une demi-heure après, nous partîmes. Dona Maria m'avait écrit pour vous, la lettre que voici.

Gildaz souleva sa cuirasse, ouvrit son pourpoint, et dit à Hafiz :

— Ton poignard, Hafiz !

Hafiz, avec sa face couleur de bistre, ses yeux blancs, et l'impassible raideur de son maintien, avait, pendant tout le récit de Gildaz, conservé un silence, une immobilité de pierre.

Tandis que le bon écuyer énumérait ses qualités, sa fidélité, sa discrétion, il ne sourcillait pas ; mais lorsqu'il avait parlé de son absence d'une demi-heure pour aller à la mosquée, une sorte de rougeur, feu pâle et sinistre, avait envahi ses joues, et jeté dans ses yeux comme un éclair d'inquiétude ou de remords.

Lorsque Gildaz lui demanda le poignard, il allongea sa main lentement, tira l'arme du fourreau, et la tendit à Gildaz.

Celui-ci coupa la doublure du pourpoint, et en tira une lettre dans un fourreau de soie.

Mauléon appela Musaron à l'aide.

Celui-ci s'attendait bien à figurer dans le dénoûment de la scène. Il prit l'enveloppe, la déchira, et se mit à lire à Mauléon le contenu de l'épître, tandis que Gildaz et Hafiz se tenaient à une distance respectueuse.

— « Seigneur don Agenor, disait Maria Padilla, je suis bien surveillée, bien épiée, bien menacée ; mias la personne que vous savez l'est plus encore que moi. Je vous suis bien affectionnée ; mais la personne pour qui je vous écris vous aime plus que moi encore. Nous avons pensé qu'il vous serait agréable, à présent que vous voilà en terre de France, d'avoir ce que vous regrettez en votre possession.

» Tenez-vous donc près de la frontière, à Rianzarès, dans un mois à partir de la réception du présent avis. La date précise de votre arrivée à Rianzarès, je la connaîtrai sûrement par le fidèle messager que je vous envoie. Attendez là, patiemment, sans rien dire ; vous verrez un soir approcher, non une litière que vous connaissez, mais une mule rapide qui vous portera l'objet de tous vos désirs.

» Alors, seigneur Mauléon, enfuyez-vous ; alors, renoncez au métier des armes, à moins que vous ne remettiez jamais les pieds en Castille : ceci, sur votre foi de chrétien et de chevalier. Alors, riche de la dot que votre femme vous apportera, heureux de son amour et de sa beauté, gardez, en vigilant seigneur, votre trésor, et bénissez quelquefois dona Maria Padilla, pauvre femme bien malheureuse, dont cette lettre est l'adieu. »

Mauléon se sentit attendri, transporté, enivré.

Il bondit, et arrachant la lettre des mains de Musaron, il y imprima un ardent baiser.

— Viens, dit-il à l'écuyer, viens que je t'embrasse, toi qui as peut-être effleuré les vêtemens de celle qui est mon ange protecteur.

Et follement, il embrassa Gildaz.

Hafiz ne perdait pas de vue un des détails de la scène, mais il ne bougeait pas.

— Dis à dona Maria... s'écria Mauléon.

— Silence, donc! seigneur, interrompit Gildaz, ce nom... si haut.

— Tu as raison, fit Agénor plus bas, dis donc à dona Maria que dans quinze jours...

— Non, seigneur... répliqua Gildaz, les secrets de ma maîtresse ne me regardent point ; je suis un courrier, je ne suis pas un confident.

— Tu es un modèle de fidélité, de noble dévoûment, Gildaz, et, si pauvre que je sois, tu recevras de moi une poignée de florins.

— Non, seigneur, rien... ma maîtresse paie assez cher.

— Alors ton page... ton More fidèle...

Hafiz ouvrit de gros yeux, et la vue de l'or fit passer un frisson sur ses épaules.

— Je te défends de rien recevoir, Hafiz, dit Gildaz.

Un mouvement imperceptible révéla au perspicace Musaron la furieuse contrainte d'Hafiz.

— Les Mores sont généralement avides, dit-il à Gildaz, et celui-ci l'est plus qu'un More et un juif ensemble. Aussi a-t-il lancé à son camarade Gildaz un bien vilain regard.

— Bah! tous les Mores sont laids, Musaron, et le diable seul connaît quelque chose à leur grimace, répliqua Gildaz en souriant.

Et il rendit à Hafiz le poignard que celui-ci serra presque convulsivement.

Musaron, sur un signe de son maître, se prépara dès-lors à écrire une réponse à dona Maria.

Le scribe du sieur de Laval passait dans la cour.

On l'arrêta, Musaron lui emprunta un parchemin, une plume, et écrivit.

« Noble dame, vous me comblez de bonheur. Dans un mois, c'est-à-dire le septième jour du mois prochain, je serai à Rianzarès, prêt à recevoir le cher objet que vous m'envoyez. Je ne renoncerai pas au métier des armes, parce que je veux devenir un grand guerrier pour faire honneur à ma dame bien-aimée; mais l'Espagne ne me verra plus, je vous le jure par le Christ! à moins que vous ne m'y appeliez, ou que le malheur empêche Aissa de me joindre, auquel cas je courrais jusqu'aux enfers pour la retrouver. Adieu, noble dame, priez pour moi. »

Le chevalier fit une croix au bas de ce parchemin, et Musaron écrivit sous la croix.

Ceci est la signature :

Sire AGÉNOR DE MAULÉON.

Tandis que Gildaz resserrait sous sa cuirasse la lettre de Mauléon, Hafiz à cheval épiait, plutôt comme un tigre que comme un chien fidèle, chacun des mouvemens de l'écuyer. Il vit la place où reposait le dépôt, et parut désormais indifférent au reste de la scène, comme s'il n'avait plus rien à voir et que ses yeux lui devinssent inutiles.

— A présent, que faites-vous, bon écuyer ? dit Agénor.

— Je repars sur mon cheval infatigable, seigneur ; je dois être arrivé dans douze jours près de ma maîtresse : tel est son ordre, je dois donc faire diligence. Il est vrai que je ne suis pas fort éloigné ; il y a, dit-on, une route qui coupe par Poitiers.

— C'est vrai... Au revoir, Gildaz, adieu, bon Hafiz ! Vrai Dieu ! il ne sera pas dit que si tu refuses la gratification d'un maître, tu refuseras le présent d'un ami.

Et Agénor détacha sa chaîne d'or, qui valait cent livres, et la jeta au cou de Gildaz.

Hafiz sourit, et sa face basanée s'illumina étrangement de ce sourire infernal.

Gildaz accepta, émerveillé, baisa la main d'Agénor et partit.

Hafiz marchait derrière lui, comme attiré par le brillant de l'or qui dansait sur les larges épaules de l'écuyer son maître.

XXXII.

LE RETOUR.

Mauléon fit toutes ses dispositions sur l'heure.

Il ne se sentait plus de joie. Désormais une union indissoluble avec sa maîtresse ; la sécurité dans l'amour... Riche, belle, aimante, Aïssa lui arrivait comme un de ces rêves que Dieu prête aux hommes jusqu'au matin pour leur faire comprendre qu'il y a autre chose que la vie terrestre.

Musaron partageait l'enthousiasme de son maître. Une grande maison à monter dans ce pays si riche de la Gascogne, par exemple, où la terre nourrit assez le fainéant, enrichit le laborieux, devient un paradis pour le riche; commander à des valets, à des serfs, élever des bestiaux, dresser des chevaux, ordonner des chasses, telles étaient les douces visions qui assaillaient en foule l'imagination très active du bon écuyer d'Agénor.

Déjà Mauléon songeait qu'il ne pourrait s'occuper de guerres pendant une année, car Aïssa l'occuperait tout entier, car il lui devait, il se devait à lui-même une année au moins de bonheur calme, en reconnaissance de t nt d'heures douloureuses.

Mauléon attendit avec impatience le retour du sire de Laval.

Ce seigneur avait récolté de son côté chez plusieurs nobles Bretons des sommes considérables, destinées à payer la rançon du connétable. Les scribes du roi et du duc de Bretagne collationnèrent leurs comptes d'après lesquels il apparut que la moitié des soixante-dix mille florins d'or était déjà trouvée.

C'en était assez pour Mauléon, il espérait que le roi de France ferait le reste, et connaissait assez le prince de Galles pour savoir que, dans le cas même où la première moitié de la rançon arriverait, les Anglais laisseraient le connétable en liberté, si leur politique ne leur conseillait pas de le retenir malgré le paiement intégral de la somme.

Mais pour l'acquit de sa conscience pointilleuse, Mauléon parcourut le reste de la Bretagne avec l'étendard royal, en faisant l'appel au peuple breton.

Chaque fois qu'il traversait un bourg, il se faisait précéder du cri funèbre :

— Le bon connétable est prisonnier des Anglais ; gens de Bretagne, le laisserez-vous captif ?

Chaque fois, disons-nous, qu'il rencontrait dans cette circonstance ces Bretons si pieux, si hardis, si mélancoliques, il recueillait les mêmes gémissemens, la même indignation, et les pauvres se disaient : Vite à l'ouvrage, mangeons moins de notre blé noir, et amassons un sou pour la rançon de messire Duguesclin.

De cette façon, Agénor compléta six mille autres florins, qu'il confia aux gens d'armes du sire de Laval, aux vassaux de la dame Tiphaine Raguenel, à laquelle avant de partir il revint faire ses adieux.

Mais alors un scrupule lui vint. Il pouvait partir, il devait aller prendre sa maîtresse ; mais tout n'était pas fini pour lui dans sa mission d'ambassadeur. Agénor, qui avait promis à dona Maria de ne jamais rentrer en Espagne, devait cependant rapporter à Bertrand Duguesclin cet argent récolté par ses soins en Bretagne, argent précieux, après l'arrivée duquel soupirait sans doute le captif du prince de Galles.

Agénor, placé entre ces deux devoirs, balança longtemps. Un serment, et il avait fait ce serment à dona Maria, était chose sacrée ; son affection, son respect pour le connétable lui paraissaient sacrés aussi.

Il s'ouvrit de ses inquiétudes à Musaron.

— Rien de plus aisé, dit l'ingénieux écuyer, demandez à dame Tiphaine l'escorte d'une douzaine de vassaux armés pour escorter l'argent, le sire de Laval y joindra bien quatre lances, le roi de France donnera, pourvu que cela ne lui coûte rien, une douzaine de gens d'armes ; avec cette troupe que vous commanderez jusqu'à la frontière, l'argent sera bien en sûreté.

Une fois à Rianzarès, vous écrivez au prince de Galles, qui vous envoie un sauf-conduit ; l'argent passe de cette façon sûrement jusqu'au connétable.

— Mais moi... mon absence ?

— Le prétexte d'un vœu.

— Un mensonge !

— Ce n'est pas un mensonge, puisqu'en effet vous ave

juré à dona Maria... Puis, fût-ce un mensonge, le bonheur vaut bien un péché.

— Musaron !

— Eh ! monsieur, ne faites pas tant le religieux, vous épousez une Sarrasine... Voilà bien un autre péché mortel ce me semble !

— C'est vrai, soupira Mauléon.

— Et puis, continua Musaron, le seigneur connétable serait bien difficile, s'il vous voulait avec l'argent... Mais, croyez-moi, je connais les hommes ; aussitôt que les florins brilleront, on oubliera le collecteur... D'ailleurs, une fois le connétable en France, s'il veut vous voir, il vous verra, vous ne vous enterrerez pas, que je suppose ?

Agénor fit comme toujours, il céda. Musaron d'ailleurs avait parfaitement raison. Le sire de Laval fournit des hommes d'armes, la dame Tiphaine Raguenel arma vingt vassaux, le sénéchal du Maine fournit douze gens d'armes au nom du roi, et Agénor s'adjoignant un des jeunes frères de Duguesclin, partit à grandes journées pour la frontière, dans la hâte qu'il était de devancer de deux ou trois jours pour le moins le rendez-vous fixé par dona Maria Padilla.

Ce fut une marche triomphale que celle de ces trente-six mille florins d'or destinés à racheter le connétable. Le peu de compagnons qui restaient en France depuis le départ des compagnies, étaient des brigands de vol très humble, et pour qui la proie, fort belle sans doute, était impossible à dévorer. Ils aimèrent donc mieux, en la voyant passer devant leurs serres, pousser des acclamations chevaleresques, bénir le nom du glorieux prisonnier et se donner des airs de respect, ne pouvant être irrespectueux sans crainte de laisser leurs os sur le champ de bataille.

Mauléon dirigea si habilement sa marche, qu'il arriva en effet, le quatrième jour du mois à Rianzarès, petit bourg détruit depuis bien des années, mais qui alors jouissait de quelque renom, étant un lieu de passage usité entre la France et l'Espagne.

FIN DU DEUXIÈME VOLUME.

TABLE DES MATIÈRES.

I. — Où l'on verra que messire Duguesclin était non moins bon arithméticien que grand général.	1
II. — Où l'on verra un pape payer ses frais d'excommunication	10
III. — Comment monseigneur le légat vint au camp des aventuriers, et comment il y fut reçu..	21
IV. — Comment Sa Sainteté le pape Urbain V se décida enfin à payer la croisade et à bénir les croisés.	31
V. — Comment messire Hugues de Caverley faillit gagner trois cent mille écus d'or	43
VI. — Où se trouve la suite et l'explication du précédent	53
VII. — Le sanglier pris dans le piège	68
VIII. — La politique de messire Bertrand Duguesclin..	76
IX. — Le Messager	85
X. — Le Sacre	95
XI. — Comment don Pedro, à son retour, remarqua la litière, et tout ce qui s'en suivit	113
XII. — Comment Mothril fut nommé chef des tribus moresques et ministre du roi don Pedro..	122
XIII. — Comment s'entretenaient Agénor et Musaron en chevauchant dans la sierra d'Aracena...	131
XIV. — Comment Musaron trouva une grotte, et ce qu'il trouva dans cette grotte	140

XV.	— Les Bohémiens	147
XVI.	— La Reine des Bohèmes	155
XVII.	— Comment Agénor et la voyageuse inconnue firent route ensemble, et des choses qu'ils dirent pendant le voyage	163
XVIII.	— Le Varlet	170
XIX.	— La Branche d'oranger	177
XX.	— L'Audience	185
XXI.	— Les Rendez-vous	194
XXII.	— L'Entrevue	208
XXIII.	— Les Préparatifs de la bataille	216
XXIV.	— La Bataille	224
XXV.	— Après la bataille	234
XXVI.	— Traité d'alliance	244
XXVII.	— La Trêve	255
XXVIII.	— Voyage	262
XXIX.	— Madame Tiphaine Raguenel	268
XXX.	— Messager	273
XXXI.	— Les deux messages	278
XXXII.	— Le retour	285

FIN DE LA TABLE DU DEUXIÈME VOLUME.

www.ingramcontent.com/pod-product-compliance
Lightning Source LLC
Chambersburg PA
CBHW071418150426
43191CB00008B/964